Voor Sacha en Maya,
voor Maya en Sacha,
mijn kinderen,
voor het tweede leven dat ze me hebben gegeven
in ruil voor het leven dat ik hun geschonken heb.

Voor Christine, mijn vrouw,
zonder wie deze uitwisseling
ondenkbaar zou zijn geweest.

Voor Sylvia en Maurice,
die nog steeds via mijn stem spreken.

Het Dukan Dieet

Abonneer u nu op de Karakter Nieuwsbrief.
Ga naar www.karakteruitgevers.nl en:
* ontvang maandelijks informatie over de nieuwste titels;
* blijf op de hoogte van speciale aanbiedingen en kortingsacties;
* én maak kans op fantastische prijzen!

www.karakteruitgevers.nl biedt informatie over al onze boeken,
- Nova Zembla-luisterboeken en softwareproducten.

DR. PIERRE DUKAN

Het Dukan Dieet

De Franse oplossing
voor permanent gewichtsverlies

Karakter Uitgevers B.V.

Oorspronkelijke titel: *Je ne sais pas maigrir*
© 2000 Flammarion
© 2010 Éditions J'ai lu voor de huidige editie
© 2010 dr. Pierre Dukan

Negende druk, 2011

© 2010 Karakter Uitgevers B.V., Uithoorn
Vertaling: Ingrid Buthod-Girard/Vitataal
Redactie en productie: Vitataal, Feerwerd
Opmaak: Erik Richèl, Winsum
Omslagontwerp: Mariska Cock
Omslagillustratie: Shutterstock

ISBN 978 90 6112 889 2
NUR 443

Inhoud

Voorwoord bestemd voor iedereen die werkzaam is in de gezondheidszorg

*20 miljoen Fransen zijn te dik, 35.000 tot
40.000 sterven elk jaar. Wie maakt zich er druk om?
Jij! Maar je weet niet wat je moet doen...*

Ik reik mijn methode aan

Niet omdat het de mijne is, maar omdat ik aan het eind van mijn leven, na 35 jaar dagelijkse ervaring, tot de overtuiging ben gekomen dat het de beste methode is die ik ken.

Bewijzen?

Ruim drie miljoen Fransen hebben de methode beproefd en tien jaar na de introductie is dit boek, na *Harry Potter*, een van de meest verkochte boeken.

100 levensmiddelen

die behoren tot de beste, meest compacte en verzadigende producten die er bestaan. Voorzien van het magische etiket: eet hiervan zoveel je wilt.

4 fasen

van de strengste tot de vrijste.

De aanvalsfase: kort en hevig.

De cruisefase: volharden tot aan het Juiste Gewicht.

De stabilisatiefase: 10 dagen per verloren kilo.

De volhardingsfase: eiwitdonderdag + nooit meer met de lift + 3 eetlepels haverzemelen per dag, de rest van je leven.

174 artsen hebben mij toestemming gevraagd de methode te mogen toepassen, de bladzijde van de synthese te mogen kopiëren. Ik heb **JA** gezegd tegen hen en tegen jou! Het gaat erom dat we resultaat boeken, dat we het tenminste proberen!

Dr. Pierre Dukan
Voorzitter van de Vereniging RIPOSTE Monde
Internationale Beweging ter Preventie Obesitas
en Bevordering Deskundigheid

Voorwoord

Een doorslaggevende ontmoeting – of de man die alleen van vlees hield

Mijn eerste contact met gewichtsproblemen stamt uit de tijd waarin ik als jonge huisarts een praktijk had in de wijk Montparnasse in Parijs en nog bezig was met mijn specialisatie in het ziekenhuis van Garches, een voorstad van Parijs, op de afdeling neurologie.

In die tijd was een van mijn patiënten een gezette uitgever, een joviale, zeer belezen man met een zware vorm van astma waarvoor ik hem menigmaal had behandeld. Op een dag kwam hij bij me met de volgende vraag: 'Dokter, ik ben altijd tevreden geweest over uw behandelingen. Ik vertrouw u en vandaag wil ik u vragen of u me kunt helpen met afvallen.'

In die tijd wist ik van voeding en overgewicht niet meer dan wat ik had geleerd op de faculteit, dat wil zeggen: een behandeling met caloriearme diëten in de vorm van miniatuurmaaltijden die iedereen met overgewicht deden glimlachen en er als een haas vandoor lieten gaan. We hebben hier immers te maken met levensgenieters, die gewend zijn hun leven op allerlei manieren smaak te geven en die huiveren bij het idee dat ze moeten gaan tellen wat hen nou juist zo gelukkig maakt.

Ik verklaarde mezelf dan ook aarzelend onbevoegd, onder het gerechtvaardigde voorwendsel niet over de fijne kneepjes van die wetenschap te beschikken.

'Over welke wetenschap hebt u het? Ik ben bij alle specialisten van Parijs geweest. Ik ben sinds mijn jeugd al meer dan 300 kilo afgevallen, maar alles zit er weer aan. Ik moet daarbij toegeven dat ik nooit supergemotiveerd was en dat mijn vrouw mij onbewust schade heeft berokkend door ondanks mijn kilo's van me te blijven houden. Maar nu ben ik al buiten adem als ik alleen maar omhoogkijk. Ik kan geen kleren meer vinden die me passen en om eerlijk te zijn, ben ik bang dat ik erin zal blijven.' Hij beëindigde zijn betoog met de zin die mijn loopbaan als arts een heel nieuwe wending zou geven: 'Laat mij elk dieet volgen dat u wilt, verbied alle levensmiddelen die u wilt, behalve vlees. Ik houd te veel van vlees.'

In een reflex en om aan zijn verwachtingen tegemoet te komen, herinner ik me nog dat ik hem zonder te aarzelen antwoordde: 'Goed dan! Omdat u zo veel van vlees houdt. Kom morgenochtend nuchter hier, zodat ik u goed kan wegen. En dan eet u vijf dagen lang alleen maar vlees. Vermijd wel vette vleessoorten, zoals varkens- en lamsvlees, en de vettere delen van het rund, zoals entrecote en ribstuk. Gril het vlees, drink zoveel als u kunt en kom na vijf dagen weer terug om u opnieuw te laten wegen.'

'Oké, die afspraak staat.'

Vijf dagen later was hij er weer. Hij was bijna 5 kilo kwijt. Ik geloofde mijn ogen niet en hij evenmin. Hij straalde, was nog jovialer dan gebruikelijk en vertelde me hoe goed hij zich voelde, en veegde daarmee al mijn aarzelingen van tafel: 'Ik ga door, ik voel me opperbest, het werkt en ik zit toch te smullen.'

Vervolgens verdween hij voor een tweede reeks van vijf dagen vlees met de belofte dat hij zijn bloed en urine zou laten controleren.

Toen hij weer langskwam, was hij opnieuw 2 kilo kwijt en jubelend hield hij de resultaten van het bloedonderzoek onder mijn neus: volmaakt neutrale waarden, geen afwijkend suiker-, cholesterol- of urinezuurgehalte.

Intussen had ik in de bibliotheek van de medische faculteit nieuwe ideeën opgedaan en me verdiept in de voedingseigenschappen van vlees en de grote familie van proteïnen, waarvan vlees veruit de bekendste telg is.

Dus toen ik hem na vijf dagen weer zag, nog steeds in goede conditie en weer 1,5 kilo lichter, vroeg ik hem vis en zeevruchten aan zijn menu toe te voegen. Hij willigde dit verzoek maar al te graag in, omdat hij inmiddels al het toegestane vlees wel geproefd had.

Toen de weegschaal – na de eerste twintig dagen – een verlies van 10 kilo aangaf, liet hij weer bloed prikken. De resultaten waren net zo geruststellend als de eerste keer. Hierop zette ik alles op alles en gooide de laatste categorieën proteïnen in de strijd. Ik schreef een combinatie van zuivelproducten, gevogelte en eieren voor, en om mijn zorgen weg te nemen vroeg ik hem om nog meer te gaan drinken, tot wel 3 liter water per dag.

Uiteindelijk kreeg hij er genoeg van en was hij bereid groenten toe te voegen aan zijn dieet: een nog langere onthouding leek me niet verstandig. Hij kwam vijf dagen later terug zonder ook maar een extra gram te zijn afgevallen. Hij vond dat een reden om te eisen dat ik hem weer op zijn favoriete dieet zou zetten, waarvan hij vooral het totale ontbreken van beperkingen op prijs stelde. Ik stond dat toe op voorwaarde dat hij zijn dieet om de dag zou afwisselen met het gecombineerde groentedieet, omdat hij anders vitaminegebrek zou krijgen. Hij geloofde dat niet, maar hij kon zich vinden in de verklaring dat een gebrek aan vezels zijn spijsvertering zou vertragen.

En zo ontwikkelde ik mijn 'protal-dieet'(afgeleid van 'proteïne alternatief') én mijn belangstelling voor obesitas en alle andere vormen van overgewicht, die de spil van mijn studie en mijn werk als arts zouden worden.

Als gevestigd arts heb ik dit dieet in de loop der jaren geduldig toegepast en onophoudelijk verbeterd en bijgeschaafd tot de huidige vorm. Het resultaat is een effectief vermageringsdieet gebaseerd op natuurlijke voedingsmiddelen, dat aangepast is aan de specifieke psychologie van mensen met overgewicht.

Na verloop van tijd moest ik echter tot mijn spijt constateren dat vermageringsdiëten – hoe effectief en nauwgezet ze ook worden gevolgd – vaak niet duurzaam zijn en bij gebrek aan echte stabilisatie hun resultaat verliezen. In het beste geval neemt het gewicht ongemerkt en langzaam weer toe; in het ergste geval komt de patiënt weer snel aan, meestal veroorzaakt door emotionele onbalans, stress, teleurstelling of andere problemen.

Om deze eeuwige strijd het hoofd te bieden voelde ik me geroepen een dieet op te stellen dat het gewichtsverlies blijvend maakt, dat een verdedigingsmuur vormt tegen voortijdige toename of gedeeltelijke terugval, en ontmoediging, een negatief zelfbeeld, stoppen met het dieet en extreme gewichtstoename voorkomt. Dit 'beschermingsfort' – dat dient om weer langzaam terug te keren naar een normaal eetpatroon – werd door mij in het leven geroepen om het organisme dat van zijn reserves is beroofd in bedwang te houden. Om deze periode te overbruggen en om de overgang acceptabel te maken stelde ik voor dit dieet een nauwkeurige en makkelijk te berekenen tijdsduur vast van tien dagen per verloren kilo.

Maar ook na een met succes doorstane stabilisatieperiode bleken toch het progressieve verval in oude gewoonten, onder druk van het metabolisme, en vooral de onvermijdelijk opduikende behoefte om ellende en zorgen te compenseren met vette, zoete overdaad verraderlijk greep te krijgen op dit beschermingsfort.

Daarom moest ik ten slotte mijn toevlucht nemen tot een gewaagde maatregel, die het etiket 'definitief' draagt, de onaanvaardbare kluister die iedereen met overgewicht verafschuwt en a priori verwerpt, omdat hij zich richt op de lange duur en ingaat tegen hun behoefte aan impulsief en onbeheerst eetgedrag. Een onaanvaardbare regel, behalve als die regel – die mensen voor de rest van hun leven zouden moeten volgen en die garant zou staan voor echte stabiliteit – betrekking had op slechts één dag per week, een vooraf bepaalde dag, niet uitwisselbaar, onveranderlijk en met een geweldig resultaat.

Pas toen bereikte ik het beloofde land, het echte succes, eerlijk en gebouwd op vier pijlers van opeenvolgende diëten met afnemende intensiteit, die ik door tijd en ervaring met elkaar was gaan verbinden tot een doelgerichte en solide weg. Een aanvalsdieet, kort, streng, maar effectief, met daarop aansluitend een cruisedieet, waarin heftige aanvallen worden afgewisseld met pauzes, ondersteund door een stabilisatiedieet van een duur die in verhouding staat tot het verloren gewicht. Tot slot, om het zo moeizaam verkregen streefgewicht duurzaam te stabiliseren, een behoudende maatregel die even nauwkeurig als effectief werkt: een enkele dieetdag per week die de rest van de week in balans houdt, op voorwaarde dat iemand zich zijn leven lang aan die regel houdt.

Zo behaalde ik eindelijk mijn eerste echt duurzame resultaten. Ik had dan ook niet meer een visje in de aanbieding, maar een plan om te leren vissen, een globale aanpak die mensen met overgewicht de kans gaf zelfstandig te worden, snel af te vallen en het resultaat zonder hulp te handhaven.

Twintig jaar kostte het me om dit mooie instrument bij te schaven en het voor mijn patiënten geschikt te maken, een plan van vier uitgewerkte diëten dat ik nu door dit boek toegankelijk wil maken voor iedereen.

Dit dieet is bedoeld voor iedereen die alles al heeft geprobeerd, al – te – vaak is afgevallen en voor alles de zekerheid wil hebben dat in ruil voor inspanning het ten eerste mogelijk is om af te vallen, maar vooral dat het effect van die inspanning geconsolideerd kan worden en dat hij kan leven met het gemak en het lichaam dat hij wenst en waarop hij recht heeft. Voor hen heb ik dit boek geschreven in de hoop dat de oplossing die ik voorstel op een dag de hunne wordt.

Ik draag dit boek en deze methode op aan hen die ik al heb overtuigd met mijn woorden, aan hen die mijn leven als arts tot bloei hebben gebracht, mijn patiënten van vlees en bloed, jong en oud, man en vrouw, en met name mijn allereerste patiënt: mijn gezette uitgever.

De geboorte van een dieet in vier fasen

Het Dukan Dieet

Er zijn 25 jaar verstreken sinds de allesbepalende ontmoeting met die zware patiënt die de loop van mijn leven veranderde. Sindsdien heb ik me gericht op voeding en help ik mensen om af te vallen en op gewicht te blijven.

Zoals al mijn collega-artsen ben ik opgeleid aan een typische cartesiaanse Franse school die gericht is op mate en evenwicht, op het tellen van calorieën en caloriearme diëten, waarin alles moet zijn toegestaan maar in geringe hoeveelheden.

Zodra ik mijn eerste schreden op dit terrein zette, ging dat mooie theoretische bouwsel – gebaseerd op de idiote hoop dat het mogelijk was de mens met zijn extravagante eetgedrag om te programmeren tot een scrupuleuze calorische rekenmeester – meteen in rook op. Wat ik tegenwoordig weet en in praktijk breng, heb ik geleerd en ontwikkeld door persoonlijk dagelijks contact met mensen van vlees en bloed, mannen, maar nog vaker vrouwen, gedreven door de zucht om iets in de mond te hebben en gezellig te tafelen.

Ik begreep dus algauw dat een mens niet toevallig te zwaar was, dat zijn snoeplust en zijn ogenschijnlijke nonchalance tegenover eten een behoefte camoufleerden om zichzelf te belonen door te eten – en dat die behoefte des te dwingender was wanneer die was gestoeld op even archaïsche als diepgewortelde overlevingsstrategieën.

Het werd mij heel snel duidelijk dat we een persoon niet duurzaam konden laten afvallen door hem alleen maar raad te geven, hoe verstandig of wetenschappelijk onderbouwd ook, het soort advies dat iemand amper een andere keuze laat dan het te gehoorzamen of zich eraan te onttrekken.

Wat een persoon die besloten heeft af te vallen wenst, wat hij verlangt van een therapeut of een methode, is dat hij de straf die elk wezen krijgt opgelegd dat zich vrijwillig verzet tegen overlevingsgedrag niet in zijn eentje hoeft te dragen.

Wat hij zoekt is dus een wil buiten de zijne, iemand die voor hem de beslissingen neemt en die hem instructies geeft, steeds weer opnieuw, want waar hij de grootste hekel aan heeft en wat hij domweg niet in zijn eentje voor elkaar krijgt, is zelf de dag, de tijd en de middelen van zijn onthouding te bepalen.

De meeste mensen die willen afvallen geven zonder schaamte – en waarom ook niet? – hun zwakte toe en spreken zelfs van een zekere onvolwassenheid in de beheersing van hun gewicht. Ik heb allerlei mannen en vrouwen met gewichtsproblemen gekend, uit alle sociale klassen, zowel eenvoudige mensen als de groten der aarde, bestuurders, bankiers en zelfs politici, intelligent, briljant, zelfs eminent, maar iedereen die tegenover mij plaatsnam, beschreef zichzelf als uitermate zwak tegenover voedsel, als een gulzig kind.

Kennelijk hadden de meesten van hen vanaf hun vroegste jeugd al een soort makkelijke 'vluchtweg' aangelegd naar voedsel, waarmee ze spanning, ongenoegen en stress konden afreageren. Het is dan ook niet verwonderlijk dat elk logisch, rationeel of verantwoord voorschrift over het algemeen niet of niet lang standhoudt.

In de 30 jaar dat ik als arts werkzaam ben, heb ik alle diëten zien langskomen die het nieuws hebben gehaald en bepalend voor hun tijd waren. Ik heb er inmiddels 210 geteld sinds het begin van de jaren vijftig. Sommige in boekvorm waren wereldwijde bestsellers waarvan miljoenen exemplaren over de toonbank gingen, zoals het dieet van Atkins, Scarsdale, Montignac en Weight Watchers. Al deze voorbeelden hebben me doen inzien hoezeer men dit soort diëten met hun strenge leefregels met open armen ontvangt. En dat geldt ook voor het draconische, absurde en zelfs gevaarlijke dieet van de zogenoemde

Amerikaanse Mayo Clinic, dat volledig onzinnig is met zijn twintig eieren per dag, maar dat dertig jaar na dato nog steeds heimelijk de ronde doet, ondanks de unanieme veroordeling van alle voedingsdeskundigen ter wereld.

De analyse van deze diëten en van de redenen van hun ongelooflijke succes, het dagelijks behandelen van en luisteren naar mensen met overgewicht, de observatie van hun vastberadenheid op bepaalde momenten in hun leven en het grote gemak waarmee ze zich laten ontmoedigen bij het uitblijven van snelle resultaten hebben mij ervan overtuigd dat:

Iemand die af wil vallen een dieet nodig heeft dat meteen werkt en snel zijn eerste vruchten afwerpt, snel genoeg om de persoon in zijn motivatie te bevestigen en te steunen; bovendien heeft hij precieze doelen nodig, vastgelegd door een externe opdrachtgever en voorzien van etappes en controlepunten waarop hij zijn inspanningen kan afmeten door ze te vergelijken met de verwachte resultaten.

De meeste van al die spectaculaire diëten in het recente verleden bezaten wel een 'kickstart' en leverden ook de beloofde resultaten. Helaas verdwenen deze effecten zodra het boek werd dichtgeslagen en stond de diëter er met al zijn verleidingen weer helemaal alleen voor. Dezelfde oorzaken hadden dezelfde gevolgen en alles begon weer van voren af aan.

Al die diëten, zelfs de meest originele en inventieve, hadden – als het doel eenmaal bereikt was – bijzonder weinig te bieden. Ze lieten hun volgelingen in de steek met het aloude advies gezond verstand, matigheid en evenwicht te betrachten – iets wat voor veel mensen nu eenmaal moeilijk op te volgen is.

Geen van deze beroemde diëten heeft een methode van ondersteuning uitgedacht voor de periode na de vermagering. Het bieden van begeleiding, opdrachten en nauwkeurige, eenvoudige en effectieve richtlijnen, die de aanvalsfase zo succesvol maakte, ontbreekt simpelweg.

Iemand die met succes een dieet gevolgd heeft, weet diep vanbinnen dat hij niet in staat is alleen en zonder enig kader de vruchten van zijn inspanningen te behouden. Hij weet ook dat hij als hij aan zichzelf overgeleverd is weer zal aankomen, eerst langzaam, maar daarna sneller en met dezelfde tomeloosheid als waarmee het hem lukte om af te vallen.

Iemand die net is afgevallen dankzij een sturende methode heeft er dus behoefte aan om herinnerd te worden aan die symbolische aanwezigheid of die helpende hand die hem begeleidde en stuurde tijdens het afslanken. Hij heeft een opdracht nodig die redelijk eenvoudig, effectief en weinig frustrerend is, en die hij de rest van zijn leven zal kunnen volhouden.

Ik raakte dus niet overtuigd van de meeste grote modediëten, die zich tevredenstellen met een schitterende overwinning zonder toekomst, en ik was me bewust van de ineffectiviteit van de caloriearme diëten die een beroep doen op het gezonde verstand en ondanks alle tegenslagen nog steeds de hoop hebben de zware gokker in een boekhouder te veranderen. Dat bracht me ertoe mijn eigen vermageringsdieet samen te stellen: een eiwitrijk voedingsprincipe waarvan ik op basis van jarenlange ervaring kan stellen dat het op dit moment het effectiefste en het best te verdragen dieet is. Ik weet dat dit niet bepaald bescheiden klinkt, maar ik ben er tot in het diepst van mijn hart van overtuigd en het niet uitspreken ervan – in een wereld waarin de eetkwaal almaar toeneemt – zou bijna neerkomen op het niet helpen van mensen in nood.

Mijn dieet bestaat in de eerste twee fasen, waarin men veel afvalt, eigenlijk uit twee diëten die werken als een tweetaktmotor: een periode met een dieet van zuivere eiwitten, bij uitstek geschikt om aan te vallen en te veroveren, meteen gevolgd door een periode waarin diezelfde eiwitten gecombineerd worden met groenten, en tijd om te herstellen, zodat het lichaam het gewichtsverlies kan verwerken.

Door jarenlange ervaring en met inachtneming van het grote gemak waarmee mijn patiënten vaak weer teruggrijpen op oud gedrag zodra het doel bereikt is en de opdrachten en kaders wegvallen, heb ik dit dieet geleidelijk veranderd in een totaalplan om af te vallen.

Dit plan respecteert de specifieke psychologie van mensen met overgewicht en voldoet aan de voorwaarden voor het slagen van elke vorm van afvallen die we net hebben behandeld: het reikt mensen die proberen te vermageren nauwkeurige instructies aan, zet ze op de rails en biedt etappes en doelen die geen ruimte laten aan andere interpretaties of ontwikkelingen.

Naast vasten en eiwitdiëten op basis van maaltijden in poedervorm is dit van alle diëten die gebaseerd zijn op natuurlijke levensmiddelen de methode die voor mij tegenwoordig het effectiefst is. Het gewichtsverlies dat aanvankelijk bereikt wordt, is voldoende groot en wordt voldoende snel bereikt om de diëter een boost te geven en de motivatie duurzaam te sterken.

Het dieet is niet al te frustrerend: voedsel wordt niet afgewogen, er worden geen calorieën geteld en er is een grote vrijheid ten aanzien van een aantal gangbare levensmiddelen.

Het is geen simpel dieet, maar een totaal vermageringsplan dat je kunt aanvaarden of afwijzen als een onverbrekelijk geheel. Het bestaat uit vier opeenvolgende fasen:

De aanvalsfase
Een aanvalsfase gevoerd met het 'dieet van zuivere eiwitten', dat een bliksemstart mogelijk maakt die vergelijkbaar is met het effect van vasten of een dieet met eiwitten in poedervorm, maar dan zonder de ongemakken.

De cruisefase
Een cruisefase op basis van het 'dieet met afgewisselde eiwitten', waarbij dagen met eiwitten worden afgewisseld met dagen van eiwitten + groen-

ten, zodat in één ruk en zonder tussenpozen het gewenste gewicht wordt bereikt.

De stabilisatiefase

Een dieet waardoor het bereikte gewicht wordt gehandhaafd, bedoeld om het jojo-effect te voorkomen, waarbij het lichaam na een snelle gewichtsafname de neiging heeft die kilo's – en soms zelfs meer – uiterst makkelijk weer aan te kweken. De duur van deze fase van grote kwetsbaarheid is exact tien dagen per verloren kilo.

De volhardingsfase

Tot slot een uiterst belangrijke definitieve stabilisatie die berust op drie eenvoudige veiligheidsmaatregelen, die niet erg lastig zijn maar wel onmisbaar voor het vasthouden van het streefgewicht: volg op een vaste dag in de week – te weten elke donderdag – het aanvalsdieet en dat gedurende de rest van je leven; maak geen gebruik meer van liften; en eet elke dag 3 eetlepels haverzemelen. Het zijn weliswaar drie strenge en niet-onderhandelbare voorschriften, maar ze zijn duidelijk en effectief genoeg om ze te kunnen volhouden.

De theoretische beginselen van mijn dieet

Voor ik in detail treed over mijn plan en door middel van het menu uitleg hoe het werkt en waarom het zo effectief is, lijkt het me nodig om de lezer in het kort bekend te maken met de grote lijnen en de opzet in vier fasen, zodat vanaf het begin duidelijk is voor wie het dieet bedoeld is en wat eventuele contra-indicaties zijn.

Het dieet dat ik aanreik, pretendeert niet alleen het veiligste en effectiefste van de hedendaagse afslankmethoden te zijn. Het is een zeer ambitieus totaalplan, een systeem van opdrachten in vier fasen met afnemende strengheid dat de persoon met overgewicht vanaf de eerste dag van het dieet bij de hand neemt en dat hem nooit meer in de steek laat.

Een van de verdienstelijke principes van dit dieet is zijn didactische waarde. Het Dukan Dieet maakt het de gebruiker mogelijk aan den lijve de relatieve waarde van elke groep levensmiddelen te leren kennen aan de hand van de volgorde waarin ze in zijn eetpatroon worden geïntroduceerd – te beginnen met de noodzakelijke levensmiddelen, dan de essentiële, vervolgens de belangrijke en tot slot de overbodige.

Het beoogde doel is een netwerk aan te reiken van instructies die perfect op elkaar zijn afgestemd en voldoende precies en sturend zijn om de gebruiker op gang te helpen en te houden. Dit voorkomt de voortdurende beproeving van zijn wil die langzaam zijn vastberadenheid zou kunnen ondermijnen.

Deze instructies of opdrachten volgen elkaar op in vier opeenvolgende diëten, waarvan de eerste twee de eigenlijke vermageringsfase vormen. De twee laatste zorgen voor stabilisatie van het bereikte gewicht en daarna voor consolidatie.

De aanvalsperiode: het dieet van zuivere eiwitten

Dit is de veroveringsperiode, waarin iemand die met een dieet begint uiterst gemotiveerd is. Hij zoekt een dieet – hoe streng ook – waarvan de effectiviteit en de snelheid waarmee de eerste resultaten bereikt worden, beantwoorden aan zijn verwachtingen, waardoor het mogelijk wordt om zijn (over)gewicht grondig aan te pakken.

Dit begindieet, dat speciaal is afgestemd op de geforceerde werking, is het dieet van 'zuivere eiwitten', met in theorie als doel de voeding te beperken tot een van de drie groepen van voedingsstoffen: eiwitten.

In de praktijk is er afgezien van het wit van een ei geen levensmiddel dat uitsluitend uit eiwitten bestaat. Het is dus een dieet dat een bepaald aantal levensmiddelen selecteert en hergroepeert, waarvan de samenstelling die van zuivere eiwitten het dichtst benadert, zoals bepaalde soorten vlees, vis, schaaldieren, gevogelte, eieren en magere zuivelproducten.

Dit dieet is vergeleken met alle andere caloriearme diëten een echte oorlogsmachine, een bulldozer waartegen, mits nauwkeurig opgevolgd, niets en niemand bestand is. Het is met afstand het effectiefste en snelste dieet op basis van natuurlijke levensmiddelen – en het kan zonder risico gevolgd worden. Het toont zijn effectiviteit zelfs in de lastigste gevallen, zoals bij personen die al ontelbare diëten of agressieve behandelingen hebben ondergaan en opgegeven.

De cruisefase: het dieet van afgewisselde eiwitten

Zoals de naam al zegt, dient dit dieet om op herhalende wijze twee op elkaar afgestemde diëten af te wisselen: het dieet van zuivere eiwitten en hetzelfde dieet met daaraan toegevoegd groene of gekookte groenten. Elke cyclus van deze reeks werkt als een tweetaktmotor die zijn quotum aan calorieën verbrandt.

Het afwisselen van de diëten
Zowel het eerste als het tweede dieet biedt totale vrijheid ten aanzien van de hoeveelheden. Bij beide mogen de toegestane levensmiddelen naar believen gegeten worden, op elk moment van de dag en in de verhoudingen en combinaties die de gebruiker wenst.

Afhankelijk van het aantal kilo's dat je wilt afvallen, van hoeveel diëten je eerder al gevolgd hebt, van je leeftijd en van je motivatie zal het ritme waarin deze diëten elkaar afwisselen volgens nauwkeurige, verderop toegelichte regels worden bepaald.

Deze cruisefase moet zonder onderbrekingen worden gevolgd tot je het gewenste gewicht hebt bereikt. Hoewel ook het slagen van dit dieet deels afhangt van ervaringen in het verleden, is het dieet van afgewisselde eiwitten een van de methoden die er het best in slagen om resistentie – als gevolg van eerdere afvalpogingen – te doorbreken.

Stabilisatieportaal: tien dagen per afgevallen kilo
Na de veroveringsfase is dit de fase van wapenstilstand. Het doel is in wezen het eetpatroon weer open te stellen voor noodzakelijke levensmiddelen, maar het jojo-effect – het terugvallen in oude eetgewoonten – te voorkomen.

Tijdens de hele periode van afvallen probeert het organisme zich te verzetten. Het reageert op de plundering van zijn reserves door minder te verbranden, door zuiniger om te gaan met de calorieën die het binnenkrijgt en vooral door optimaal te benutten wat er in zijn mond wordt gestopt.

De zegevierende diëter zit dus als het ware op een vulkaan en heeft een lichaam dat alleen maar het juiste moment afwacht om zijn verloren reserves aan te vullen. Een copieus maal dat vóór het dieet slechts weinig effect zou hebben gehad, zal aan het eind van het dieet grote gevolgen hebben.

Daarom is het begin van dit dieet gebaseerd op levensmiddelen die zeer rijk en verzadigend zijn, maar waarvan de variatie en hoeveelheid beperkt worden, zodat je lichaam (en je stofwisseling) – na verstoord te zijn door het gewichtsverlies – weer helemaal tot rust kan komen. Pas dan worden er twee sneetjes brood per dag, een portie fruit en kaas, twee porties peulvruchten per week en vooral twee uitgebreide maaltijden per week ingevoerd.

De rol van dit eerste stabilisatieportaal is dus het voorkomen van een explosieve terugval: de meest directe en meest voorkomende reden van het mislukken van diëten. De introductie van belangrijke producten als brood, fruit, kaas en bepaalde peulvruchten, en het nuttigen van bepaalde overbodige gerechten of producten, die o zo veel genot brengen, is echter onvermijdelijk. Om daarbij zo min mogelijk risico te lopen, zijn wel een bepaalde volgorde van introductie en een heel pakket aan nauwkeurige en beperkende instructies nodig. En dat is nou precies wat deze fase biedt.

De duur, die afhangt van hoeveel gewicht je bent kwijtgeraakt, is heel simpel te berekenen met de formule van tien dagen voor elke verloren kilo.

Consolidatie op de lange termijn

Na het gewichtsverlies en het voorkomen van een terugval dankzij een stevig netwerk van instructies en aanvaarde beperkingen weet de succesvolle, vaak euforische diëter instinctief dat de overwinning kwetsbaar is en dat, wanneer de begeleiding voorbij is, hij vroeg of laat – eerder vroeg dan laat – ten prooi zal vallen aan zijn oude demonen. Anderzijds weet hij nog zekerder dat hij nooit de balans en matigheid zal bereiken die de meeste voedingsdeskundigen, met reden, aanraden als garantie om het bereikte gewicht te behouden.

In deze vierde fase krijgt hij drie wezenlijke maatregelen opgelegd: volg één dag per week – te weten elke donderdag – het dieet uit de aanvalsfase, het dieet van zuivere eiwitten, dat zowel het effectiefst als het meest beperkend is – en dat gedurende de rest van je leven; zweer het gebruik van liften af; en eet 3 eetlepels haverzemelen per dag.

Hoe tegenstrijdig het ook mag lijken: de persoon die zijn gewenste gewicht heeft bereikt, is niet alleen in staat deze opdrachten te aanvaarden, hij weet ook dat hij ze nodig heeft en vraagt er zelfs om. Hij stelt de duidelijkheid van de opdrachten op prijs, hun concrete eenvoud, hun onvoorwaardelijkheid en effectiviteit, die hem in staat stellen zes dagen per week normaal te eten zonder gevaar voor een terugval.

HET DUKAN DIEET SAMENGEVAT

Aanvalsfase: zuivere eiwitten
Gemiddelde duur: vijf dagen

Cruisefase: afgewisselde eiwitten
Gemiddelde duur: een week per kilo

Stabilisatiefase van het bereikte gewicht
Gemiddelde duur: tien dagen per afgevallen kilo

Volhardingsfase
Donderdag eiwitten + afzweren liftgebruik
+ 3 eetlepels haverzemelen per dag

Kennis van de noodzakelijke voedingsmiddelen

Het trio S-V-E: suikers – vetten – eiwitten

De aarde levert, zowel mens als dier, een indrukwekkend aantal eetbare producten, maar al die producten bestaan slechts uit drie voedingsstoffen: suikers, vetten en eiwitten. Elk levensmiddel ontleent zijn smaak, textuur en voedingswaarde aan de specifieke melange van deze drie voedingsstoffen.

Kwalitatieve ongelijkheid van de calorieën

Er was een tijd waarin voedingsdeskundigen slechts aan de calorische waarde in levensmiddelen en maaltijden belang hechtten en hun vermageringsdiëten alleen baseerden op het tellen van de calorieën – wat aan de basis lag van lange tijd onverklaarde mislukkingen.

Tegenwoordig hebben de meesten van hen deze uitsluitend kwantitatieve visie laten varen en is er meer interesse voor de oorsprong van deze calorieën, voor de aard van de voedingsstoffen die ze leveren en voor de vermenging van voedingsstoffen die samen de spijsbal vormen.

Zo is inmiddels bewezen dat het organisme 100 calorieën uit producten met geraffineerde suikers anders verwerkt dan wanneer ze uit olie of vis afkomstig zijn. En dat het uiteindelijke rendement van deze calorieën na opname sterk varieert en afhankelijk is van hun herkomst.

Dat geldt ook voor het tijdstip waarop deze calorieën worden genuttigd. Het – ooit ondenkbare – idee dat calorieën 's morgens anders door het lichaam worden behandeld dan tussen de middag of 's avonds wordt heden ten dage dan ook algemeen aanvaard.

De effectiviteit van de vier diëten waaruit het Dukan Dieet bestaat, wordt dan ook verklaard door de speciale selectie van voedingsstoffen die een rol spelen in de samenstelling van de toegestane levensmiddelen en door de grote rol die het toekent aan eiwitten, zowel in de aanvalsfase als bij de stabilisatie op de lange termijn.

Het lijkt me dan ook nuttig – zeker voor degenen die niet over uitgebreide kennis op dit gebied beschikken – om een vergelijkend overzicht te geven van deze drie voedingsstoffen en te laten zien hoe ik ze inzet voor een optimaal gewichtsverlies.

Suikers of koolhydraten

Deze zeer gewaardeerde categorie levensmiddelen heeft de mens altijd voorzien – ongeacht plaats, tijd of cultuur – in ruim 50 procent van zijn energiebehoefte.

Duizenden jaren lang waren, naast fruit en honing, de enige suikers die de mens consumeerde de zogenoemde langzame suikers: granen, zetmeelproducten, peulvruchten, enz. Hun kenmerk is dat ze langzaam door het bloed worden opgenomen, slechts in bescheiden mate de bloedsuiker verhogen en zo voorkomen dat het lichaam reageert door insuline af te geven – waarvan we inmiddels de kwalijke gevolgen voor de gezondheid en vooral de gewichtstoename kennen.

Sinds de ontdekking van suikerriet en later, op grotere schaal, de suikerbiet als suikerbron is de voeding van de mens diepgaand veranderd door de onophoudelijke toename van 'zoete' levensmiddelen en suikers die snel door het lichaam worden opgenomen.

Suikers, brandstof bij uitstek, zijn prima voor wie sport, (zwaar) lichamelijk werk verricht of in de groei is. Ze zijn echter veel minder nuttig voor de grote meerderheid van de huidige bevolking die vooral zittend werk doet.

Geraffineerde suiker en al zijn derivaten, snoepgoed en ander lekkers zijn zuivere koolhydraten die calorierijk zijn en supersnel door het lichaam worden opgenomen.

Zetmeelhoudende producten, ook al smaken ze niet zoet, bevatten vaak ook veel suikers. Dat geldt bijvoorbeeld voor: meelproducten (brood, vooral witbrood, crackers, beschuit, ontbijtgranen, enz.), pasta, aardappelen, erwten, linzen, tuinbonen en andere peulvruchten.

De vruchten die het rijkst zijn aan suiker, zijn bananen, kersen en druiven.

En dan zijn er nog suikerhoudende dranken als wijn en alle soorten alcohol.

En gebak: een verrukkelijke combinatie van meelproducten, suiker, maar vooral van vetten.

Suikers leveren slechts 4 calorieën per gram, maar ze worden meestal in grote doses ingenomen, zodat het lichaam in verhouding toch veel calorieën binnenkrijgt. Ook worden suikers volledig door ons lichaam opgenomen, wat ze gewoonweg nog rijker maakt.

Bovendien worden zetmeel- en meelproducten langzaam verteerd, wat via gisting en gasvorming voor even onaangename als onesthetische effecten zorgt.

De meeste suikers zitten in levensmiddelen die we erg lekker vinden, zowel de zetmeel- en meelproducten als de zoete suikers. Deze voorliefde voor zoet is deels aangeboren, maar de meeste psychologen zijn het erover eens dat onze hang naar suikers het resultaat is van een langdurige conditionering die al in onze vroegste jeugd begint door zoete producten als beloning te krijgen.

Tot slot zitten suikers bijna altijd in levensmiddelen waarvan de kostprijs relatief laag is, wat ze tot levensmiddelen maakt die op bijna alle tafels prijken, van de rijkste tot de armste.

Concluderend kunnen we stellen dat suikers rijke, alom aanwezige voedingsstoffen zijn, die zo lekker smaken dat ze vaak dienen als beloningsvoedsel en, wat betreft zoete producten, als (te) vaak gebruikt tussendoortje.

Wat de stofwisseling aangaat vergemakkelijken ze de productie van insuline, die weer de productie en opslag van vetten bevordert.

Om al die redenen is een suiker een voedingsstof waarvoor iedereen met aanleg voor overgewicht op zijn hoede moet zijn. Dit wantrouwen lijkt zich tegenwoordig te verplaatsen naar de vetten, die met recht de vijand bij uitstek van de mens zijn geworden. Maar dat is geen reden om de waakzaamheid ten opzichte van suiker te laten varen, vooral niet tijdens de aanvalsfase, die zo effectief en snel mogelijk moet verlopen. Het Dukan Dieet sluit elke vorm van suiker in de aanvalsfase dan ook volledig uit. In de cruisefase en tot het gewenste gewicht is bereikt, zijn alleen groenten toegestaan met een laag suikergehalte. Andere suikers zullen hun opwachting maken in de stabilisatiefase, maar mogen in de uiteindelijke volhardingsfase slechts zes van de zeven dagen vrij genuttigd worden.

Vetten

Vet is de aartsvijand van iedereen die slank wil worden, want het vormt voor elke levende soort de meest geconcentreerde vorm waarin overtollige energie wordt opgeslagen. Voor wie wil afvallen, komt het eten van vet overeen met innemen van wat men wil kwijtraken.

Sinds de introductie van het Atkins-dieet, dat zijn deuren wijd openzette voor vet en suiker in de ban deed, kopieerden vele diëten die sensationele visie, die zijn promotor zo had geholpen. Het moge duidelijk zijn dat dit om twee redenen een grote vergissing was: de gevaarlijke toename van het cholesterol- en triglyceridengehalte hebben sommigen met hun leven moeten bekopen; en het verlies van het wantrouwen jegens vet maakt voor altijd elke vorm van stabilisatie onmogelijk.

Er zijn twee belangrijke bronnen van vet: dierlijke en plantaardige vetten.

Dierlijk vet, dat in vrijwel zuivere staat te vinden is in het spek en buikvet van het varken, zit in grote mate in bepaalde soorten vleesbeleg, zoals paté, worst, enz. Maar ook andere dieren leveren vetten. Lamsvlees en bepaalde soorten gevogelte, zoals gans en eend, zijn ook rijk aan vetten. Rundvlees is minder vet, vooral de stukken die gegrild kunnen worden; alleen de entrecote en het ribstuk zijn dooraderd met vet. Paardenvlees is daarentegen mager.

Boter, gemaakt van de room van de melk, is vrijwel puur vet. Slagroom, die weliswaar wat wateriger is, heeft ook een hoog vetgehalte van rond de 80 procent.

Onder de vissen bevinden zich vijf grote leveranciers van vetten, die makkelijk te herkennen zijn aan hun zalvige smaak en hun blauwe vel: sardine, tonijn, zalm, makreel en haring. Toch moet je weten dat, hoe vet ze ook zijn, ze amper vetter zijn dan een gewone biefstuk.

Bovendien is het vet van deze koudezeevissen zeer rijk aan omega 3-vetzuren, die vermaard zijn om hun preventieve werking bij hart- en vaatziekten.

Plantaardige vetten worden vooral vertegenwoordigd door de grote categorie oliën en oliehoudende planten.

Olie is nog vetter dan boter. En ook al hebben bepaalde oliën, zoals olijf-, koolzaad- of zonnebloemolie, voedingswaarde en een bewezen beschermende werking voor hart en bloedvaten, ze hebben toch allemaal een hoge caloriewaarde en moeten dan ook gemeden worden in de stabilisatiefase en in de daaropvolgende fase worden gewantrouwd. Oliehoudende gewassen, zoals pinda's, walnoten, hazelnoten, pistachenootjes, enz., worden vaak genuttigd als borrelhapje. De combinatie met een alcoholhoudende drank verhoogt de 'calorieënfactuur' van de daaropvolgende maaltijd echter sterk.

Voor wie slank wil blijven en zeker voor wie af wil vallen, draagt vet allerlei gevaren in zich:

• Het is met afstand de meest calorierijke voedingsstof: 9 calorieën per gram, ruim twee keer zo veel als suiker of eiwit, die maar 4 calorieën per gram leveren.

• Vet is een voedingsstof die in rijke mate vertegenwoordigd is in levensmiddelen die zelden alleen gegeten worden. Olie, boter, slagroom trekken brood, peulvruchten, pasta en dressings aan. De combinatie verhoogt de totale opname aan calorieën aanzienlijk.

• Vet wordt wat minder snel opgenomen dan snelle suikers, maar aanzienlijk sneller dan eiwitten en vergeleken daarmee levert het ook veel meer energie op.

• Vette levensmiddelen stillen de trek slechts matig. Het snoepen ervan zal, anders dan bij eiwitrijke producten, niet het belang van de erop volgende maaltijd verminderen en evenmin het tijdstip ervan uitstellen.

- Tot slot vormen vetten van dierlijke oorsprong, zoals boter, vleeswaren, vette kaas met een hoog gehalte aan verzadigde vetzuren en cholesterol, een potentiële bedreiging voor het hart. Om die reden mogen ze in geen geval, zoals wel mocht bij het Atkins-dieet en alle daarop geïnspireerde methoden, naar believen worden gegeten.

Eiwitten

Eiwitten vertegenwoordigen de derde grote groep voedingsstoffen. Eiwitten of proteïnen vormen een grote klasse van biologische moleculen. Deze bestaan uit ketens van aminozuren en zijn met elkaar verbonden door peptidebindingen. Eiwitten zijn zeer belangrijk voor organismen. De eiwitrijkste producten komen uit het dierenrijk. De bekendste bron is vlees.

Van alle dierlijke vleessoorten bevat paardenvlees de meeste eiwitten. Het rund is al vetter, maar heeft ook magere stukken.

Lamsvlees is duidelijk meer dooraderd en de infiltratie van vet, die de kleur lichter maakt, brengt ook het eiwitgehalte omlaag. Tot slot is het nog vettere varken niet meer voldoende eiwitrijk om te kunnen behoren tot de beperkte groep van voornamelijk eiwithoudende levensmiddelen.

Orgaanvlees is heel eiwitrijk, zeer arm aan vet en suiker, met uitzondering van de lever, die een klein beetje suiker bevat.

Gevogelte, met uitzondering van gans en tamme eend, levert ook relatief mager vlees, rijk aan eiwitten, vooral kalkoen en de magere delen van de kip, zoals het wit van de vleugel.

Vis, vooral zeer magere witvis, zoals schol, rog, kabeljauw of schelvis, zijn een bron van eiwitten van grote biologische waarde. Koudezeevis als zalm, tonijn, sardine of makreel heeft vetter vlees, wat het eiwitgehalte enigszins terugbrengt. Toch blijft deze vis een zeer geschikte eiwitleverancier, smaakt hij ook nog eens heerlijk zacht en beschermt hij tegen hart- en vaatziekten.

Schaal- en schelpdieren zijn mager en missen suikers, wat ze dus rijk aan eiwitten maakt. Schaaldieren worden traditioneel afgeraden vanwege hun cholesterolgehalte, maar dat zit geconcentreerd in het rode deel van de kop en niet in het vlees. Je kunt dus gerust garnalen, krab of andere schaaldieren eten, mits je het rode deel verwijdert. Eieren zijn een interessante eiwitbron. In eigeel zitten vetten en genoeg cholesterol om er niet te veel van te eten als je er gevoelig voor bent. Daarentegen is eiwit juist weer de zuiverste en meest complete vorm van proteïne die we kennen. Daaraan ontleent het zijn status als referentiepunt om alle andere eiwitten te kunnen rangschikken.

Plantaardige eiwitten zitten in de meeste granen en peulvruchten, maar ze zijn veel te rijk aan suikers om te worden opgenomen in een dieet dat zijn effectiviteit ontleent aan zuivere eiwitten. Bovendien hebben deze plantaardige eiwitten, afgezien van soja, een matige biologische waarde en missen ze in hoge mate bepaalde essentiële aminozuren. Je mag deze voedingsmiddelen dan ook niet langdurig uitsluitend eten.

Hoe moet dit dan als je vegetariër bent? Alles hangt af van de definitie van het woord. Als je alleen rood vlees afzweert, zijn er allerlei andere dierlijke bronnen, zoals vis, schaaldieren, eieren en zuivelproducten, die je voldoende voedingsstoffen leveren. Als je alles van een dier dat heeft geleefd en is geslacht afzweert, wordt het al moeilijker, want dan kun je alleen steunen op eieren en zuivelproducten, maar het kan wel en volstaat voor wie niet wil afvallen. Als je tot slot zuiver plantaardig wilt eten, wordt het dieet dat ik je voorstel erg lastig te volgen, omdat je geen andere keus hebt dan plantaardige eiwitten te eten die, zoals we hier boven zagen, enkele essentiële bouwstenen voor het menselijk lichaam missen: je zult dan moeten schipperen met granen en peulvruchten om alle aminozuren binnen te krijgen zonder welke het onmogelijk is vitale eiwitten aan te maken.

De mens is een vleesetende jager
Het is belangrijk te weten dat de mens aan zijn dierlijke staat is ontkomen door vlees te gaan eten. Zijn aapachtige voorouders, die leken

op de huidige grote mensapen, waren voornamelijk vegetariërs – ook al aarzelden sommigen niet af en toe op andere dieren te jagen voor voedsel. Door jagerverzamelaar te worden, en daardoor vleeseter, heeft de mens zijn zuiver menselijke eigenschappen kunnen ontwikkelen. Zijn organisme bezit een spijsverterings- en darmstelsel dat hem tot op de dag van vandaag toestaat vlees en vis te eten. We zijn gemaakt om dieren te eten – vlees, vis of gevogelte – zowel op metabolisch als psychologisch vlak. Natuurlijk kunnen we erbuiten, is het mogelijk om te leven zonder te jagen en zonder dierlijk vlees te eten, MAAR daarmee verloochenen we een deel van onze aard en nemen we een deel van de emotionele respons weg die ons geprogrammeerde lichaam levert als we het geven waarom het vraagt. Wat ik je hier vertel, kun je onbeduidend vinden, maar het is eenvoudigweg fundamenteel dat een dierlijk of menselijk levend wezen in perfecte afstemming leeft op datgene waarvoor het is gemaakt en datgene wat het doet.

Spijsvertering, verbruik van calorieën en verzadiging

De vertering van eiwitten duurt langer en kost meer energie dan die van de andere soorten voedingsstoffen. Ons lichaam heeft ruim drie uur nodig om eiwitten af te breken en op te nemen. De reden is eenvoudig. Eiwitmoleculen zijn lange ketens van stevig aaneengesmede schakels waarvan de weerstand alleen gebroken kan worden door een combinatie van goed kauwen, een uitgebreide mechanische vermaling in de maag en vooral de gebundelde aanval van verschillende maag-, gal- en pancreaszuren.

Deze lange weg kost het organisme veel inspanning. Berekeningen tonen aan dat om 100 calorieën te onttrekken aan een eiwitrijk product het lichaam er bijna 30 moet verbruiken. Dit verschijnsel wordt ook wel de specifiek dynamische werking genoemd: voor eiwitten bedraagt ze 30 procent, terwijl dit percentage voor vetten en suikers respectievelijk 12 en 7 procent is.

Wat je hiervan moet onthouden, is dat wanneer je wilt afvallen en vlees, vis of magere yoghurt eet, je alleen al voor het verteren en opnemen daarvan hard moet werken. Dat kost calorieën die je kunt aftrekken van de energetische waarde van je maaltijd. Deze eigenschap is dus bijzonder gunstig. We zullen hierop uitgebreid terugkomen als we uitleggen hoe het dieet van zuivere eiwitten werkt.

Bovendien vertraagt deze langzame vertering het leegraken van de maag, zodat het gevoel van volzitten en verzadigd zijn langer aanhoudt.

De enige voedingsstof die vitaal en onmisbaar is bij elke maaltijd
Van de drie grote groepen voedingsstoffen zijn alleen eiwitten onmisbaar voor ons bestaan.

Suiker is van de drie het minst nodig, omdat het menselijk organisme glucose – dat wil zeggen suiker – kan produceren uit vlees of vet. Dat is wat er gebeurt wanneer we gebrek hebben aan voedsel of een dieet volgen: ons lichaam put uit onze vetvoorraden en verandert vet in glucose, wat onmisbaar is voor het functioneren van onze spieren en hersenen.

En andersom geldt dat mensen met overgewicht vaak experts zijn in de kunst van het produceren en opslaan van vetten uit overmatige consumptie van suiker of vlees.

Het metabolisme van het menselijk lichaam beschikt echter niet over de mogelijkheid om eiwitten aan te maken. Om te leven, het spierstelsel te onderhouden, de rode bloedlichaampjes te vernieuwen, wonden te laten helen, haren te laten groeien of het geheugen te laten werken, hebben we eiwitten nodig, minimaal een gram per kilo lichaamsgewicht per dag.

Bij onvoldoende aanvoer moet het lichaam dan ook uit eigen reserves putten, vooral uit de spieren maar ook uit de huid en zelfs het bot. Dat is wat er kan gebeuren als je een onverstandig dieet volgt, zoals vasten en alleen maar veel water drinken, of het dieet van Beverly Hills dat uitsluitend bestaat uit exotisch fruit, het beroemde dieet van Hollywoodsterren die daarmee (als ze het werkelijk hebben gevolgd) een aanzienlijk aandeel van hun verleidingskracht hebben moeten prijsgeven.

Sinds kort wil in Europa een uit de Verenigde Staten overgewaaide methode – detox of Detox-dieet genoemd – ons laten geloven dat je alle giffen uit je lichaam verwijdert door gedurende enkele dagen alleen maar groente en fruit te eten. Als je weet dat wetenschappelijk is bewezen dat als je acht uur geen hoogwaardige eiwitten eet het organisme om vitale redenen al uit zijn spiermassa moet putten, dan kun je ook de onzinnigheid inzien van dit soort ideeën, die geen ander belang dienen dan marketing en volksverlakkerij.

Wie af wil vallen moet er dus goed van doordrongen zijn dat een dieet, hoe beperkend ook, nooit minder dan een gram eiwitten per dag per kilo lichaamsgewicht mag leveren – en dat die aanvoer gelijkmatig moet worden verdeeld over drie maaltijden. Een ontoereikend ontbijt, een lunch die bestaat uit een appelflap en een chocoladereep en een diner dat bestaat uit een pizza en een stuk fruit zorgen ervoor dat je te weinig eiwitten binnenkrijgt en dat leidt ertoe dat je huid vaal wordt en de algehele conditie van je lichaam achteruitgaat.

De geringe calorieënwaarde van eiwitten
Een gram eiwitten levert slechts 4 calorieën, de helft van een gram vet, maar evenveel als een gram suiker. Het grote verschil is echter dat de eiwitrijkste levensmiddelen nooit even geconcentreerd zijn als het suikergehalte in tafelsuiker of het vetgehalte van olie of boter.

Alle soorten vlees, vis en andere eiwitbronnen leveren slechts 50 procent aan opneembare proteïnen, de rest is afval en onbruikbaar. Een kalkoenfilet of een biefstuk van 100 gram levert dus maar 200 calorieën en als je daarbij rekent dat het organisme nog 30 procent van de calorieënwaarde moet inleveren om ze op te kunnen nemen, oftewel 60 calorieën, dan blijven er van deze smakelijke, verzadigende producten slechts 140 calorieën over – vergelijkbaar met de waarde van een eetlepel olie waarvan we het gevaar niet zien als we hem over wat blaadjes sla sprenkelen. Met deze simpele constatering wordt het enorme effect duidelijk dat bereikt kan worden door de toepassing van een dieet waarbij je gedurende beperkte tijd alleen eiwitten eet.

Twee nadelen van eiwitten

- **Dure levensmiddelen:** de prijs van eiwitrijke levensmiddelen is vrij hoog: vlees, vis en schaaldieren kunnen zwaar drukken op een beperkt budget. Eieren, gevogelte en orgaanvlees zijn beter betaalbaar, maar blijven toch duur. Gelukkig maakt de intrede enkele decennia geleden van zuivelproducten zonder vet het mogelijk eiwitten van uitstekende kwaliteit te vinden voor prijzen die het prijskaartje van een eiwitdieet lager maken.

- **Levensmiddelen met veel afvalstoffen:** anders dan de meeste andere levensmiddelen worden eiwitproducten niet helemaal afgebroken en blijft er tijdens het afbreken een bepaalde hoeveelheid afvalstoffen achter in het lichaam, zoals urinezuur, dat moet worden uitgescheiden. In theorie zorgt een verhoogde consumptie van deze levensmiddelen dus ook voor meer afvalstoffen. Dit zou tot ongemakken kunnen leiden bij mensen die daar gevoelig voor zijn. Het menselijk lichaam, en in het bijzonder de nieren, beschikt echter over een bepaald aantal afscheidingsmechanismen die zich uitstekend kwijten van die taak. Om dat te kunnen doen hebben de nieren echter een grotere hoeveelheid water nodig. De nieren filteren het urinezuur uit het bloed op – de expliciete – voorwaarde dat er meer water gedronken wordt dan normaal.

Ik heb zo'n zestig gevallen mogen beoordelen van mensen die aanleg hadden voor jicht of nierstenen en een eiwitrijk dieet volgden, maar ook bereid waren dat te combineren met een dagelijkse inname van 3 liter water. De personen die al een beschermende behandeling kregen, gingen daarmee door, maar de anderen kregen zo'n behandeling niet. Geen van de personen zag zijn gehalte aan urinezuur stijgen tijdens het dieet. Een derde van de patiënten zag het zelfs dalen.

Het is dus essentieel om veel te drinken bij elke vorm van eiwitrijke voeding, vooral tijdens de fasen waarin alleen eiwitten genuttigd worden.

Dit is het juiste moment om aandacht te besteden aan de tegenstanders van eiwitrijke diëten, die van mening zijn dat eiwitrijke producten kunnen vermoeien (lees: de nieren kunnen beschadigen). Diezelfde mensen gingen zelfs nog verder door te beweren dat te veel water giftig zou zijn voor de nieren, in een dosis van 1,5 liter per dag. In de dertig jaar dat ik dagelijks met dit dieet werk – waarin eiwitrijk voedsel naar wens gegeten mag worden en dat erop staat dat er elke dag minstens 1,5 liter water gedronken wordt – heb ik nooit problemen ondervonden. Ik heb zelfs dertig patiënten behandeld met slechts één nier. En deze personen zijn afgevallen zonder dat er ook maar de geringste afwijking in hun nierwaarden te constateren was. Dus ik zou willen zeggen: sluit je bij ons aan en drink met ons mee!

Conclusie

Het is goed om een aantal fundamentele principes op een rijtje te zetten, waaraan een goed vermageringsdieet moet voldoen:

• De grote vijand van wie op dieet wil gaan is zonder twijfel vet, zowel dierlijk als plantaardig. Als je bekijkt wat je elke dag aan vetten binnenkrijgt in de vorm van boter, room, sauzen, kaas en vleeswaren, dan weet je dat vetten tot de topleveranciers van calorieën horen. Een effectief en samenhangend dieet moet dus beginnen bij het afzweren van levensmiddelen die rijk zijn aan vet. Je kunt geen vet kwijtraken door dat van andere wezens te eten.

• Je moet ook weten dat dierlijke vetten de enige leveranciers zijn van cholesterol en triglyceriden. Zorg er dus voor dat je de inname systematisch vermindert, vooral als je aanleg hebt voor hart- en vaatziekten en een te hoge cholesterol.

• De andere vijand voor wie wil afslanken is suiker, en dan niet zozeer de 'langzame suikers' uit hele granen of peulvruchten, maar de 'snelle suikers' uit frisdrank, snoep, enz., die snel door het lichaam opgenomen worden, maar geen of nauwelijks nuttige stoffen (vitaminen, mineralen) bevatten. Verleid door de zoete smaak – tussendoortje bij uitstek – vergeten we snel de hoge concentratie aan 'lege' calorieën.

40

- Eiwitten hebben een matige calorieënwaarde: 4 calorieën per gram.

- De bindweefselstructuur van zeer eiwitrijke levensmiddelen, zoals vlees of vis, biedt veel weerstand aan vertering, waardoor ze niet volledig worden opgenomen. Deze eigenschap van eiwitten vermindert dus het energierendement en is manna voor de diëter die per definitie veel calorieën opneemt, omdat hij doorgaans geniet van elke vorm van voedsel.

- De specifiek dynamische werking van eiwitten staat voor het calorieverbruik dat nodig is om ze af te breken tijdens de spijsvertering. Dit verbruik gaat ten koste van de energie die ze leveren en zorgt voor een extra besparing van 30 procent, wat veel meer is dan bij de andere voedingsstoffen.

- Volg nooit een dieet dat minder dan 60 tot 80 gram zuivere eiwitten bevat, omdat anders het gevaar bestaat dat je je eigen spieren of huid verzwakt.

- Wees niet bang voor urinezuur – een natuurlijke afvalstof van eiwitten – dat totaal wordt afgescheiden wanneer je dagelijks 1,5 liter water drinkt.

- Denk eraan dat hoe trager een voedingsstof wordt opgenomen, hoe later de honger weer zal opduiken. De zoetste producten worden het snelst en in de grootste hoeveelheden opgenomen, daarna de vette levensmiddelen en pas dan de eiwitten. Mensen die voortdurend gekweld worden door honger kunnen hieruit hun eigen conclusies trekken.

Zuivere eiwitten

De motor van het Dukan Dieet

Voor we verdergaan wil ik je iets uitleggen wat misschien aanmatigend lijkt: praten over een dieet dat mijn naam draagt. In 2000 noemde ik mijn dieet 'protal' als verwijzing naar de afwisseling van een proteïnefase met een fase van proteïnen en groente.

In de loop der jaren is het publiek mij echter de eer gaan bewijzen dit dieet naar mij te vernoemen. Er zijn inmiddels sites over Dukan, Dukan-adepten en een heuse 'dudu-familie'... allemaal bewijzen van een toegenegen vertrouwdheid die mijn dochter, mijn lieve dochter Maya, die haar vader jaloers koestert, niet kan waarderen maar die mij erg gelukkig maken. Dus nam ik de vrijheid om het dieet mijn naam te geven, en dan weet je nu ook waarom.

Het Dukan Dieet bestaat in feite uit vier opeenvolgende diëten die op elkaar zijn afgestemd om mensen met overgewicht op gewicht te brengen en te houden.

Deze vier opeenvolgende diëten, die bij elke volgende stap minder zwaar worden, zijn ontwikkeld om te zorgen voor:

- ten eerste een bliksemstart met een groot gewichtsverlies, dat zeer motiverend werkt.

- ten tweede gelijkmatig afvallen in een ononderbroken lijn tot het gewenste gewicht: het gewicht dat bij jouw lichaam hoort.

- ten derde een stabilisatie van het nog precaire net verworven gewicht, gedurende een vaste periode van tien dagen voor elke verloren kilo.

- ten vierde een definitieve consolidatie door drie simpele, concrete, sturende, uiterst effectieve maar niet-onderhandelbare regels voor de rest van het leven: de eiwitdonderdag, nooit meer met de lift en 3 eetlepels haverzemelen per dag.

Elk van deze vier diëten heeft een eigen werking en een specifieke taak, maar alle vier ontlenen ze hun kracht en effectiviteit aan het gebruik van zuivere eiwitten, eerst zuiver in de aanval, dan in combinatie met groenten in de cruisefase, vervolgens uitgebreid met andere producten in de stabilisatiefase en ten slotte opnieuw zuiver, maar dan slechts één dag per week in de volhardingsfase.

Volgens dit dieet zorgt de aanvalsfase, zuiver en zonder onderbreking uitgevoerd gedurende (afhankelijk per geval) twee tot zeven dagen, voor een vliegende start en een verrassingseffect.

Ditzelfde dieet verleent, afgewisseld met groenten, de cruisefase zijn kracht en ritme, wat in een rechte lijn leidt naar het bereiken van het gewenste gewicht.

Ook vormt het, mits nauwgezet nageleefd, de pijler van de stabilisatiefase: de overgangsperiode tussen het (strenge) dieet en een normaal voedingspatroon.

En tot slot zorgt dit dieet ervoor dat je een definitieve consolidatie van je gewicht bereikt, in ruil voor de stipte navolging van drie precieze regels, zodat je voortaan zes dagen per week kunt leven en eten zonder schuldgevoelens of beperkingen.

Aangezien het blok van 72 eiwitrijke en weinig vette levensmiddelen de motor van mijn dieet vormt, zal ik nu, voor we het in praktijk gaan brengen, de uiterst specifieke werking en indrukwekkende effectiviteit ervan uitleggen zodat we alle mogelijkheden optimaal kunnen benutten.

Hoe werkt het dieet van zuivere eiwitten? Dat is het onderwerp van dit hoofdstuk.

Waar vind je zuivere eiwitten?

Eiwitten vormen het raamwerk van zowel dierlijke als plantaardige levende materie. Je treft ze dus in de meeste bekende levensmiddelen aan. Maar wil het eiwitdieet zijn specifieke werking en al zijn mogelijkheden volledig kunnen ontplooien, dan moet het samengesteld zijn uit producten die het 'zuivere eiwit' zo dicht mogelijk benaderen. In de praktijk, afgezien van het wit van een ei, bezit geen enkel product deze zuiverheid.

Planten zijn, ook al bevatten ze eiwitten, altijd rijk aan suikers, wat geldt voor alle granen en alle meelproducten, zetmeelproducten en diverse peulvruchten, soja incluis (bekend om zijn eiwitten van hoge kwaliteit, maar te vet en te rijk aan suikers). Dit maakt alle plantaardige eiwitten bij voorbaat ongeschikt.

Hetzelfde geldt voor bepaalde levensmiddelen van dierlijke oorsprong, die meer eiwitten bevatten dan planten maar te vet zijn. Dit is het geval bij varkens- en lamsvlees, bepaalde vette soorten gevogelte als eend en gans, en bepaalde delen van het rund of het kalf.

Toch is er een zeker aantal levensmiddelen van hoofdzakelijk dierlijke herkomst die weliswaar geen zuivere eiwitten bevatten, maar die staat wel sterk benaderen en daardoor de voornaamste pijlers zijn van mijn dieet.

- Paardenvlees, op het borststuk na.
- Rundvlees, behalve entrecote, ribstuk en stoofvlees.
- Kalfsvlees om te grillen.
- Gevogelte, behalve eend en gans.
- Alle vis, ook vette vis, die bekendstaat om zijn bescherming tegen hart- en vaatziekten – en daarom hier aanvaardbaar is.
- Schaal- en schelpdieren.
- Eieren, waarbij alleen het geringe vetgehalte in het eigeel het zuivere eiwit enigszins verstoort.

45

- Magere zuivelproducten, die zeer rijk zijn aan eiwitten en totaal geen vet bevatten. Ze bevatten echter wel een geringe dosis lactose, een natuurlijke melksuiker (net zoals fructose de suiker is in fruit). De geringe hoeveelheid van deze suikers en het belang voor de smaak van deze producten zorgt er echter voor dat ze een plaats verdienen in deze selectie van levensmiddelen die vooral uit eiwitten bestaan en die mijn dieet slagkracht geven.

Hoe werken eiwitten?

De zuiverheid van eiwitten reduceert hun calorische waarde
Alle diersoorten voeden zich met levensmiddelen die zijn samengesteld uit de drie bekende voedingsstoffen: eiwitten, vetten en suikers. Maar voor elke soort bestaat er een ideale en specifieke verhouding van deze drie voedingsstoffen. Bij de mens is dat schematisch weergegeven 5-3-2, oftewel 5 delen suikers, 3 delen vetten en 2 delen eiwitten, een samenstelling die dicht in de buurt komt van die van moedermelk.

Wanneer de samenstelling van het totale voedselpakket deze gulden regel respecteert, zal de opname van calorieën in de dunne darm zijn maximale efficiëntie bereiken en is het rendement zodanig dat het de toename van gewicht kan vergemakkelijken.

Omgekeerd hoeven we slechts die optimale verhoudingen te veranderen om de opname van calorieën te verstoren en daarmee het rendement van levensmiddelen terug te brengen. Theoretisch is de meest radicale verandering die dan denkbaar is – en die de opname van calorieën het sterkst zal terugdringen – de voeding te beperken tot het nuttigen van slechts één voedingsstof.

In de praktijk – het is in de Verenigde Staten al geprobeerd met suikers (Beverly Hillsdieet, waarbij alleen exotisch fruit gegeten wordt) en met vetten (Eskimodieet) – is een eetpatroon dat teruggebracht wordt tot alleen suikers of alleen vetten lastig te realiseren en heeft het behoorlijke gevolgen voor de gezondheid. Een overmaat aan suikers bevordert het ontstaan van suikerziekte en een overmaat aan vet veroorzaakt, afgezien van de onvermijdelijke walging, een vergroot risico op vervetting van het hart- en vaatstelsel. Bovendien zal het gebrek aan eiwitten het organisme dwingen deze uit zijn spierreserves te putten.

Een voedingspatroon dat zich beperkt tot slechts één voedingsstof is dus alleen denkbaar met eiwitten: een oplossing die aanvaardbaar is op het gebied van smaak, het risico op vet in de aderen voorkomt en die een eiwitgebrek per definitie uitsluit.

Wanneer het lukt uitsluitend eiwitten te eten, hebben onze spijsverteringsorganen de grootste moeite met het verwerken van de spijsbal waarop ze niet ingesteld zijn en kunnen ze niet optimaal profiteren van het caloriegehalte. Ze komen in de situatie van een tweetaktmotor, zoals van een scooter of een boot, die werkt op mengsmering en die je probeert te laten starten met gewone benzine, maar die het na een paar knallen opgeeft omdat hij de brandstof niet kan gebruiken.

Zo zal ook het organisme, als het zich voedt met producten die hoofdzakelijk uit eiwitten bestaan, zich ermee tevredenstellen de eiwitten eruit te halen die het nodig heeft om te overleven en om zijn organen te laten functioneren (spieren, bloedlichaampjes, huid, haar, nagels), en de rest van de geleverde calorieën slecht of amper gebruiken.

Voor de opname van eiwitten is een flink verbruik
van calorieën nodig
Om deze tweede eigenschap van eiwitten te begrijpen, die bijdraagt aan de effectiviteit van het dieet, is enige kennis nodig van de SDW oftewel specifiek dynamische werking van voedingsstoffen. De SDW staat voor de inspanning of energie die het organisme moet leveren om een levensmiddel af te breken tot het klein genoeg is als basisschakel, de enige vorm waarin het lichaam het toestaat in de bloedbaan te komen. Dat is een inspanning die groot of klein kan zijn, afhankelijk van de consistentie en moleculaire structuur van het levensmiddel.

Wanneer je 100 calorieën geraffineerde suiker consumeert, de snelle suiker bij uitstek, bestaande uit eenvoudige en weinig complexe moleculen, zul je die heel snel opnemen. Deze inspanning kost het organisme slechts 7 calorieën. Er blijven dus nog 93 bruikbare calorieën over. De SDW van koolhydraten bedraagt dus 7 procent.

Als je 100 calorieën boter of olie consumeert, is de opname een beetje moeilijker en kost de inspanning je 12 calorieën, zodat het organisme nog maar 88 calorieën overhoudt. De SDW van vetten komt daarmee dus op 12 procent.

Tot slot: om 100 calorieën zuiver eiwit op te nemen – het wit van een ei, magere vis of magere kwark – is de inspanning enorm. Eiwitten zijn namelijk samengesteld uit verschillende heel lange moleculaire ketens waarvan de basisschakels, de aminozuren, onderling zijn verbonden door een zeer sterk plaksel, wat het afbreken oneindig veel moeilijker maakt. De opname van eiwitten kost het organisme dan ook 30 calorieën, zodat het lichaam slechts 70 calorieën overhoudt – wat op een SDW van 30 procent komt.

De opname van eiwitten, waarvoor je lichaam hard moet werken, zorgt voor een afgifte van warmte en een verhoogde lichaamstemperatuur. Het wordt dan ook afgeraden om te gaan zwemmen na een eiwitrijke maaltijd, omdat het temperatuurverschil tot een flauwte en zelfs tot verdrinking kan leiden.

Deze eigenschap van eiwitten, vervelend voor wie haast heeft om te gaan zwemmen, vormt een zegen voor mensen met overgewicht, die zo bedreven zijn in het opnemen van calorieën. Ze maakt het mogelijk pijnloos calorieën te besparen, waardoor je heerlijk kunt eten zonder er meteen voor bestraft te worden.

Aan het einde van de dag houdt het lichaam bij een eiwitconsumptie van 1500 calorieën, een flinke dosis, na vertering slechts 1000 calorieën over. Dat is de sleutel van het Dukan Dieet en een van de belangrijke redenen van zijn effectiviteit. Maar dat is niet alles…

Zuivere eiwitten temperen de eetlust
In feite zorgt het eten van zoete of vette levensmiddelen, die makkelijk verteerd en opgenomen worden, voor een oppervlakkige verzadiging die snel wordt verdrongen door een nieuw hongergevoel. Uit recent onderzoek is gebleken dat het nuttigen van zoete of vette tussendoor-

tjes noch het optreden van honger, noch de genuttigde hoeveelheden tijdens de maaltijd terugdringt. Daarentegen bleek het eten van eiwitrijke hapjes het tijdstip van de maaltijd uit te stellen en de erbij gegeten hoeveelheden terug te dringen.

Bovendien zorgt het eten van uitsluitend eiwitrijke producten voor de productie van ketonlichaampjes, krachtige natuurlijke onderdrukkers van honger, die voor langdurige verzadiging zorgen. Na het twee of drie dagen eten van alleen zuivere eiwitten verdwijnt de honger volledig en kan het Dukan Dieet vervolgd worden zonder de natuurlijke dreiging die bij alle andere diëten op de loer ligt: honger.

Zuivere eiwitten gaan oedeem en het vasthouden van vocht tegen
Bepaalde diëten of voedingspatronen staan erom bekend 'hydrofiel' te zijn en bevorderen het vasthouden van vocht en het ontstaan van zwellingen die er het directe gevolg van zijn. Dat geldt voor diëten die vooral steunen op plantaardige producten, veel fruit, groente en minerale zouten.

Eiwitrijke levensmiddelen zijn juist veeleer 'hydrofoob', wat het uitscheiden van urine vergemakkelijkt en daarmee het drogen van met vocht doordrenkt weefsel, dat zo vaak een probleem is in de premenstruele periode of tijdens de premenopauze.

Het aanvalsdieet dat uitsluitend bestaat uit zo zuiver mogelijke eiwitten drijft van alle diëten het beste vocht uit het lichaam.

Dit kenmerk vormt met name een voordeel voor de vrouw. In feite komen mannen voornamelijk aan omdat ze te veel eten en het teveel aan calorieën opslaan in de vorm van vet. Bij de vrouw is het mechanisme waarmee zij aankomt vaak veel complexer en heeft het te maken met het vasthouden van vocht dat het effect van diëten remt en reduceert.

Op bepaalde momenten tijdens de menstruatiecyclus – in de vier à vijf dagen voorafgaand aan de ongesteldheid – of op bepaalde keerpunten in het leven van een vrouw – een onregelmatig intredende puberteit, een eindeloze premenopauze of zelfs midden in het vruchtbare leven door hormonale stoornissen – beginnen vrouwen vocht vast te houden, vooral als ze al enig overgewicht hebben. Ze voelen zich bij wijze van spreken als een spons: hun gezicht is pafferig en gezwollen bij het opstaan, ze kunnen hun ring niet meer van hun vinger krijgen, hun benen zijn zwaar en hun enkels gezwollen. Dit vasthouden van vocht gaat gepaard met een meestal omkeerbare gewichtstoename, die echter chronisch kan worden.

Als ze op dat moment een dieet willen volgen, merken deze vrouwen tot hun verbazing dat de middeltjes die vroeger werkten tegen overgewicht nu geen effect hebben.

In al die gevallen, die vaker voorkomen dan we denken, hebben zuivere eiwitten zoals die gegroepeerd staan in mijn aanvalsdieet een doorslaggevende en directe werking. In een paar dagen, soms zelfs enkele uren, droogt het met vocht doordrenkte weefsel op, zodat de vrouw zich veel beter en lichter gaat voelen, wat ook meteen duidelijk wordt op de weegschaal en de motivatie versterkt.

Zuivere eiwitten vergroten de weerstand van het organisme
Dit is een eigenschap die voedingsdeskundigen kennen en die ook al sinds onheugelijke tijden door leken is geconstateerd. Voordat antibiotica werden toegepast om de ziekte uit te roeien, was het toevoegen van grote doses eiwitten aan de voeding een van de basispijlers van de behandeling van tuberculose. In Berck (een dorp in Frankrijk) werden jonge adolescenten zelfs gedwongen dierlijk bloed te drinken. Moderne trainers raden sporters die hun organisme zwaar beproeven eiwitrijke voeding aan. Artsen doen hetzelfde om weerstand tegen infecties te vergroten, bij bloedarmoede of om de genezing van wonden te versnellen.

Het is goed om dit voordeel te benutten, want afvallen, in welke vorm dan ook, verzwakt het organisme altijd enigszins. Zelf heb ik opgemerkt dat de beginperiode van het dieet, waarbij uitsluitend zo zuiver mogelijke eiwitten genuttigd worden, de meest stimulerende fase is. Sommige patiënten hebben me er zelfs op gewezen dat ze een euforisch gevoel ervaren, zowel fysiek als mentaal, en dat al na verloop van twee dagen.

Zuivere eiwitten maken het mogelijk af te vallen zonder spierafname of verslapping van de huid

Deze constatering zal je niet verbazen als je weet dat de huid, zijn elastische weefsel, evenals alle spieren van het organisme vooral zijn samengesteld uit eiwitten. Een dieet dat onvoldoende eiwitten bevat, dwingt het lichaam om die in zijn eigen spieren en huid te gebruiken, waardoor de huid zijn elasticiteit verliest, om maar niet te spreken van het brozer worden van de botten – iets wat al zo vaak dreigt voor vrouwen na de menopauze. De bundeling van deze effecten zorgt voor veroudering van het weefsel, de huid, het haar, kortom, het hele uiterlijk – en dit zal ook opgemerkt worden door je omgeving. Die reactie alleen al kan je ertoe brengen het dieet voortijdig op te geven.

Omgekeerd zal een eiwitrijk dieet en, sterker nog, een dieet dat uitsluitend uit eiwitten bestaat, zoals het begindieet van het Dukan Dieet, weinig aanleiding geven om de eiwitreserves van het organisme aan te spreken. Onder deze omstandigheden zullen spieren sterk blijven en de huid stralend en strak, ondanks het snelle afvallen, en is het mogelijk om te vermageren zonder snel te verouderen.

Deze eigenschap van het Dukan Dieet lijkt misschien minder belangrijk voor jonge en ronde vrouwen, die gespierd zijn met een stevige huid, maar ze wordt cruciaal voor vrouwen die de vijftig, en dus de menopauze, naderen of die het ongeluk hebben al zwakkere spieren en vooral een tere, dunne huid te hebben. Er zijn tegenwoordig te veel vrouwen die aan de lijn doen met slechts oog voor de weegschaal. Maar het gewicht kan en mag niet allesbepalend zijn. Een stralende huid, de consistentie van het weefsel en de stevigheid van het hele lichaam zijn even zo goed factoren die het uiterlijk van een vrouw bepalen.

DIT DIEET VRAAGT HEEL VEEL WATER

Het probleem rond water is altijd een beetje verwarrend. Er doen geruchten over dit onderwerp de ronde die heel vaak een pseudodeskundige mening vertegenwoordigen die het tegendeel beweert van wat je de vorige dag gehoord hebt.

Mensen aanzetten tot het drinken van water mag niet beschouwd worden als een simpel marketingconcept voor diëten. Het is een kwestie van groot belang, die ondanks de enorme gecombineerde inspanningen van pers, artsen, waterfabrikanten en het gezonde verstand het publiek, en in het bijzonder degene die een dieet volgt, nooit echt heeft kunnen overtuigen.

Simpel gezegd lijkt het essentieel en van het grootste belang om calorieën te verbranden om vetvoorraden te laten smelten, maar die verbranding, hoe nodig ook, is niet voldoende. Afvallen gaat evenzeer om verbranden als om afscheiden.

Wat zou jij vinden van een was of afwas die wel is gewassen maar niet gespoeld? Dat geldt ook voor afslanken. Het is onmisbaar dat juist op dit punt alles duidelijk is. Een dieet dat niet een voldoende dosis water voorschrijft, is een slecht dieet. Het is niet alleen weinig effectief, maar zorgt tevens voor een accumulatie van schadelijke afvalstoffen.

Water zuivert en verbetert de resultaten van het dieet
Een simpele beoordeling van de praktijk toont aan dat hoe meer je drinkt, hoe meer je plast en hoe meer de nieren de afvalstoffen kunnen afvoeren die voortkomen uit verbrande voeding. Water is dus het beste natuurlijke middel om af te slanken. Het is verrassend als je weet hoe weinig mensen voldoende drinken.

Duizenden dagelijkse prikkelingen remmen een natuurlijk gevoel van dorst en zullen het uiteindelijk verdringen. Na dagen en maanden zal dat gevoel verdwijnen en geen waarschuwende rol meer spelen bij de dehydratatie van weefsel.

Vrouwen, die een gevoeliger en kleinere blaas hebben dan mannen, aarzelen met drinken om te voorkomen dat ze voortdurend moeten opstaan tijdens het werk of tijdens een reis of omdat ze niet graag van een openbaar toilet gebruikmaken.

Wat echter aanvaardbaar is onder normale omstandigheden geldt niet meer tijdens een vermageringsdieet. Het volgende argument weet in dat geval altijd te overtuigen, namelijk:

Proberen af te vallen zonder te drinken is niet alleen giftig voor het organisme, maar kan zelfs gewichtsverlies totaal blokkeren en alle inspanningen tenietdoen. Waarom? Omdat de menselijke motor, die tijdens een dieet vetten verbruikt, werkt als iedere andere verbrandingsmotor. De verbrande energie levert warmte en afvalstoffen. Als die afvalstoffen niet regelmatig uitgestoten worden via de nieren, zullen ze accumuleren en uiteindelijk de verbranding onderbreken en elk gewichtsverlies verhinderen. En dat ondanks een perfect gevolgd dieet. Hetzelfde gebeurt bij een automotor als je de uitlaat dichtstopt of bij een kachel waar je de as niet uit haalt: beide zullen uiteindelijk gesmoord worden en uitgaan door de ophoping van afvalstoffen.

De voedingstechnische dwalingen van mensen met gewichtsproblemen en de opeenstapeling van slechte behandelingen en extreme of onsamenhangende diëten maken de nieren uiteindelijk lui. In de eerste plaats heeft de mens dus grote hoeveelheden water nodig om zijn uitscheidingsorganen weer goed te laten werken.

In het begin lijkt dit misschien onaangenaam en vervelend, vooral in de winter, maar als je doorzet, wordt het een gewoonte die, versterkt door het aangename gevoel dat je vanbinnen als het ware schoonspoelt, uiteindelijk weer verandert in een behoefte.

Water – in combinatie met zuivere eiwitten – heeft een positieve uitwerking op cellulitis

Deze eigenschap gaat alleen vrouwen aan, want cellulitis is een vet dat ontstaat onder hormonale invloed en zich ophoopt en vastzet in de meest vrouwelijke delen van het lichaam: de dijen, heupen en knieën.

Deze aandoening is zeer hardnekkig en de meeste diëten hebben hierop dan ook geen effect. Ik heb echter persoonlijk geconstateerd dat het dieet van zuivere eiwitten – gekoppeld aan een vermindering van zout en een verhoogd gebruik van mineraalarm water – een harmonieuzer gewichtsverlies mogelijk maakt met een matige maar reële afslanking van de moeilijke zones, zoals de heupen en de binnenkant van de knieën.

Vergeleken met andere diëten, gevolgd door eenzelfde patiënte in verschillende perioden in haar leven, leverde deze combinatie, bij een gelijk gewichtsverlies, de beste algehele vermindering van de omvang van het bekken en de dijen op.

Deze resultaten zijn te verklaren door het vochtafdrijvende effect van eiwitten en de intense filtratie van de nieren door een grote toevoer van water. Het water dringt door in alle weefsels, de cellulitis incluis. Het dringt er zuiver en onbezoedeld in door en komt er zout en vol afvalstoffen weer uit. Bij deze ontslakkende en lozende werking komt nog het grote effect van het verbranden van zuivere eiwitten. Deze combinatie heeft een, weliswaar bescheiden en gedeeltelijk, effect dat echter zeldzaam is en het onderscheidt het Dukan Dieet van de meeste andere diëten die geen enkel effect op cellulitis hebben.

Wanneer moet je water drinken?

Informatierelieken uit andere tijden, die echter nog steeds het onderbewustzijn van het grote publiek beïnvloeden, doen hardnekkig geloven dat je beter buiten de maaltijden om kunt drinken om te voorkomen dat het water wordt geïsoleerd door de levensmiddelen.

Niet alleen heeft het vermijden van maaltijden geen fysiologische onderbouwing, maar in heel veel gevallen werkt het ook nog eens nadelig. Niet drinken tijdens de maaltijden, op het moment waarop je dorst krijgt en waarop het prettiger en makkelijk is om te drinken, kan ertoe leiden dat je dorstgevoel weer verdwijnt en dat je vervolgens, in beslag genomen door je dagelijkse beslommeringen, vergeet de rest van de dag te drinken.

Tijdens het Dukan Dieet, en in het bijzonder in de aanvalsfase van zuivere eiwitten, is het absoluut noodzakelijk om 1,5 liter water te drinken, behalve in uitzonderlijke gevallen van hormonale oorsprong of nierinsufficiëntie waarbij water wordt vastgehouden. Drink het liefst mineraalwater, maar ook water in elke andere vloeibare vorm, zoals thee, koffie of kruidenthee.

Een grote kop thee bij het ontbijt, een groot glas water in de loop van de ochtend, twee glazen water bij de lunch en een kop koffie na het eten, een glas water 's middags en twee bij het avondmaal, leveren makkelijk 2 liter op.

Talrijke patiënten hebben me verteld dat ze zich hadden aangewend om – weinig elegant maar voor hen doeltreffend – uit de fles te gaan drinken.

Welk water moet je drinken?

• Het beste water in de aanvalsfase, met zijn zuivere eiwitten, is mineraalarm water, licht urinedrijvend en laxerend. Kies een mineraalwater met een zoutgehalte van minder dan 50 mg per liter. De andere merken zijn weliswaar prima, maar te zout om in zulke grote hoeveelheden te worden gedronken.

• Hydroxydase is bronwater dat erg goed is bij ontgiftende diëten en in het bijzonder bij overgewicht dat gepaard gaat met diffuse cellulitis van de onderste ledematen. Dit water, onder andere verkrijgbaar via internet in flesjes van een dosis, kan prima in mijn dieet worden gepast. Drink elke ochtend een flesje op de nuchtere maag.

• Wie gewend is kraanwater te drinken, kan dat blijven doen. De nadruk ligt immers meer op de gedronken hoeveelheid, die op zich voldoende moet zijn om de nieren wakker te schudden, dan op de specifieke samenstelling van het water.

• Hetzelfde geldt voor alle soorten thee en kruidenthee, zoals rooibos of sterrenmunt, voor iedereen die gewend is aan het ritueel van theedrinken en vooral voor wie liever warme dranken drinkt, zeker in de winter, om op te warmen.

• Voor mij zijn alle lightfrisdranken, behalve sinas light (heerlijk maar met enkele minuscule calorieën meer dan de andere) belangrijke bondgenoten in de strijd tegen overgewicht. Cola light is de onbetwiste marktleider, omdat zijn ongeëvenaarde verspreiding die van de oorspronkelijke versie vol suiker inmiddels evenaart. Ik sta lightfrisdrank niet alleen toe, ik raad het zelfs aan. En dat om verschillende redenen. Allereerst dient het vaak om de verplichte 2 liter vol te maken. Verder zijn het suiker- en caloriegehalte praktisch nul, een calorie per glas is amper een pinda per literfles. En tot slot is cola light vooral, net zoals de traditionele versie, een kundig bereide melange van intense smaken waarvan het herhaalde gebruik, zeker bij de notoire snoeper, de zucht naar zoet kan verminderen. Heel veel patiënten hebben beaamd dat ze tijdens hun dieet zijn geholpen door het troostende en aangename gebruik van lightfrisdranken.

- Het dieet van kinderen of pubers vormt een uitzondering op het drinken van lightfrisdrank. Uit ervaring is gebleken dat op die leeftijd de vervanging door 'nepsuiker' een slecht effect heeft en amper de behoefte aan suiker beperkt. De onbeperkte inname van zoetigheid kan de gewoonte doen inslijten om te drinken zonder dorst, enkel en alleen voor het genot, wat het kind gevoelig kan maken voor andere zorgwekkender verslavingen op latere leeftijd.

Water is een natuurlijk verzadigingsmiddel

Vaak verbinden we het gevoel van een lege maag met dat van honger, wat ook niet helemaal onjuist is. Het water dat je tijdens de maaltijd drinkt en wordt gemengd met het eten vergroot het totale volume van de spijsbal. Het laat de maag uitzetten en geeft een vol gevoel, wat de eerste tekenen zijn van verzadiging en voldaanheid. Dit is een reden te meer om te drinken aan tafel. Uit ervaring blijkt ook dat het effect van handelingen en gebaren waarbij je iets in de mond doet ook buiten de maaltijden om werkt, bijvoorbeeld in de 'gevaarlijkste periode' van de dag: de uren voor de avondmaaltijd. Een groot glas drinken, van wat dan ook, is dan vaak voldoende om de behoefte aan voedsel te verminderen.

Tegenwoordig maakt een nieuw type honger zijn opwachting onder de rijkste bevolkingsgroepen op aarde: de zelfopgelegde honger van de westerling die wordt belaagd door een eindeloos arsenaal aan producten waarover hij te allen tijde kan beschikken, maar die hij niet kan aanraken zonder te verouderen of kapot te gaan.

Het is verbazingwekkend dat in een tijd waarin individuen, instituten en farmaceutische laboratoria ervan dromen de ideale en efficiënte hongerremmer te ontdekken, een meerderheid van personen met een ernstige mate van overgewicht uit onwetendheid (of erger nog: onwil) weigert een middel te gebruiken dat zo simpel, zuiver en beproefd is als water om hun honger te stillen.

DIT DIEET MOET ZOUTARM ZIJN

Zout is eveneens een element dat we nodig hebben om te leven en dat in verschillende verhoudingen in elk levensmiddel zit. Vaak is het toegevoegde zout echter overbodig. Het is slechts een middel om de smaak van het eten op te halen en de eetlust op te wekken, en het wordt te vaak uit gewoonte gebruikt.

Een zoutarm dieet is ongevaarlijk
We kunnen en zouden zelfs ons leven lang zoutarm moeten eten. Iedereen die lijdt aan een hartkwaal, nierinsufficiëntie of een hoge bloeddruk leeft permanent op een zoutarm dieet zonder daar ooit last van te krijgen. Een voorbehoud moet echter gemaakt worden voor mensen die van nature aan hypotensie lijden, die gewend zijn met een lage bloeddruk te leven. Een dieet met te weinig zout, vooral in combinatie met een grote waterconsumptie, kan het bloed nog meer filteren, het spoelen en daardoor het volume terugbrengen, en zo de bloeddruk nog verder verlagen. En als de bloeddruk al van nature laag is, kan dat vermoeidheid veroorzaken en duizelingen bij snel opstaan. Deze mensen doen er goed aan zout met mate te gebruiken en niet meer dan 1,5 liter water per dag te drinken.

Te zoute voeding houdt juist het vocht in het weefsel vast
In warme landen worden regelmatig zouttabletten uitgedeeld aan wegwerkers om te voorkomen dat ze in de zon uitdrogen.

Bij de vrouw, met name wanneer zij sterk door hormonen wordt beïnvloed in de dagen voor de menstruatie, in de premenopauze of zelfs tijdens de zwangerschap, kunnen allerlei delen van het lichaam als een spons gaan werken en grote hoeveelheden vocht vasthouden.

Bij deze vrouwen bereikt mijn bij uitstek vochtafdrijvende (aanvals)dieet zijn volle effectiviteit als ook de ingenomen hoeveelheid zout tot een minimum beperkt wordt. Het gedronken water vindt zijn weg dan sneller door het organisme.

Ik krijg vaak de klacht te horen dat mensen in één avond waarin ze flink zijn afgeweken van hun dieet, wel 1 of 2 kilo aankomen. Het komt zelfs voor dat een dergelijke gewichtstoename niet wordt gerechtvaardigd door een afwijking van het dieet. Wanneer we zo'n 'buitensporige' maaltijd analyseren, vinden we nooit de hoeveelheid levensmiddelen terug die nodig zijn om 2 kilo aan te komen, te weten 18.000 calorieën, die je onmogelijk in zo'n korte tijd kunt consumeren. Het gaat in die gevallen echter altijd om een maaltijd met te veel zout en te veel drank. En die combinatie vertraagt de doorstroming van water. Als je dan bedenkt dat 1 liter water 1 kilo weegt en dat 9 g zout 1 liter water één tot twee dagen vast kan houden, dan weet je waar de gewichtstoename aan te danken is.

Als je tijdens een dieet verplicht bent voor je werk of door familieomstandigheden een maaltijd te nuttigen waarvoor je de geldende regels opzij moet schuiven, vermijd dan om te zout te eten, te veel water te drinken en vooral om je de volgende morgen te wegen. Een forse gewichtstoename, die bovendien ongerechtvaardigd is, kan je namelijk ontmoedigen en je vastberadenheid en zelfvertrouwen ondermijnen. Wacht een dag of liefst twee met wegen, intensiveer je dieet, drink mineraalarm water en beperk je zoutgebruik, en voor je het weet ben je weer terug op je oude niveau.

Zout stimuleert de eetlust en minder zout stilt de eetlust
Dit is een feit. Zoute gerechten bevorderen de vorming van speeksel en maagsappen, wat weer de eetlust bevordert.

Omgekeerd verlagen zoutarme gerechten de productie van spijsverteringssappen, wat de eetlust verder niet beïnvloedt. Helaas vermindert de afwezigheid van zout ook het dorstgevoel en wie het Dukan Dieet volgt, moet bereid zijn in de eerste dagen veel te drinken om de behoefte aan water en de terugkeer van de natuurlijke dorst te stimuleren.

Conclusie

Het dieet van zuivere eiwitten – startdieet en voornaamste motor in elk van de vier diëten waaruit het Dukan Dieet bestaat – is geen dieet zoals alle andere. Het is het enige dieet dat gebruikmaakt van slechts één groep voedingsstoffen, een duidelijk gedefinieerde categorie met een maximum aan eiwitten.

Tijdens dit dieet moet elke neiging calorieën te tellen worden afgezworen. Weinig of veel eten heeft geen invloed op het resultaat. Het gaat er alleen om binnen de categorie voedingsstoffen te blijven.

Het beproefde geheim van de eerste twee fasen van het Dukan Dieet, waarin je echt afvalt, is veel en preventief eten, om te voorkomen dat je honger krijgt. Een honger die al snel onbeheersbaar wordt en die zich niet meer tevreden zal stellen met de toegestane eiwitten, maar die je onverbiddelijk zal leiden naar beloningsvoedsel: eten met weinig voedingswaarde, maar met een grote emotionele lading, zoet en romig, rijk aan destabilisatoren.

De effectiviteit van dit dieet, die onverbrekelijk is verbonden met de keuze van levensmiddelen, zal groot zijn wanneer de voeding wordt beperkt tot de categorie 'zuivere eiwitten'. De werkzaamheid zal echter sterk vertraagd en teruggebracht worden tot het trieste tellen van calorieën als die beperking niet gevolgd kan worden. Voor de duidelijkheid: door dit dieet te volgen zit je niet meer in het systeem van **calorieën**, maar in dat van **categorieën**. Het is dus absoluut niet nodig om te tellen, maar wel om binnen grenzen te blijven. Als je echter de lijst van toegestane levensmiddelen niet volgt, heb je geen recht meer op hoeveelheden en moet je weer elke calorie gaan tellen die je in je mond stopt.

Het is dus geen dieet dat je maar half kunt doen. Het volgt een wet van alles of niets, wat niet alleen zijn fysiologische werking maar ook het enorme effect op de psychologie van mensen met gewichtsproblemen verklaart. De diëter zal in dit dieet in elk van de vier etappes een opbouw vinden die op hem lijkt te zijn toegesneden.

Deze affiniteit tussen het psychologische profiel van een mens met overgewicht en de structuur van het dieet zorgt voor een herkenning die misschien voor een leek lastig te begrijpen is, maar die in de praktijk van doorslaggevend belang is. Ze werkt eveneens een sterke motivatie in de hand, die niet alleen de vermagering vergemakkelijkt, maar er ook voor zorgt dat de uiteindelijke volhardingsfase, wanneer alles berust op een enkele eiwitdag per week, alleen en in deze vorm aanvaardbaar is voor iedereen die al zolang hij zich kan herinneren vecht tegen de aanleg om dik te worden.

Het Dukan Dieet in de praktijk

Nu zijn we op het beslissende punt aangekomen dat we het Dukan Dieet in praktijk gaan brengen. Je weet inmiddels alles wat nodig is om de werking ervan te begrijpen en de effectiviteit van de vier diëten waaruit het is samengesteld.

In de theoretische inleiding heb ik ook getracht je te laten inzien dat overgewicht geen toeval is en dat het gewicht dat je nu wilt kwijtraken een deel van jezelf is dat je afwijst, maar dat het wel een weerspiegeling is van je aard, van je psyche en dus van je persoonlijkheid.

Het heeft evenzeer te maken met je kwalen en je erfelijke aanleg als met je geschiedenis, het functioneren van je stofwisseling en je karakter, met je voorkeuren en emoties, alsook met de specifieke neiging om het plezier dat eten je schenkt te gebruiken om de kleine en de grote problemen van het leven te verwerken.

De zaak is dus niet zo simpel als het lijkt en dit verklaart waarom zo veel mensen – en misschien ook jijzelf in het verleden – hebben gefaald en waarom zo veel diëten tevergeefs worden gevolgd.

Strijden tegen een macht die zo sterk en archaïsch is als de behoefte om te eten, een bijna dierlijke macht die van diep binnenuit komt, ontembaar is, en die alle redelijke argumenten van tafel veegt, kan natuurlijk niet afgedaan worden met een eenvoudig lesje voedingsleer, hoe informatief of intelligent ook, en de hoop van de diëter op voldoende zelfbeheersing.

Om de kracht van een dergelijk instinct te overwinnen, moet dat instinct bestreden worden op eigen terrein, met de middelen, taal en argumenten die op de diëter van toepassing zijn.

De behoefte om te verleiden, de behoefte aan welzijn, de angst voor ziekten, de behoefte bij een groep te horen en zich te conformeren aan de heersende criteria vallen daaronder en zijn de enige instinctieve bolwerken van nu die in staat zijn iemand met gewichtsproblemen te motiveren en te mobiliseren. Deze argumenten zullen echter bij de eerste, voorzichtige resultaten niet meer toereikend zijn zodra het postuur beter en de kledingmaat kleiner wordt en de kortademigheid op de trap afneemt.

Dus wil een dieet of een totaal plan van aanpak een kans van slagen hebben, dan moet het bovenal beschikken over een andere instinctieve factor: het argument van autoriteit.

De bekrachtiging van een vermageringsplan moet dus worden geformuleerd door een externe autoriteit, een wil die de jouwe vervangt en die leiding geeft in de vorm van nauwkeurige instructies, die niet vatbaar zijn voor verschillende interpretaties, niet onderhandelbaar zijn en die op een aanvaardbare manier gehandhaafd blijven – net zo lang als jij wilt dat het resultaat voortduurt.

Ik heb het Dukan Dieet opgebouwd rondom de beproefde effectiviteit van afgewisselde proteïnen door het in de loop der jaren keer op keer aan te passen aan het zo specifieke profiel van de mens met overgewicht. Ik reik dan ook een netwerk van regels zonder gaten aan, dat zijn gepassioneerde natuur, zijn heldhaftigheid en zijn motivatie van het begin kanaliseert en gebruikt, en dat zich aanpast aan zijn gebrek aan doorzettingsvermogen op de lange termijn.

Ik begreep al snel dat een enkel dieet niet voldoende zou zijn voor een zo complexe taak en dus stelde ik een totaalplan op: in een samenhangend geheel lossen vier diëten op rij elkaar af, zodat de diëter geen moment wordt geconfronteerd met verleiding of falen. Kortgeleden besefte ik bovendien dat afvallen zonder fysieke inspanning, die zich uiterst eenvoudig en natuurlijk laat inpassen in de leefgewoonten voor de lange duur, de hele onderneming kwetsbaar dreigde maken. In een samenleving waarin zittend werk een integraal onderdeel is, is het advies om eenvoudigweg je gezonde verstand te gebruiken niet meer afdoende. Ik heb dan ook besloten om lichaamsbeweging, en in het bijzonder lopen, op te nemen als een volwaardige motor in mijn plan. Ik raad het niet alleen aan, maar schrijf het voor op recept, zoals ik zou doen met een medicijn. Een apart hoofdstuk in dit boek zal dit nieuwe inzicht tot in detail beschrijven.

De aanvalsfase: het dieet van zuivere eiwitten

Wat de mogelijkheden, de duur en de indicatie ook zijn, het Dukan Dieet begint altijd met het dieet van zuivere eiwitten, een uiterst specifiek dieet om een psychische klik teweeg te brengen en een verrassingseffect op stofwisselingsgebied, waarvan de gebundelde krachten een eerste doorslaggevend gewichtsverlies moeten opleveren.

Ik zal nu gedetailleerd uitwerken welke levensmiddelen je zullen begeleiden in deze eerste periode en daarbij de beschrijving aanvullen met een aantal tips die bedoeld zijn om je keuze te vergemakkelijken.

Hoe lang moet deze eerste bliksemfase duren om zijn rol als starter en gangmaker optimaal te kunnen vervullen? Op deze belangrijke vraag kan ik geen pasklaar antwoord geven. De duur moet worden aangepast aan elk specifiek geval. Het is vooral afhankelijk van het te verliezen gewicht, maar ook van leeftijd, het aantal eerder gevolgde diëten, de motivatie en de specifieke affiniteit met eiwitrijke producten.

Ik zal je wel uiterst nauwkeurige indicaties geven over de resultaten die je met dit aanvalsdieet kunt bereiken en die natuurlijk weer sterk afhangen van de correcte navolging van het dieet en van de juiste tijdsduur.

Tot slot zal ik de diverse lichamelijke reacties behandelen die je tijdens deze beginfase kunt tegenkomen.

Toegestane levensmiddelen

In de loop van deze periode waarvan de duur kan variëren van één tot tien dagen, heb je het recht om producten te nuttigen uit de acht volgende categorieën.

*Uit deze acht categorieën mag je zo veel eten als je wilt, zonder enige
beperking qua hoeveelheid en op elk gewenst tijdstip.
Ook mag je deze levensmiddelen combineren.*

Je kunt producten kiezen die je lekker vindt en andere laten staan. Je
kunt je zelfs beperken tot één categorie voor een maaltijd of zelfs voor
een hele dag.

Het gaat erom binnen de duidelijk gedefinieerde lijst te blijven, die
ik al lange tijd voorschrijf en die helemaal compleet is.

Weet ook dat de geringste afdwaling, de kleinste stap erbuiten, hoe
klein ook, werkt als een prik van een naald in een opgeblazen ballon.

Een ogenschijnlijk onschuldige afwijking kan genoeg zijn om je te
beroven van de kostbare vrijheid onbeperkt te kunnen eten.

Voor een kruimeltje kwaliteit verlies je de toegang tot kwantiteit en
zul je de rest van de dag veroordeeld zijn tot het moeizaam tellen van
calorieën en weinig eten.

*Samengevat is het dieet dus even eenvoudig als ononderhandelbaar: alles
wat op de lijst staat die ik je hierna geef, is voor jou en helemaal voor jou.
Wat er niet op staat, is niet voor jou. Vergeet deze producten gewoon even,
in de wetenschap dat ze in de nabije toekomst weer toegestaan zijn.*

Eerste categorie: mager vlees
Onder mager vlees versta ik drie soorten vlees: kalfsvlees, rundvlees en
paardenvlees voor hen die, helaas steeds zeldzamer, dat laatste nog eten.

- Rundvlees: alle delen om te grillen of roosteren zijn toegestaan, met
  name biefstuk, filet, lende, rosbief, liefst van de slager, maar vermijd
  angstvallig entrecote en rib-eye, die beide te dooraderd en te vet zijn.

- Kalfsvlees: de aangeraden delen zijn oester, fricandeau en kalfslever, als je cholesterolgehalte die laatste toestaat. Kalfskotelet is
  toegestaan op voorwaarde dat het randje vet eromheen wordt
  afgesneden.

- Paardenvlees: alle delen zijn toegestaan, met uitzondering van de borst. Paardenvlees is gezond en heel mager. Als je het lust, mag je ervan eten zo veel je wilt, liefst bij de lunch. Het is namelijk een uiterst opwekkend product waarvan een te late consumptie je slaap kan verstoren.

- Varkens- en lamsvlees zijn niet toegestaan in dit aanvalsdieet, dat zo zuiver en effectief mogelijk moet zijn.

Je mag deze soorten vlees bereiden zoals je wilt, maar zonder vet, boter, olie of room te gebruiken, zelfs geen halfvolle variant. Om de smaak van gegrild vlees te bewaren, vet je de pan met keukenpapier in met een paar druppels olie.

De aanbevolen bereiding is grillen, maar je kunt het vlees ook roosteren in de oven, 'en papillote' bereiden of koken.

De mate van garing is voor eenieder vrij, maar je moet weten dat je door langere verhitting meer vet uit het vlees haalt en daarmee het ideaal van zuivere eiwitten zo dicht mogelijk benadert.

Rauwe biefstuk tartaar is toegestaan, maar aangemaakte tartaar en carpaccio moeten worden bereid zonder olie.

Gegaard gehakt of hamburgers zijn ook toegestaan. Dat geldt ook voor balletjes gehakt waardoor een ei, kruiden of kappertjes zijn gemengd en die in de oven gegaard zijn.

Biefstuk uit de diepvries is toegestaan, maar let er wel op dat het vetgehalte de 10 procent niet overstijgt; 15 procent is te veel voor de aanvalsperiode. Pas dus goed op! Gehakte koosjere biefstuk is heel vet, je kunt dan beter een minder vette steak van de slager nemen en zelf fijnhakken. Of je moet hem lang genoeg grillen om een deel van het vet eruit te smelten.

Ik herinner je er nog eens aan dat de hoeveelheden onbeperkt zijn.

Tweede categorie: orgaanvlees
In deze categorie zijn alleen lever en tong toegestaan: kalfslever, runderlever en kippenlever.

Tong van kalf en lam, met weinig vet, zijn toegestaan. Van een rundertong mag je alleen het voorste deel eten, de punt die het magerste stuk vormt. Vermijd het achterste te vette deel.

Het voordeel van het hoge vitaminegehalte van lever, dat zeer nuttig is tijdens een vermageringsdieet, wordt helaas ondermijnd door het hoge cholesterolgehalte, wat lever uitsluit voor mensen die risico lopen op hart- en vaatziekten.

Derde categorie: vis

In deze categorie gelden geen beperkingen. Alle vissoorten zijn toegestaan, of ze nu vet of mager zijn, wit of blauw, vers, diepgevroren of uit blik (alleen in water, niet in olie), gedroogd of gerookt.

- Alle vette vis is toegestaan, zoals sardine, makreel, tonijn, zalm.

- Dat geldt ook voor alle magere witvis, zoals schol, schelvis, kabeljauw, dorade, rode poon, zeewolf, wijting, rog, forel, koolvis, brasem, zeeduivel, en heel veel andere minder bekende soorten.

- Ook gerookte vis is toegestaan, zoals gerookte zalm, die weliswaar vet en smeuïg is, maar niet veel meer vet bevat dan een steak met 10 procent vet. Datzelfde geldt ook voor gerookte forel, paling en kippers.

- Vis uit blik, heel handig voor een snelle maaltijd of als je niets anders in huis hebt, is ook toegestaan, zoals tonijn, zalm, makreel op eigen sap of in water, of haring in tomatensaus.

- Tot slot surimi, het van oorsprong Japanse product op basis van uiterst magere witvis met een krabaroma.

  Heel veel van mijn patiënten en lezers hebben een negatief beeld van surimi.

  Het klopt dat surimi een bewerkt product is, maar uit onderzoek naar de bereidingswijze heb ik geleerd dat het een goede voedingswaarde heeft. Surimi bevat ook toevoegingen als suikers, maar dat vormt geen onoverkomelijk obstakel want het gaat hier om zetmeel en de rest van zijn kwaliteiten compenseert dit nadeel. In feite bevat dit visproduct heel weinig vet, is het extreem makkelijk in het gebruik, geurloos, makkelijk te vervoeren, behoeft het geen enkele bereiding of verhitting en kan het worden gegeten als tussendoortje op elk moment van de dag.

Vis moet bereid worden zonder toevoeging van vet, bijvoorbeeld besprenkeld met citroen en bestrooid met aromaten, in de oven gevuld met kruiden en citroen, in gekruide bouillon of nog beter: gestoomd of 'en papillote' om alle sappen te behouden.

Vierde categorie: schaal- en schelpdieren
Onder deze klasse van levensmiddelen rangschik ik alle schaal- en schelpdieren.

• Grijze en roze garnalen, gamba's, krab, alikruiken, kreeft en langoustines, oesters, mosselen, venusschelpen en sint-jakobsschelpen.

We zouden deze producten vaker moeten gebruiken. Ze brengen variatie in onze voeding en geven een maaltijd een feestelijk tintje. Ze bezitten ook een sterk verzadigend vermogen.

Vijfde categorie: gevogelte
• Alle gevogelte is toegestaan, behalve die met een platte snavel (eend en gans), op strikte voorwaarde dat het gegeten wordt zonder vel. Let op: bereid het vlees mét het vel om uitdrogen te voorkomen; verwijder het vel op het laatste moment op je bord.

• Kip is in deze categorie veruit het populairst en uiterst praktisch in dit dieet van zuivere eiwitten. Alle delen zijn toegestaan, behalve het buitenste deel van de vleugel dat niet van het vel losgemaakt kan worden en te vet is. Toch moet je weten dat er een groot verschil is in vetgehalte tussen de verschillende delen van de kip. Het magerste deel is de borst, vervolgens de poot en dan de vleugel.

• Kalkoen in alle bereidingen, als schnitzel in de pan, geroosterd in de oven en getruffeerd met knoflook. Eveneens toegestaan zijn: kalkoenkuiken, parelhoen, duif, kwartel, evenals vliegend of waterwild, zoals fazant, patrijs en zelfs magere wilde eend.

• Konijn valt ook in deze categorie van mager vlees en kan geroosterd of bereid worden met mosterd of magere kwark,

Zesde categorie: ham zonder vet, zonder zwoerd en ontdaan van andere vette delen
In supermarkten is sinds enkele jaren ham te vinden van mager varkensvlees en ook van lichtgerookte kalkoen en kip, waarvan het vetgehalte varieert tussen de 4 en 2 procent – wat magerder is dan de magerste vlees- en vissoorten. Ik kan deze vleessoorten dan ook zeer aanbevelen, omdat ze makkelijk verkrijgbaar en te gebruiken zijn.

Hetzelfde geldt voor paarden- en runderrookvlees, beide gebaseerd op filet. Deze heel magere en zeer gewaardeerde vleeswaren zijn helaas vrij duur. Ze zijn natuurlijk vacuümverpakt te vinden in grote supermarkten, maar dan veel minder lekker en veel zouter dan van de slager.

Een voordeel van vacuümverpakt, voorgesneden, schoon en zonder luchtjes of afval, is wel dat ze zich uitstekend lenen om mee te nemen en toe te voegen aan de lunch.

Bovendien is de voedingswaarde op elk punt vergelijkbaar met die van ham. Verder is rauwe ham niet toegestaan, evenals gerookte ham, die nog vetter is.

Zevende categorie: eieren
Eieren kun je hardgekookt, zachtgekookt of als spiegelei, omelet of roerei bereid in een pan met antiaanbaklaag eten, dat wil zeggen zonder toevoeging van olie of boter.

Om het gerecht te verfijnen en minder eenzijdig te maken kun je een paar garnalen toevoegen of zelfs wat krabvlees. Ook kun je een omelet maken met gehakte ui als Spaanse tortilla of met wat aspergepuntjes voor extra aroma.

Eieren zijn echter rijk aan cholesterol en buitensporige consumptie ervan wordt afgeraden aan mensen met een verhoogd cholesterolgehalte. In die gevallen kan de consumptie ervan beter beperkt worden tot drie à vier eierdooiers per week: het kan dan bijvoorbeeld handig zijn om een omelet of roerei te maken met slechts één eierdooier op twee eiwitten. Het wit, zuiver eiwit bij uitstek, kan zonder enige beperking gegeten worden.

Sommige mensen hebben last van overgevoeligheid voor kippeneieren, maar die komt zeer zelden voor en is meestal zeer goed bekend bij de patiënt, die het product dan ook weet te vermijden.

Wat vaker voorkomt, is dat eieren slecht verteerd worden, hetgeen ten onrechte wordt toegeschreven aan een gevoelige lever. Afgezien van eieren van slechte kwaliteit of onvoldoende versheid, is het niet het ei zelf dat door de lever slecht verdragen wordt maar de gebakken boter waarin het is bereid.

Dus als je niet echt allergisch bent en als je eieren bereidt zonder vet, kun je zonder gevaar een of twee eieren per dag eten gedurende de korte tijdspanne van het aanvalsdieet.

Achtste categorie: magere zuivelproducten (yoghurt, kwark, enz. met 0 procent vet)

Deze producten, ontwikkeld als voeding voor de slanke lijn, zijn op alle punten vergelijkbaar met traditionele yoghurt, kwark, enz., maar ontdaan van vet. Deze magere zuivelproducten bevatten praktisch alleen nog eiwitten en ze spelen dus een grote rol in dit aanvalsdieet van zuivere eiwitten.

Sinds enkele jaren brengen zuivelproducenten een nieuwe generatie magere yoghurt op de markt gezoet met aspartaam en gearomatiseerd of verrijkt met fruitpulp. Aspartaam en aromastoffen bevatten nul calorieën, maar de toevoeging van fruit zorgt wel voor een kleine hoeveelheid ongewenste suikers.

Daarom en om alles helemaal helder te krijgen, onderscheiden we drie soorten yoghurt met 0 procent vet: naturel, met aroma en met fruit, dat wil zeggen met kleine stukjes fruit of een bodem compote.

- Naturelyoghurt en yoghurt met aroma zijn toegestaan, zowel de een als de ander zonder voorbehoud.

- Magere yoghurt met fruit is toegestaan, maar maximaal twee bekertjes van 125 g per dag. Wie echter een bliksemstart wil maken heeft er belang bij ze te vermijden in de aanvalsfase en ook als er periodiek een stagnatie in de gewichtsafname optreedt.

Negende categorie: 1,5 liter vocht per dag
Dit is de enige verplichte categorie van deze lijst, alle andere zijn facultatief en afhankelijk van wat jij wilt. Zoals ik je al heb gezegd en op het gevaar af in herhaling te vervallen, is deze inname van vocht onmisbaar en niet-onderhandelbaar. Zonder deze grote drainage zal het afvallen, hoe volmaakt ook gedaan, op een gegeven moment stagneren, omdat de afvalstoffen van de verbranding van vetten zich zo sterk zullen ophopen dat ze het vuur doven.

Elke vorm van water is toegestaan, maar kies wel voor een mineraalwater met een zoutgehalte van minder dan 50 mg per liter. De andere merken zijn weliswaar prima, maar te zout om in zulke grote hoeveelheden te worden gedronken.

Als je niet van koolzuurvrij water houdt, kun je zonder bezwaar koolzuurhoudend water drinken. Belletjes en gas hebben geen enkel effect op dit dieet, alleen een te hoog zoutgehalte moet vermeden worden.

Als je niet houdt van koude dranken, moet je weten dat koffie, thee en kruidenthee vergelijkbaar zijn met water en daarom kunnen worden verrekend met de verplichte 1,5 liter.

Tot slot zijn alle lightdranken, die slechts 1 calorie per glas bevatten, toegestaan in alle fasen van het Dukan Dieet.

Voedingsdeskundigen zijn verdeeld over het belang van met

aspartaam gezoete frisdranken. De een meent dat de bedrieglijke werking door het organisme wordt waargenomen en gecompenseerd; de ander is van mening dat de consumptie ervan het genot van en de behoefte aan suiker stimuleert.

Ik heb echter in de praktijk geleerd dat vermijden, hoe lang ook, nooit de zin in en behoefte aan suiker wegneemt. Ik zie dus geen enkele reden om je te beroven van deze smaak, mits ontdaan van calorieën. Ik heb juist geconstateerd dat het gebruik van lightdranken het veel makkelijker maakt om het dieet vol te houden en dat hun feestelijke uitstraling – de zoete smaak, de aroma's, de kleur en de belletjes – een 'belonend' effect heeft en het verlangen stilt 'naar iets anders', dat zo vaak optreedt bij de snoepers onder de diëters.

Dit is het moment om aandacht te besteden aan de uiteenlopende meningen over aspartaam. Voor alle duidelijkheid: de stof zou kankerverwekkend zijn en ik begrijp dat dit reden is tot zorg. Ik zie echter geen reden voor deze polemiek. De zoetstof wordt al 25 jaar door miljarden mensen overal ter wereld gebruikt zonder ooit aanleiding te hebben gegeven tot klachten, het opduiken van bijverschijnselen en nog minder het ontstaan van kanker bij de mens. Wat mij betreft, maar belangrijker nog wat de Europese autoriteiten en alle landen ter wereld betreft, is er geen enkele reden om de zoetstof te onthouden aan mensen op dieet die erg gehecht zijn aan de smaak van zoet. Het is zeker niet zo dat door ze ervan te beroven hun behoefte aan zoet zal verdwijnen. Integendeel, het ontnemen ervan zorgt voor een frustratie die vroeg of laat zijn tol komt eisen – met rente.

Tiende categorie: 1,5 eetlepel haverzemelen
Jarenlang bevatte het Dukan Dieet in de eerste twee fasen van het echte afvallen geen enkel meel-, graan- of zetmeelproduct. Dat belette de werking ervan niet, maar veel diëters verlangden uiteindelijk toch wel erg naar suikers.

Ik ontdekte haverzemelen op een congres voor cardiologen in Amerika, waar de gunstige werking ervan op het terugdringen van cholesterol en diabetes uiteen werd gezet. Ik nam een doos mee naar huis en op een ochtend maakte ik, bij gebrek aan meel, een geïmproviseerde pannenkoek voor mijn dochter, van haverzemelen, een ei, wat kwark en gezoet met wat aspartaam.

Mijn dochter vond de pannenkoek heerlijk en was volledig verzadigd. Ik gaf mijn patiënten vervolgens ook het recept van deze pannenkoek en toen die enthousiast werden, voegde ik het recept toe aan mijn methode en vermeldde het ook in mijn boeken. Zo hebben de haverzemelen hun plaats veroverd in de fundamenten van mijn methode, de enige suikers tussen de zuivere eiwitten, en zelfs in het allerheiligste van de aanvalsfase. Waarom?

Ten eerste heb ik op klinisch vlak snel een verbetering van de resultaten geconstateerd, zoals een betere inachtneming van het dieet op de langere termijn, een afname van de eetlust, een vroeger verzadigingspunt en een sterke afname van de frustratie op de langere duur.

Ik heb getracht de werking van haverzemelen te begrijpen en heb verschillende studies over het onderwerp gelezen. Haverzemelen zijn de vezelachtige omhulsels die de haverkorrel beschermen. De korrels, waarvan havervlokken worden gemaakt, zijn rijk aan snelle suikers. Haverzemelen vormen echter het 'hemd' van de korrels: ze zijn arm aan suikers, zeer rijk aan eiwitten en vooral aan oplosbare vezels.

Deze vezels bezitten twee fysieke eigenschappen waardoor ze op medisch gebied een rol kunnen spelen:

• Het absorptievermogen. Ze kunnen meer dan twintig keer hun volume aan water opnemen. Zodra ze in de maag komen, beginnen ze te zwellen en nemen ze voldoende plaats in om voor een snelle verzadiging te zorgen.

• De extreme viscositeit. Als ze samen met de brij aan voeding in de dunne darm zijn aangekomen, gedragen ze zich als lijmstrook en plakken ze aan alles om zich heen. Zo remmen ze de opname van voedingsstoffen in het bloed en nemen ze een gedeelte ervan mee naar de ontlasting.

Verzadiging en calorieverlies maken van haverzemelen een waardevolle bondgenoot in mijn strijd tegen overgewicht. Ik zeg 'mijn strijd', want de aanwezigheid van haverzemelen ontneemt me niet een van de grote troeven van mijn methode: vrije toegang tot hoeveelheden en de consumptie NAAR BELIEVEN van mijn honderd levensmiddelen. Het is duidelijk dat diëten gebaseerd op weinig calorieën er minder van zullen profiteren, omdat ze al zetmeelproducten toestaan en zelfs producten met suiker, zij het in beperkte en afgemeten hoeveelheden.

Ik heb me persoonlijk ingespannen om de werking van haverzemelen te onderzoeken. In een coprologische studie (onderzoek van de ontlasting) heb ik de calorische waarden van de ontlasting van dezelfde mensen met en zonder consumptie van haverzemelen laten vergelijken.

Door dit onderzoek heb ik kunnen constateren dat niet alle zemelen op de markt even goed waren en dat de productiemethode grote invloed had op de effectiviteit. De eerste landen waar haverzemelen geproduceerd werden, waren Canada en Finland. Ik heb de gelegenheid gehad om samen te werken met agrarische ingenieurs in Finland. Twee fabricagecriteria bleken cruciaal te zijn: het malen en het zeven.

Bij het malen van de zemelen wordt de grootte van de deeltjes bepaald.

Bij het zeven worden de zemelen van het havermeel gescheiden.

Een te fijne maling steriliseert de zemelen, waardoor ze hun effectiviteit vrijwel geheel verliezen. Zijn de zemelen te grof en onvoldoende vermalen, dan heeft dit weer een nadelige invloed op de viscositeit.

En dan wat betreft het zeven: zijn zemelen niet lang genoeg gezeefd, dan zijn ze onvoldoende zuiver en te rijk aan meel; maar te lang zeven wordt te duur.

Samen met de agrarische ingenieurs en met behulp van het coprologisch onderzoek van de ontlasting stelde ik een index op voor de effectiviteit van zemelen, op basis van malen en zeven, om zo de beste medicinale effecten te kunnen bereiken.

De optimale maling is die waarbij deeltjes van een gemiddelde + grootte worden geproduceerd, de M2bis.

Bij het zeven garandeert de zesde passage door de zeef, de B6, een verwaarloosbare hoeveelheid snelle suikers. Deze twee indicatoren samen vormen de globale indicator M2bis-B6.

De meeste fabrikanten, vooral Angelsaksische, produceren zemelen alleen voor culinaire doeleinden, zoals de Engelse *porridge* (een waar nationaal instituut bij de Britten). Daarvoor hebben ze het liefst heel fijngemalen zemelen en maken ze zich niet druk om het zeven. Het mengsel moet zo zoet en zacht mogelijk zijn in de mond. De medicinale effecten van zemelen zijn daarbij van geen enkel belang.

Er staan inmiddels informatiebijeenkomsten gepland tijdens colleges en congressen over voeding en diëten om mijn bevindingen te communiceren en te proberen het culinaire met het voedingstechnische te verzoenen.

Momenteel werk ik samen met fabrikanten en internationale distributeurs om ze de resultaten door te geven en te proberen ze te winnen voor deze indicator waarvan de productie misschien wat meer geld kost, maar waarvan het belang op voedingskundig niveau veel groter is. Ik zal dus nog even geduld moeten hebben voordat dit type haverzemelen voor iedereen verkrijgbaar is, tot die tijd volstaat het gebruik van 'gewone' haverzemelen voor mijn dieet.

In de aanvalsfase schrijf ik haverzemelen voor in de dosis van 1,5 eetlepel per dag. Ik raad aan ze te eten in de vorm van een pannenkoek gezoet met aspartaam of in hartige vorm, als volgt te bereiden:

Doe 1,5 eetlepel haverzemelen in een kom, doe er 1,5 eetlepel magere kwark of yoghurt bij en een eiwit of een heel ei, als je geen problemen hebt met je cholesterol. Zoet het geheel met een eetlepel aspartaam of bestrooi het licht met zout, al naar gelang je smaak.

Doe het deeg in een pan met antiaanbaklaag die je eerst hebt ingevet met enkele druppels olie. Bak de pannenkoek 2 tot 3 minuten aan elke kant.

De pannenkoeken blijven ruim een week goed in de koelkast; wikkel ze wel in aluminium- of huishoudfolie, zodat ze niet uitdrogen. Je kunt ze ook invriezen. Ze behouden hun smaak, hun consistentie en hun voedingswaarde.

De meesten van mijn patiënten eten hun pannenkoek 's morgens, wat voorkomt dat ze in de loop van de ochtend een 'hongeraanval' krijgen. Anderen eten hem als sandwich tussen de middag, met een plak gerookte zalm of mager runderrookvlees erop.

Weer anderen eten hem in de loop van de middag, in de 'moeilijke' tijd wanneer dwangmatige trek kan optreden. Of ook wel na het avondeten als ze de neiging krijgen alle kasten af te stropen op zoek naar een laatste hapje voor de nacht.

Als je benieuwd bent naar andere recepten op basis van haverzemelen, zoek dan op het internet en voer 'haverzemelen' of 'Dukan-recepten' in je zoekmachine in. Je vindt er allerlei recepten voor pannenkoeken, muffins, ontbijtkoek, pizzabodems, brood van haverzemelen...*

Verder is de pannenkoek van haverzemelen een sterk wapen in de strijd tegen boulemie. Zeker, lijders aan boulemie vallen buiten het kader van mijn vermageringsplan, maar mogelijk lezen ze dit boek en ik weet uit regelmatige toepassing bij mijn patiënten dat het ze enorm kan helpen: ze kunnen net zo veel pannenkoeken maken als ze willen in alle vormen en smaken, wat zal voorkomen dat ze een crisis krijgen en ze torenhoge calorieënwaarden bereiken met levensmiddelen van heel slechte kwaliteit.

Maar elke diëter kan moeilijke momenten hebben waarin niet te onderdrukken verlangens een goed opgebouwde en gestructureerde vermageringsfase kunnen ruïneren. In die ongewone gevallen is het mogelijk een dag of twee, maar ook niet meer dan een dag of twee, de consumptie van haverzemelen te verhogen tot maximaal drie pannenkoeken per dag.

---

* Meer informatie over de deugden van haverzemelen en recepten om uit te proberen, vind je in *Mon secret minceur et santé*, van dr. Pierre Dukan, uitgegeven door uitgeverij J'ai lu.

De hulptroepen

- Magere melk, vers of houdbaar of als poeder, is toegestaan en kan de smaak en de consistentie van thee of koffie verbeteren en gebruikt worden voor sauzen, crèmes, vla of andere gerechten.

- Suiker is verboden, maar aspartaam, de bekendste synthetische en over de hele wereld gebruikte zoetstof, is toegestaan en dat zonder enige beperking, ook voor zwangere vrouwen, wat bewijst dat de stof geheel onschuldig is.

- Azijn, specerijen, kruiden, tijm, knoflook, peterselie, ui, sjalot, bieslook, enz. zijn niet alleen toegestaan, maar worden ook ten zeerste aangeraden. Ze verbeteren de smaak van de geconsumeerde producten en verhogen de gevoelswaarde ervan. De zenuwcentra die voldaanheid registeren, nemen immers alle sensaties in de mond waar, wat de verzadiging alleen maar vergroot. Dus ik beweer dat kruiden niet alleen smaakverbeteraars zijn, wat op zich al niet slecht is, maar bovendien het gewichtsverlies vergemakkelijken. Bepaalde specerijen, zoals vanille of kaneel, hebben ook nog eens verwarmende, geruststellende kwaliteiten, waarmee ze de behoefte aan suiker prima kunnen opvangen. Andere, zoals koriander, kerriepoeder, peper, kruidnagel, enz., kunnen de behoefte aan zout aanzienlijk terugdringen. Ze zijn vooral geschikt voor vrouwen die vocht vasthouden en moeite hebben met het terugbrengen van hun zoutgebruik.

- Augurk en ui zijn toegestaan mits gebruikt om het eten op smaak te brengen. Ze vallen echter buiten de grenzen van het dieet van zuivere eiwitten als de gebruikte hoeveelheden vergelijkbaar worden met die van groenten.

- Je kunt citroen gebruiken om vis of zeevruchten op smaak te brengen, maar je mag de vrucht niet uitgeperst of als limonade nuttigen, zelfs niet zonder suiker. Het is dan namelijk geen toevoeging meer, maar een vrucht, weliswaar zuur, maar met suiker en dus niet verenigbaar met de aanvals- en cruisefase uit het begin van het dieet.

- Zout en mosterd zijn toegestaan, maar moeten met mate gebruikt worden, vooral als je aanleg hebt om vocht vast te houden, wat vooral voorkomt bij jonge vrouwen met een onregelmatige menstruatie en bij vrouwen in de premenopauze. Voor wie er niet zonder kan, zijn er mosterd zonder zout en dieetzout met weinig natrium verkrijgbaar.

- Gewone ketchup is niet toegestaan, want die bevat veel suiker én zout. Er zijn echter tomatensauzen van zeer goede kwaliteit waaraan je alleen wat kruiden hoeft toe te voegen voor een heerlijke saus zonder zoete nasmaak.

- Kauwgum verdient beter dan dit ene plekje tussen de hulptroepen. Voor mij is het een troef van de eerste orde in de strijd tegen overgewicht en in het bijzonder tijdens de eerste twee fasen van mijn plan: de aanvals- en cruisefase. Zelf gebruik ik liever geen kauwgum omdat ik dat gekauw niet erg charmant vind staan, maar het overkomt zelfs mij dat ik een kauwgumpje in mijn mond doe als ik erg gestrest ben. Heel veel mensen met overgewicht eten 'onder stress' en kauwgum kan remmend werken op het mechanisme dat stress compenseert met voedsel. Bovendien kun je in een mond die kauwgum aan het kauwen is niets anders stoppen: het wonder van de volle mond! Kies wel kauwgum **zonder suiker**, een lekkere kauwgum in verschillende smaken. Uit veel wetenschappelijk onderzoek is ook nog eens gebleken dat kauwgum belangrijk is in de strijd tegen overgewicht, diabetes en zelfs tegen cariës.

  Wat zit er eigenlijk precies in kauwgum zonder suiker en welke moet je kiezen? De beschrijving 'zonder suiker' betekent in feite zonder geraffineerde suiker, zonder sacharose, maar de gebruikte zoetstoffen zijn wel degelijk suikers en de calorische waarde ervan is bijna gelijk aan die van gewone suiker. Gelukkig is hun zoete smaak honderden keren sterker dan die van gewone suiker, worden de zoetstoffen heel langzaam in het bloed opgenomen en is hun effect op de aanmaak van insuline en de opslag van vet uiterst gering. Kies een suikervrije kauwgum die zijn smaak lekker lang behoudt.

• Alle olie is verboden. Sommige oliën, zoals olijfolie, hebben weliswaar een gunstige uitwerking op het hart en de bloedvaten, maar het blijven zuivere vetten die geen plaats hebben in dit dieet van zuivere eiwitten. Paraffineolie is wel toegestaan voor de bereiding van dressing. Gebruik deze olie in zeer kleine hoeveelheden en verdund met bronwater, wat het hoge vetgehalte terugbrengt en ook omdat de zeer smerende olie de stoelgang drastisch kan versnellen.

Naast deze hulpmiddelen en de hiervoor beschreven tien grote categorieën NIETS ANDERS.
De rest, alles wat niet duidelijk genoemd wordt in deze lijst, is verboden gedurende een relatief korte periode, zolang dit aanvalsdieet duurt.

Concentreer je daarom op alles wat is toegestaan en vergeet de rest. Varieer je eten, gebruik deze producten al dan niet op volgorde, zorg voor afwisseling en vergeet nooit dat de toegestane en op deze lijst vermelde producten echt allemaal en helemaal voor jou zijn.

Een paar algemene tips
Eet zo vaak je wilt
En vergeet niet dat het geheim van dit dieet veel eten is en voorkomen dat je honger krijgt, zodat je niet verleid kunt worden door een product dat niet op de lijst staat.

Sla nooit een maaltijd over
Dit is een ernstige fout. Het is vaak goed bedoeld, maar het kan je dieet uit evenwicht brengen. De besparing die je tijdens een maaltijd doet, wordt niet alleen gecompenseerd met meer innemen bij de volgende maaltijd, maar je lichaam zal ook veel meer calorieën halen uit de volgende maaltijd. Verder kan een hongergevoel, opgekropt en aangewakkerd, de neiging hebben zich te richten op smakelijkere levensmiddelen, waardoor je meer weerstand moet opbrengen. Als dit te vaak gebeurt, kan dat de beste motivatie ondermijnen.

Drink altijd bij het eten
Om onbegrijpelijke redenen heerst er onder het grote publiek nog steeds de oude opvatting, die dateert uit de jaren zeventig, dat je tijdens het eten niet mag drinken. Deze bewering, die geen enkel belang heeft voor gewone stervelingen, kan zelfs schadelijk zijn voor wie een dieet volgt – zeker een dieet van zuivere eiwitten. Als je namelijk niet drinkt tijdens het eten, loop je het gevaar helemaal te vergeten om te drinken. Bovendien zorgt een glas drinken tijdens het eten sneller voor een voldaan en verzadigd gevoel. Tot slot verdunt water het eten, vertraagt het de opname in het lichaam en bezorgt het je na afloop van de maaltijd een langdurig voldaan gevoel.

Houd altijd de voor het dieet noodzakelijke producten op voorraad
Zorg dat je altijd een ruime keus bij de hand of in de koelkast hebt uit de tien categorieën levensmiddelen, die voor een bepaalde periode je vrienden en je talismannen zullen worden. Neem ze mee als je eropuit moet, want de meeste eiwitrijke producten moeten worden bereid en anders dan suikers en vetten zijn ze minder goed houdbaar en niet even makkelijk te vinden als koekjes en chocolade in de kast of in de la.

Controleer voor je iets eet of het op de lijst staat
Om zeker te zijn heb je de lijst van producten de eerste week bij je. Het dieet is heel simpel en in drie regels samen te vatten: mager vlees en

orgaanvlees, vis, schaal- en schelpdieren, gevogelte, magere ham en eieren, magere zuivelproducten en water.

Bij het ontbijt
Over het ontbijt komen vaak veel vragen omdat wij, anders dan bijvoorbeeld de Engelsen, eiwitrijke producten zullen vermijden bij de eerste maaltijd van de dag. Toch ontkomt ook deze eerste maaltijd van de dag niet aan de logica van de zuivere eiwitten. Koffie of thee, gezoet met aspartaam of niet, mag worden verdund met magere melk en je kunt er een zuivelproduct bij nemen: een gekookt ei, een plak kalkoenfilet of magere ham, wat qua voedingswaarde veel bevredigender is dan een zoet broodje of cornflakes en bovendien veel beter verzadigt en meer energie geeft.

Het ontbijt is het ideale moment om je pannenkoek van haverzemelen te bereiden. Als je te weinig tijd hebt, kun je de eetlepel zemelen mengen met warme melk gezoet met aspartaam tot pap of door yoghurt mengen om die een granensmaakje en een stevige consistentie te geven.

Pas op! In deze aanvalsfase mag de dosis van 1,5 eetlepel haverzemelen per dag niet overschreden worden om de specifieke werking van de eiwitten niet te verstoren.

In het restaurant
Dit is een van de situaties waarin het eiwitdieet het makkelijkst te volgen is. Na een voorgerecht met hardgekookt ei, een plak gerookte zalm of een bord gamba's heb je een ruime keus aan biefstuk, gegrild rundvlees, een kalfskotelet, een vissoort of gevogelte. Het probleem ontstaat na het hoofdgerecht voor wie dol is op een zoet dessert of een stukje kaas en het gevaar loopt bij de aanblik ervan toch in verleiding te komen. De beste verdedigingsstrategie is meteen een kopje koffie te nemen. Niets belet je om een tweede kopje te bestellen wanneer het natafelen wat langer duurt. In sommige restaurants zijn al magere zuivelproducten te krijgen. Als dat niet het geval is, kun je er ook voor kiezen om zelf een bakje naturel- of fruityoghurt mee te nemen, zodat je de maaltijd toch kunt afsluiten met een fris en zacht dessert.

De duur van het aanvalsdieet

Een doorslaggevende beslissing

Dit is een van de belangrijkste beslissingen van dit dieet, want deze bliksemaanval met zuivere eiwitten is zowel de starter die de eerste aanzet geeft als de mal en de eerste afdruk, waarop de drie andere diëten zullen worden afgestemd tot aan de definitieve consolidatie.

Bovendien zijn eiwitten voedingsstoffen waarvan de extreem hoge dichtheid en het lange oponthoud in het spijsverteringsstelsel zorgen voor een sterk verzadigende werking.

Deze werking treedt vooral op tijdens het afbraakproces van de eiwitten, waarbij ketonlichaampjes worden geproduceerd die bekendstaan om hun eetlustremmende effect op het lichaam.

Door deze twee belangrijke eigenschappen kunnen zuivere eiwitten dwangmatig eetgedrag tegengaan en regelmaat brengen in onevenwichtige eetpatronen.

Tot slot levert dit dieet door zijn extreme effectiviteit direct en gegarandeerd resultaten, die de diëters in een jubelstemming brengen en energie geven, en hun bereidheid door te zetten versterken.

Het is van belang voor het slagen van deze eerste etappe om er nauwkeurig de optimale duur voor vast te stellen.

De gemiddelde duur van het aanvalsdieet is vijf dagen

Deze periode geeft het dieet de kans om de beste resultaten af te werpen, zonder metabolische weerstand op te roepen en zonder de diëter te ontmoedigen. Het is ook de duur die het beste past bij het gewichtsverlies dat de meeste mensen nastreven, doorgaans tussen 10 en 20 kilo. Aan het eind van dit hoofdstuk zullen we de resultaten in cijfers zien die te verwachten zijn van een dergelijk dieet, mits keurig gevolgd.

Voor minder ambitieuze doelen, onder de 10 kilo

De beste optie is hier een aanvalsfase van drie dagen, waardoor je zonder moeite aan de fase van afgewisselde proteïnen kunt beginnen.

Soms, voor gewichtsverlies onder de 5 kilo
Als je niet te snel van start wilt gaan, kan een enkele dag volstaan. Die eerste zogenoemde openingsdag brengt meteen een shockeffect teweeg dat een aanzienlijk gewichtsverlies tot gevolg kan hebben, dat voldoende stimuleert om het dieet te volgen.

Voor mensen met veel overgewicht
In deze specifieke gevallen, wanneer het gewenste gewichtsverlies meer is dan 20 kilo of de motivatie extreem is of er al heel veel diëten zijn geprobeerd met steeds weer terugval, kan deze eerste fase na medisch onderzoek worden gerekt tot zeven of zelfs tien dagen, onder de strikte voorwaarde dat er voldoende gedronken wordt.

Reacties van het organisme op het dieet van zuivere eiwitten

Het verrassingseffect en de behoefte om zich aan te passen aan een nieuwe voeding
De eerste dag van dit aanvalsdieet is een dag van aanpassing en strijd. Natuurlijk laat het de deur wijd openstaan voor heel veel gebruikelijke en smakelijke levensmiddelen, maar het sluit die met een klap voor veel andere etenswaren die je gewend was te consumeren zonder na te denken over het aantal en de hoeveelheden.

Het beste middel tegen dat gevoel van beperking is het volledig benutten van de mogelijkheden van dit dieet, dat voor het eerst toestaat naar believen te kiezen uit een reeks heerlijke levensmiddelen, zoals rund- of kalfsvlees, alle soorten vis inclusief gerookte zalm, tonijn uit blik, gamba's, roereieren, het eindeloze aanbod aan zuivelproducten, ham of kalkoen zonder vet, en pudding van magere melk. Eet de eerste dag dus zoveel je wilt. Vervang de kwaliteit die je mist door hoeveelheid. En richt je leven vooral zo in dat je altijd de toegestane en dus onmisbare producten bij de hand hebt, in de kast of koelkast.

Bovendien zul je door veel te drinken een 'vol' gevoel krijgen en sneller verzadigd zijn. Je zult veel urineren, want omdat je nieren niet gewend zijn aan zoveel vocht, zijn ze gedwongen te lozen.

Deze lozing zal het weefsel drogen, dat bij vrouwen vaak vol vocht zit, vol water dat zich het liefst nestelt in de onderste ledematen – de dijen, benen en enkels – in de vingers, waardoor ringen vaak niet meer af kunnen, en in het gezicht. Als je de volgende ochtend al meteen op de weegschaal gaat staan, zul je verbaasd zijn over de eerste resultaten.

Weeg je vaak, zeker de eerste drie dagen. Van uur tot uur kan er weer iets gebeurd zijn. Maak er een gewoonte van om je elke dag te wegen, want waar de weegschaal de vijand is van wie aankomt, is hij juist de vriend en de rechtvaardige beloning van wie afvalt – en elk gewichtsverlies, hoe klein ook, zal de beste stimulans zijn.

Gedurende de eerste twee dagen kun je een lichte vermoeidheid voelen, met enige weerstand tegen alle langdurige inspanning.
Je bevindt je in de verrassingsperiode waarin het lichaam verbrandt zonder te tellen of weerstand te bieden. Dit is dus niet het moment om het te onderwerpen aan grote inspanningen. Vermijd dus gedurende deze periode zware oefeningen, wedstrijdsport en vooral skiën. Als je gewend bent om rustige gymnastiek te doen, te joggen of te zwemmen, kun je dat blijven doen, maar zorg er in elk geval voor dat je 20 minuten wandelt per dag als vast onderdeel van dit plan. Zoals je zult zien in het hoofdstuk over beweging dat in dit boek is toegevoegd, worden deze 20 minuten niet alleen maar aangeraden, maar voorgeschreven en ze mogen om die reden niet terzijde geschoven worden.

Vanaf de derde dag houdt de vermoeidheid op en maakt ze plaats voor een euforisch en dynamisch gevoel dat wordt versterkt door de bemoedigende boodschappen van de weegschaal.

Een sterkere adem en de indruk van een droge mond
Deze symptomen horen niet speciaal bij een eiwitdieet. Ze komen voor bij elk vermageringsdieet en zullen in dit geval iets sterker zijn dan bij diëten die een wat geleidelijker opbouw hebben. Het zijn tekens dat

je bezig bent met afvallen; je kunt ze dus met open armen ontvangen. Drink nog meer om ze te verminderen.

Na de vierde dag raak je geconstipeerd

Dit symptoom dreigt met name voor wie er al aanleg voor heeft en voor wie niet genoeg drinkt. Alle anderen zullen wat minder vaak ontlasting hebben, maar er is geen reden om te spreken van constipatie. Je hebt alleen te maken met een (tijdelijke) afname van afvalstoffen, want eiwitrijke producten bevatten heel weinig vezels. Producten die meer vezels leveren, zoals fruit en groenten, zijn pas in de volgende fasen weer toegestaan. Als je je zorgen maakt over het teruglopen van je ontlasting, kun je wat extra tarwezemelen toevoegen aan je pannenkoek van haverzemelen of in een bakje yoghurt.

Als dit niet volstaat, neem je aan het eind van de hoofdmaaltijd een lepel paraffineolie. En drink vooral zo veel als voorgeschreven, want hoewel bekend is dat je van water veel moet plassen, heeft het ook hydraterende eigenschappen die de ontlasting zacht maakt en de spijsvertering vergemakkelijkt. In sommige gevallen treedt toch echte constipatie op. Dit is onaangenaam en vergt tegenmaatregelen. Je apotheek kan dan helpen en mogelijk natuurlijke middelen op basis van vruchtenvezels aanraden, zoals gedroogde pruimen.

Als dat nog niet afdoende is, ga dan naar je huisarts voor advies. Probeer echter de verleiding te weerstaan om laxeermiddelen te nemen, die zijn vaak erg agressief en je kunt er makkelijk gewend aan raken. Door het kortdurende effect zal je lichaam steeds grote doses verlangen.

De honger verdwijnt na de derde dag

Dit verrassende verdwijnen van het hongergevoel heeft te maken met de toenemende aanmaak van de beroemde ketonlichaampjes, omdat er geen enkele suiker meer geconsumeerd wordt. Dit zijn de krachtigste natuurlijke hongerstillers. Wie niet echt van vlees of vis houdt, zal snel genoeg krijgen en de eenzijdigheid van het voedingspatroon zal een heel duidelijk effect hebben op de eetlust. Hongeraanvallen en dwangmatige reacties verdwijnen geheel. De hoeveelheid eiwitten die je binnenkrijgt en die de eerste dagen nog heel groot was, zal dus geleidelijk afnemen.

Moet je extra vitaminen slikken?

Ik raad het wel aan, maar het is geenszins verplicht voor een zo korte periode als drie tot vijf dagen. Als echter het cruisedieet een groot overmatig gewicht te lijf moet gaan en gedurende lange tijd gevolgd moet worden, is het nuttig om een dagelijkse dosis multivitamine te slikken; vermijd echter grotere doses, die uiteindelijk zelfs giftig kunnen zijn.

In de praktijk is het vaak beter en nuttiger om voor levensmiddelen te kiezen die veel vitaminen bevatten: eet bijvoorbeeld twee keer per week een plak kalfslever, neem elke ochtend een lepel biergist, en maak lekkere salades klaar op basis van sla, rauwe paprika, tomaat, wortel of witlof, zodra groenten weer zijn toegestaan.

Welk resultaat mag je verwachten van dit aanvalsdieet?

Algemene factoren die tegen- of meewerken
Het gewichtsverlies naar aanleiding van het dieet van zuivere eiwitten is, voor een zo korte periode, het maximale wat je mag verwachten van een dieet op basis van natuurlijke levensmiddelen en overeenkomstig met de resultaten van een dieet met (eiwit)poeders of zelfs vasten, zonder echter de grote nadelen daarvan.

Het gewichtsverlies is echter afhankelijk van het begingewicht. Het is duidelijk dat het lichaam van een persoon met serieus overgewicht makkelijker de eerste kilo's los zal kwijtraken, dan dat van een al slanke jonge vrouw die de laatste extra pondjes wil wegwerken voor de vakantie.

Ook spelen er natuurlijk factoren mee als het immuniserende effect van het aantal eerder gevolgde diëten, de leeftijd en – voor de vrouw – de perioden van grote hormonale veranderingen, zoals de puberteit, de zwangerschap en de (pre)menopauze.

Voor een aanval van vijf dagen zuivere eiwitten
Voor deze duur – die het meest gekozen wordt en het effectiefst is – varieert het gemiddelde gewichtsverlies tussen 2 en 3 kilo. Dit kan

oplopen tot 4 of 5 bij mensen met een serieus overgewicht, vooral bij actieve mannen en kan, in het ergste geval, dalen tot 1 kilo bij een vrouw in de menopauze die veel vocht vasthoudt en last heeft van oedeem.

Je moet ook weten dat het lichaam van de vrouw vlak voor de menstruatie, een periode van drie tot vier dagen, geneigd is vocht vast te houden. Dit vasthouden vermindert de afscheiding van afvalstoffen en de verbranding van vetten, wat tijdelijk de effectiviteit van het dieet kan terugbrengen, waardoor het gewicht stagneert.

Het is belangrijk om te begrijpen dat het gewichtsverlies, in afwachting van de menstruatie, niet wordt onderbroken, maar alleen wordt gecamoufleerd en uitgesteld door het vastgehouden vocht en dat het weer zal opduiken vanaf de tweede of derde dag van de menstruatie.

Dit premenstruele plafond kan vrouwen die het niet kennen of begrijpen, tot wanhoop drijven, omdat ze terecht menen dat ze niet worden beloond voor hun inspanningen. Het kan hun vastberadenheid breken en hen ertoe brengen op te geven. Wacht altijd tot na het einde van de menstruatie voor je een dergelijke drastische beslissing neemt, want zodra het vocht je lichaam heeft verlaten, komt het niet zelden voor dat de weegschaal ineens duizelingwekkend daalt en er zomaar 1 of 2 kilo zijn verdwenen na een nacht waarin je moest opstaan om te gaan plassen.

Als de aanvalsperiode slechts drie dagen duurt
Het te verwachten gewichtsverlies ligt hier tussen 1 en 2,5 kilo.

Voor een aanval van een enkele eerste dag
Het gemiddelde gewichtsverlies is 1 kilo, want het verrassingseffect is maximaal tijdens deze eerste dag.

Samenvatting en geheugensteun van de aanvalsfase

In deze eerste fase, waarvan de duur kan variëren van een tot tien dagen, afhankelijk van de persoon, mag je eten uit de tien onderstaande categorieën levensmiddelen en hulpmiddelen. Van deze tien categorieën mag je net zo veel producten eten als je wilt, zonder enige beperking en op elk uur van de dag.

Je mag deze levensmiddelen vrijelijk met elkaar combineren.

Het parool is dus simpel en niet onderhandelbaar: alles wat op onderstaande lijst staat mag je gerust eten, wat er niet op staat, is verboden en moet je voorlopig vergeten in de wetenschap dat je in de nabije toekomst alle levensmiddelen weer zult kunnen eten.

- Mager vlees: kalf, rund, paard, behalve entrecote en ribeye van het rund, gegrild of geroosterd zonder vet.
- Orgaanvlees: lever, niertjes en kalfs- en rundertong (punt).
- Alle vissoorten, vet, mager, wit, blauw, rauw of bereid.
- Alle schaal- en schelpdieren.
- Alle gevogelte, behalve tamme eend, zonder vel.
- Magere ham van kalkoen, kip en mager varkensvlees.
- Eieren.
- Magere zuivelproducten.
- 1,5 liter zoutarm water.
- Pannenkoek van haverzemelen of 1,5 eetlepel haverzemelen in melk of yoghurt.
- 20 minuten verplicht wandelen per dag.
- De hulpmiddelen: koffie, thee, kruidenthee, azijn, kruiden, specerijen, augurken, citroen (niet als drank), zout en mosterd (met mate).

Naast de hulpmiddelen en de hierboven beschreven tien grote categorieën, NIETS ANDERS.

Al het andere, alles wat niet expliciet is genoemd in deze lijst is verboden gedurende de relatief korte tijdsduur van dit aanvalsdieet.

Concentreer je dus op alles wat mag en vergeet de rest.

Varieer je voeding, kies je producten willekeurig of gestructureerd, probeer zo gevarieerd mogelijk te eten en vergeet nooit dat de levensmiddelen die zijn toegestaan en op de lijst staan echt allemaal naar believen gegeten mogen worden.

De cruisefase: het dieet van eiwitten en groenten

Je hebt je in het avontuur gestort en zit aan het stuur van een bulldo-zer klaar om alles wat je tegenkomt met de grond gelijk te maken. Begin dus nu aan de cruisefase die in een rechte lijn naar je gewenste gewicht moet leiden.

Deze fase bestaat uit twee diëten die elkaar zullen afwisselen: het dieet van eiwitten + groenten en het dieet van zuivere eiwitten, steeds om en om tot het gewenste gewicht is bereikt.

We hebben net het dieet van zuivere eiwitten tot in detail beschreven; laten we ons daarom nu richten op het dieet van eiwitten + groenten.

Net als er voor de aanvalsfase geen standaardduur geldt, is er geen vast ritme waarin beide diëten worden afgewisseld, maar wordt dat ritme afgestemd op elke afzonderlijke situatie en elk afzonderlijk geval volgens de voorwaarden die ik in dit hoofdstuk zal beschrijven. Lange tijd was het model dat ik het meest gebruikte de afwisseling van 5 om 5, vijf dagen eiwitten + groenten en dan 5 dagen zuivere eiwitten. Met-tertijd en in het bijzonder voor een beoogd gewichtsverlies van meer dan 10 kilo ben ik langzaam naar een afwisseling van 1 om 1 gegaan, een dag eiwitten + groenten gevolgd door een dag zuivere eiwitten. Uit mijn persoonlijk bijgehouden statistieken bleek dat aan het eind van de eerste maand het gewichtsverlies tussen de 5 om 5- en de 1 om 1-groep identiek was. Dat was ook heel logisch omdat elke groep na 30 dagen precies 15 dagen zuivere eiwitten en 15 dagen eiwitten + groenten had gehad. Maar wat voor mij nog zwaarder woog, was dat het gevaar van eentonigheid bij de afwisseling van 5 om 5 op de lange duur groter was dan bij 1 om 1.

Uit ontmoetingen met en brieven van lezers heb ik begrepen dat de grote meerderheid altijd de radicalere oplossingen koos, zoals een aanvalsfase van 7 tot 10 dagen en een cruisefase van 5 om 5. Dit bevestigt een van mijn meest constante praktijkwaarnemingen: iemand met overgewicht – die al lange tijd speelt met het idee om af te vallen en daar plotseling toe besluit – weet heel goed dat die kracht die hem of haar opeens bevangt even machtig als teer is en dat hij of zij die kracht alleen kan vasthouden door heel strak uiterst nauwkeurige, duidelijk afgebakende, concrete en ononderhandelbare regels te volgen.

Ik vraag je hierbij dus om me te vertrouwen en deze cruisefase te volgen in de modus 1E+G (1 dag eiwitten + groenten) op 1ZE (1 dag zuivere eiwitten).

Aan het eind van het aanvalsdieet met uitsluitend eiwitten, vooral wanneer dat 5 dagen heeft geduurd, is er een categorie levensmiddelen waarvan het ontbreken zich sterk laat voelen: groene groenten en rauwkost, wat precies goed uitkomt omdat dit het moment is om ze te introduceren.

Voor alle duidelijkheid, alles wat toegestaan is bij het dieet van zuivere eiwitten blijft gehandhaafd met dezelfde vrijheid qua hoeveelheden, tijdstippen en combinaties. Bega niet de veelgemaakte fout door alleen groenten te gaan eten en de eiwitten achterwege te laten.

Toegestane groenten en verboden groenten
Voortaan heb je naast eiwitrijk voedsel recht op alle rauwe en gekookte groenten, en ook deze weer zonder beperking wat betreft de hoeveelheid, het tijdstip of de combinatie. Toegestane groenten zijn: tomaat, komkommer, radijs, spinazie, asperges, prei, sperziebonen, kool, champignons, bleekselderij, venkel, alle slasoorten andijvie incluis, snijbiet, aubergine, courgette, paprika en zelfs wortels en bietjes op voorwaarde dat je de laatste twee niet bij elke maaltijd eet.

Niet toegestaan zijn gewassen die onder de noemer zetmeelproducten vallen, zoals aardappelen, rijst, maïs, verse of gedroogde bonen, doperwten, kikkererwten en spliterwten, tuinbonen, linzen en kapucijners. En niet te vergeten avocado, die geen groente is maar een vrucht en bovendien heel veel plantaardig vet bevat, maar die soms toch wordt gegeten in de veronderstelling dat het een groente is vanwege de groene kleur.

Artisjokken en schorseneren, die ergens tussen groene groenten en zetmeelgewassen in zitten, moeten ook afgezworen worden want ze mogen niet even onbeperkt gegeten worden als de andere groenten.

Hoe bereid je deze groenten?

Als rauwkost

Voor iedereen die rauwe groenten verdraagt, is het altijd het beste om groenten volledig vers te gebruiken, zonder ze te koken, om te voorkomen dat een groot deel van de vitaminen verloren gaat.

• **Het probleem van het kruiden.** Hoe onschuldig het ook lijkt, het kruiden van rauwkost en salades is een van de grote problemen voor wie een vermageringsdieet volgt. In feite zijn rauwkost en salades voor heel veel mensen de basisvoeding tijdens een dieet: caloriearm en rijk aan vezels en vitaminen. Vaak wordt de bijbehorende saus echter vergeten, die dit fraaie geheel van deugden compleet overhoop gooit. Om een eenvoudig voorbeeld te nemen: in een gewone salade van twee mooie kroppen sla of andijvie en 2 eetlepels olie zitten ongeveer 20 calorieën aan sla en 280 calorieën aan olie, een geniepige infiltratie die het falen van zo veel zogenaamde samengestelde diëten op basis van sla verklaart, omdat we vergeten de calorische waarde van de slasaus te verrekenen.

Ook wil ik hier alle onduidelijkheid over olijfolie wegnemen. Al wordt deze mythische olie, die een symbool is van de mediterrane beschaving, unaniem erkend als dé olie die het hart- en vaatstelsel beschermt, hij is er niet minder calorierijk om.

Om die redenen is het dus in de eerste twee etappes, de aanvals- en de cruisefase, essentieel dat je vermijdt groene groenten en rauwkost te bereiden met een saus die olie bevat.

Dressing met paraffineolie

Dit is de beste vervanging, op voorwaarde dat je er geen vooroordelen tegen koestert en niet lijdt aan chronische diarree.

Paraffineolie heeft twee grote voordelen: de olie bevat geen enkele calorie en, smeermiddel bij uitstek, hij vergemakkelijkt de spijsvertering. Welke geruchten je ook hoort over deze olie, je hoeft je geen zorgen te maken. Het gebruik, zelfs langdurig, is geen enkel probleem. Het enige ongemak treedt op bij een te hoge dosering, omdat de olie dan een te grote laxerende werking heeft.

Om dit soort ongemakken te vermijden en de consistentie, die wat zwaarder is dan van een tafelolie, wat lichter te maken, pak je een lege mosterdpot en vult hem met:

- 1 eetlepel mosterd, liefst grove mosterd met pitjes.
- 5 eetlepels balsamicoazijn
- 1 eetlepel koolzuurhoudend bronwater
- 1 theelepel paraffineolie
- Als je van knoflook houdt, laat je een flinke teen onder in de pot marineren en voeg je ook nog eens 7 à 8 blaadjes basilicum toe.

Kies het liefst voor koolzuurhoudend water, dat de emulsie van de paraffineolie vergemakkelijkt.

Als je niet van balsamicoazijn houdt, is dat weliswaar jammer omdat die de zintuigen het meest aanspreekt, maar dan kun je ook een andere azijn nemen, als je er tenminste iets minder van gebruikt: 4 eetlepels voor wijn-, frambozen- en sherryazijn en 3 voor alcoholazijn.

Azijn is een smaakmaker die een grote rol kan spelen bij elk vermageringsdieet. We weten eigenlijk pas sinds kort dat de mens vier universele smaken kan waarnemen: zoet, zout, bitter en zuur, en dat azijn het enige door de mens gemaakte product is uit ons voedingsregister dat ons deze waardevolle en zeldzame ervaring van zuur kan laten ervaren.

Verder heeft recent onderzoek ook het belang aangetoond van sensaties in de mond, van de invloed van de hoeveelheid en variatie aan smaken die ons een verzadigd en voldaan gevoel geven.

Zo weten we tegenwoordig dat bepaalde specerijen met een sterke smaak, in het bijzonder kruidnagel, gember, steranijs en kardemom, voor een accumulatie zorgen van sterke en doordringende smaaksensaties die het vermogen hebben om het sein van verzadiging te geven aan de hypothalamus, een onderdeel van de hersenen dat onder meer ons hongergevoel reguleert. Het is dus heel belangrijk om, liefst aan het begin van de maaltijd, het hele gamma van deze specerijen optimaal te benutten en te proberen eraan te wennen, als je er al niet aan verknocht bent.

Slasaus met yoghurt of kwark

Voor wie niet kan besluiten paraffineolie te gebruiken, is het mogelijk een smakelijke en natuurlijke slasaus te maken met een zuivelproduct.

Kies voor halfvolle yoghurt die wat smeuïger is dan de magere en amper meer calorieën bevat.

Voeg een afgestreken lepel mosterd toe en klop tot een dik mengsel dat wat op mayonaise lijkt. Voeg dan een scheutje azijn, zout, peper en kruiden toe.

Als gekookte groentegarnituur

Dit is het moment om sperziebonen, spinazie, prei, alle koolsoorten, champignons, krulandijvie, venkel en bleekselderij te gebruiken.

Deze groenten kunnen in water worden gekookt of nog beter gaar worden gestoomd om een maximum aan vitaminen te behouden.

Je kunt ze ook in de oven bereiden in het sap van vlees of vis, zoals de klassieke zeewolf met venkel, dorade met tomaat of kool gevuld met rundertartaar.

Tot slot biedt garing in een papillot veel voordelen, zowel qua smaak als qua voedingswaarde, met als doorslaggevend argument dat vis, en met name zalm, heerlijk sappig blijft op een bedje van prei of auberginepuree.

De introductie van groenten na de aanvalsfase met eiwitten brengt een frisse noot en variatie in het aanvankelijke aanvalsdieet. Het maakt de maaltijden makkelijker en prettiger. Voortaan is het praktisch om een maaltijd te gebruiken bestaande uit een goed gekruide sla, rijk aan kleur en smaak, met stukjes vlees of vis of uit een kom soep en een vlees- of visgerecht gestoofd samen met wat geurige en smakelijke groenten.

De toegestane hoeveelheid groenten

In principe is de hoeveelheid ongelimiteerd. Toch is het aan te bevelen om binnen de grenzen van het redelijke te blijven. Ik heb patiënten gezien die enorme hoeveelheden gemengde sla zaten weg te werken en dat is nergens voor nodig. Pas goed op, want ook groenten zijn niet geheel onschuldig. Eet tot je verzadigd bent en niet meer. Dit verandert niets aan het principe van onbeperkte hoeveelheden dat aan de basis ligt van mijn dieet en bij uitbreiding van mijn methode; welke hoeveelheid ook wordt gegeten, het gewichtsverlies blijft doorgaan, maar hoe meer je eet, hoe lager het tempo en dat motiveert natuurlijk minder.

In dit opzicht moet ik je waarschuwen voor een reactie die vaak optreedt bij de overgang van het aanvalsdieet, met alleen eiwitten, naar het verbeterde dieet door de toevoeging van groenten.

Heel vaak is het gewichtsverlies spectaculair in de eerste fase maar lijkt de weegschaal vast te lopen zodra er groenten worden geïntroduceerd. De wijzer stopt met dalen en er dreigt zelfs een lichte toename. Maak je geen zorgen, je bent niet op het verkeerde pad. Wat is er dan aan de hand?

In de aanvalsfase ontwikkelt de voeding met uitsluitend eiwitrijke producten een krachtig vochtafdrijvend effect dat niet alleen het reservevet afvoert, maar een grote hoeveelheid vocht afdrijft, dat het organisme al geruime tijd vast heeft gehouden. Het gecombineerde effect van uitgedreven vocht en vet verklaart het grote gewichtsverlies dat de weegschaal registreert.

Zodra je groenten aan de eiwitten toevoegt, komt het kunstmatig uitgedreven vocht terug en dat verklaart die plotselinge en onbegrijpelijke stagnering. Het echte gewichtsverlies, het verbruik van de vetreserves, gaat door hoewel minder snel door de introductie van groenten en gecamoufleerd door de terugkeer van vocht. Met wat geduld en zodra het zuivere eiwitdieet weer wordt opgepakt, vindt de grote uitdrijving van vocht weer plaats en zal het werkelijke afgevallen gewicht zichtbaar worden.

Weet dat in deze periode van de afgewisselde diëten, die je lot zullen zijn tot het gewenste gewicht bereikt is, het altijd de eiwitfase zonder groenten is die de kar trekt en die verantwoordelijk is voor de totale effectiviteit. Kijk er dus niet raar van op als je gewicht trapsgewijs zakt – daalt bij de zuivere eiwitten en gelijk blijft bij de toegevoegde groenten.

Het tempo van afwisseling

Het dieet van afgewisselde eiwitten, dat profiteert van de vaart en snelheid gegenereerd door het aanvalsdieet van zuivere eiwitten, moet je naar je gewenste gewicht leiden. Het vormt dus verreweg het belangrijkste deel van het uitsluitend op vermageren gerichte stuk van het Dukan Dieet.

De regelmatige afwisseling met toegevoegde groenten brengt het effect van de zuivere eiwitten sterk terug en onderbreekt dit tweede dieet zowel in de organisatie van de maaltijden als in de snelheid waarmee resultaat wordt bereikt. In feite zal het gewichtsverlies zich in de loop van de weken concentreren in de perioden van zuivere eiwitten, wanneer het organisme niet de middelen heeft om weerstand te bieden aan het geweld van dit dieet. Elke keer dat de groenten echter terugkeren, zal het lichaam de situatie weer meester worden. Het geheel van pauzes afgewisseld met versnelling, een reeks zeges gevolgd door rust, zal uiteindelijk toch naar het doel leiden.

In welk ritme moeten de diëten afgewisseld worden?
Ik heb het al eerder uitgelegd, maar zeg het nog eens voor alle duidelijkheid.

• Het effectiefst op de korte termijn is 5 om 5, dus 5 dagen zuivere eiwitten gevolgd door 5 dagen eiwitten + groenten. Het is niet de makkelijkste weg, ook al maak je een vliegende start. Je kunt er namelijk genoeg van krijgen, met alle gevaren van dien.

• Een andere oplossing is een ritme van 1 om 1, een dag zuivere eiwitten, afgewisseld met een dag eiwitten + groenten. Dit ritme zorgt voor een wat minder flitsende start, maar zal in 20 dagen de achterstand inlopen en op den duur makkelijker vol te houden zijn en tot minder frustratie leiden.

• Er is een derde oplossing die past bij gering overgewicht: het ritme van 2 om 5, dat 2 dagen per week van zuivere eiwitten, maandag en donderdag, combineert met 5 dagen van eiwitten + groenten.

• Een variant op 2 om 5 is de 2 om 0: 2 dagen per week, maandag en donderdag, zuivere eiwitten en 5 gewone dagen zonder specifiek dieet, maar zonder excessen. Dit is het dieet en het ritme dat het best past bij vrouwen met cellulitis, die vaak een zeer slank bovenlichaam hebben, borst, boezem, gezicht, en breder worden bij de heupen en vooral op de dijen.

Met dit dieet worden, vooral in combinatie met een therapie (mesotherapie) van de probleemgebieden en een behandeling met *Centella Asiatica* (ook wel gotu kola genoemd, een ayurvedisch kruidenpreparaat) in voldoende doses, optimale resultaten bereikt en wordt het bovenlichaam zo veel mogelijk gespaard.

Haverzemelen

In de cruisefase moeten haverzemelen in een dosis van 2 eetlepels per dag worden gebruikt en op dezelfde manier bereid als in de aanvalsfase.

Fysieke activiteit

30 minuten lopen per dag. Als je op een plafond stuit en stagneert, ga je over op 60 minuten lopen gedurende vier dagen om het plafond te doorbreken.

Welk gewichtsverlies kun je bereiken?

Bij een serieus overgewicht van 20 kilo of meer is het gewichtsverlies per week moeilijk vast te stellen, maar de ervaring leert dat het gemiddelde verlies rond een kilo per week ligt.

In de eerste helft van het dieet is het verlies meestal meer dan een kilo, bijna 1,5 kilo per week, wat het meestal mogelijk maakt om de eerste 10 kilo in wat minder dan een maand kwijt te raken.

Na de eerste twee maanden zal de gewichtscurve steeds vlakker worden doordat een metabolisch verdedigingsmechanisme in werking treedt, dat ik gedetailleerd zal beschrijven bij het stabilisatiedieet, het derde onderdeel van mijn dieet. De curve blijft een tijdje hangen rond de kilo per week om dan onder de psychologische drempel van een kilo te zakken met enkele perioden van stagnatie op momenten dat het niet wil of bij vrouwen in de premenstruele periode.

Je moet weten dat het organisme zonder al te veel weerstand het verlies van de eerste kilo's aanvaardt. Het reageert echter sterker wanneer het plunderen van zijn reserves dreigender wordt.

In theorie is dit het moment om het dieet nog op te voeren. In de praktijk gebeurt vaak het tegendeel. Zelfs de sterkste wil kan uiteindelijk breken door verleidingen die al te lang zijn verdrongen en uitnodigingen die steeds aanlokkelijker worden. Maar de werkelijke dreiging ligt elders. Het verlies van de eerste 10 kilo zorgt voor een regelrechte verbetering van de algehele conditie. De vorm en de soepelheid keren terug. De kortademigheid verdwijnt, je krijgt complimentjes te over en je kunt bepaalde kledingstukken weer dragen.

Alles spant samen en het klassieke argument 'één keertje maar', helpt om de mooie en gemeende vastbeslotenheid van het begin te laten varen om het dieet vervolgens weer drastisch op te pakken, wat zorgt voor een chaotisch jojo-effect dat snel bedreigend wordt.

Het risico wordt steeds groter dat we ondanks de behaalde successen op onze lauweren gaan rusten, stagneren en uiteindelijk de uitdaging opgeven. Je moet weten dat halverwege een dieet in de gevaarlijke periode, waarin je er genoeg van hebt en al best weer tevreden bent met jezelf, een op de twee diëters in de val trapt en opgeeft.

In dat geval zijn er drie mogelijkheden:

• Het dieet wordt opgegeven en de diëter stort zich in wraakzuchtig en compulsief eetgedrag, maar met een diep gevoel van falen. Dit leidt heel snel tot gewichtstoename en vaak tot een overschrijding van het aanvankelijke gewicht.

• De diëter krijgt zichzelf weer in de greep en pakt na het vinden van zijn tweede adem het begindieet weer op en houdt het vol tot het beoogde doel is bereikt.

• De diëter voelt zich niet in staat door te gaan. Om in elk geval de vrucht van zijn inspanningen te behouden, wordt de vermagerings-fase van het plan afgebroken om direct over te stappen op de gevarieerdere stabilisatiefase met een tijdsduur die makkelijk vast te stellen is (tien dagen per verloren kilo), en vervolgens op het definitieve volhardingsdieet waarbij weer overgegaan wordt op een normaal voedingspatroon, op die ene dag in de week na met een dieet van zuivere eiwitten.

Hoe lang moet het dieet duren?

Het cruisedieet is het sterkste en meest strategische van de vermage-ringsperiode, de fase die je leidt naar je doel: je Juiste Gewicht. Aan deze fase de taak om je na de vliegende start van het aanvalsdieet in een rechte lijn naar het gewenste en vooraf vastgestelde gewicht te brengen.

Als we uitgaan van een overgewicht van 20 kilo, kunnen we hopen, als de betreffende persoon geen bijzondere klachten heeft, dit verlies in twintig weken van afgewisseld dieet te bereiken, dus in iets minder dan vijf maanden.

Als er problemen zijn, kan het gaan om:

- psychische redenen, een zwakke wil of een wisselende motivatie;

- fysiologische redenen, een aangeboren aanleg voor overgewicht;

- redenen uit het verleden, een traject bezaaid met mislukkingen en talrijke slecht gekozen, slecht uitgevoerde of voortijdig opgegeven diëten;

- vrouwen die net grote hormonale veranderingen ondergaan, in een chaotische prepuberteit met een onregelmatig beginnende menstruatie, tijdens de zwangerschap, of in de premenopauze en de ingetreden menopauze.

In al deze gevallen zal het gewichtsverlies trager verlopen en specifieke aanpassingen vereisen. Toch blijft zelfs in de lastigste gevallen de aanloop van het begindieet even opzienbarend, alsook het tempo in de eerste twee à drie, wat doorgaans leidt tot een totaal gewichtsverlies van 4 à 5 kilo.

Vanaf dat moment kunnen oude demonen weer hun opwachting maken en het tempo vertragen.

- Wie veel aanleg voor overgewicht heeft, zal in een kleine maand tijd onder de grens van 1 kilo per week zakken en twee à drie maanden op een acceptabel gewichtsverlies van 3 kilo per maand blijven hangen. Samen met het verlies van de aanvalsfase bedraagt dat in totaal zo'n 15 kilo. Daarna zal het maandelijkse gewichtsverlies verder afnemen tot zo'n 2 à 1,5 kilo per maand. Dan is de vraag simpel: is het resultaat nog de moeite waard? Meestal is het antwoord: nee. Behalve in gevallen waarin sprake is van een medische indicatie, zoals dreigende diabetes, ernstige en inoperabele artrose, of een dwingende persoonlijke reden, is het beter om niet door te zetten om het bereikte resultaat niet in gevaar te brengen. Pluk de vruchten van je inspanningen door te stabiliseren en wacht tot je lichaam weer tot rust is gekomen om het aanvankelijk vastgestelde doel te bereiken. De balans van de hele onderneming: 15 kilo kwijt in vier maanden van afgewisseld dieet.

- Wie weinig gemotiveerd is, zit minder goed. Hij of zij zal ook de 4 à 5 eerste kilo's afvallen, maar dan dreigen meteen verleiding en opgave. In het beste geval, als de omgeving voldoende druk uitoefent en er constant steun is, vooral van een arts, is er hoop op een extra verlies van 5 kilo in de erop volgende vijf weken. Daarna zal de diëter echter zo snel mogelijk moeten overgaan op de stabilisatiefase en de definitieve volhardingsfase, waarin hij de rest van zijn leven verplicht een dag per week een zuiver eiwitdieet moet volgen. Dit moet bij het beginnen van het Dukan Dieet onvoorwaardelijk aanvaard worden. Anders kan er beter helemaal niet aan begonnen worden. De balans van de hele onderneming: 10 kilo in tweeënhalve maand van afgewisseld dieet.

- Voor iemand die resistent is geworden door slecht gekozen of slecht gevolgde diëten is dit de beste optie. Het aanvalsdieet verloopt ook bij hem als een bulldozer die alle weerstand aan zijn laars lapt. Ook hij zal de eerste 5 kilo verliezen in drie weken en, als hij zich strikt houdt aan de nauwkeurige regels van het Dukan Dieet van de vier opeenvolgende diëten, zal hij kunnen blijven afvallen en zijn 20 kilo in zes maanden van afgewisseld dieet bereiken. Zijn immuniteit door eerder gevolgde diëten betreft namelijk alleen de fasen waarin eiwitten gecombineerd worden met groenten en niet de periode van zuivere eiwitten. Je moet weten dat het Dukan Dieet herhaald kan worden zonder groot risico op een geringere werking, omdat de weerstand door immuniteit beperkt blijft tot de invloed van afgewisselde eiwitten.

- De vrouw rond de menopauze. Zij doorloopt achtereenvolgens de premenopauze, dan de ingetreden menopauze en staat voor de periode in haar leven waarin de grootste dreiging bestaat voor overgewicht, met name als ze die al te zwaar ingaat. Tijdens het doorlopen van deze fase, die soms een tiental jaren kan duren, tussen het 42e en 52e levensjaar, is ze onderworpen aan een sterke hormonale opleving, die vervolgens afzwakt en soms abrupt ophoudt met een stortvloed aan opvliegers.

Hoe paradoxaal het echter ook lijkt, onder de vrouwen die te maken hebben met deze lichamelijke ongemakken, bevinden zich vaak de meest vastberaden diëters, vrouwen die hun dieet onder alle omstandigheden tot een goed einde zullen brengen. Bij deze vrouwen kost het echter – veel meer dan bij de andere gevallen – heel veel moeite om zelfs de eerste kilo's kwijt te raken. Voor hen is het dus bepalend om voorafgaand aan het dieet de hormonale situatie op orde te brengen. Dit valt onder de bevoegdheden van de gynaecoloog of van de huisarts. Toch moeten deze vrouwen weten dat gewichtstoename veroorzaakt door de overgang niet voor eeuwig is en dat, ook al bevinden ze zich inderdaad even in een moeilijke periode, deze kan worden teruggebracht als ze daar zes maanden tot een jaar in wil investeren. Hiernaast kan ook nog gedacht worden aan het ondergaan van hormoonbehandelingen die, mits goed uitgevoerd, te beginnen met de lichtste dosis en geleidelijk opgevoerd naar de correcte dosis, vaak een goed resultaat geven bij het afvallen.

De balans van de hele onderneming: met een goede motivatie kan het verlies van 20 kilo een jaar duren en dat lijkt lang, maar heel wat vrouwen is het gelukt. Met een goede specialistische begeleiding, de keuze voor natuurlijke hormonen en het soms noodzakelijke gebruik van anti-aldosteron, die het uitscheiden van afvalstoffen en een terugdringen van hardnekkig oedeem bevordert, kunnen de 20 kilo bereikt worden in zes tot zeven maanden van afgewisseld dieet.

Samenvatting en geheugensteun van de cruisefase
Behoud van alle in het aanvalsdieet toegestane levensmiddelen met toevoeging van de volgende groenten, rauw of bereid, zonder beperking qua hoeveelheid, qua combinatie of tijdstip: tomaat, komkommer, radijs, spinazie, asperges, prei, sperziebonen, kool, champignons, bleekselderij, venkel, alle groene bladgroenten, andijvie incluis, snijbiet, aubergine, courgette, paprika en zelfs wortels en bietjes op voorwaarde dat de laatste twee niet bij elke maaltijd genuttigd worden. Tijdens de hele cruisefase moeten de periode van eiwitten plus groenten worden afgewisseld met een periode van zuivere eiwitten tot het gewenste gewicht is bereikt.

Waarschuwing!

Als je bij het volgen van mijn dieet op dit punt komt van je routebeschrijving en je je gezonde gewicht hebt bereikt: bravo. Weet dat je op de drempel staat van een grens die bepalend zal zijn voor de toekomst van je gewicht. Op basis van mijn statistieken voel ik me verplicht je te laten weten dat:

50 procent van de lezers hier ophoudt. Ze denken dat ze er zijn en vergeten dat ze nog twee fasen moeten doorlopen om dat gewicht op de lange en de zeer lange termijn zeker te stellen. Deze ongeduldige zielen komen, zonder uitzondering, weer aan of gaan een onzekere toekomst tegemoet, die vaak op een teleurstelling uitloopt. De andere helft van de lezers stopt niet op dit punt en volgt me in de derde stabilisatiefase. 85 procent van hen gaat mee tot het eind en bereikt een stabiel gewicht. Dat is al beter, maar niet voldoende.

Alleen de mensen die de vierde en ultieme fase van volharding bereiken en volgen, zullen het enige doel bereiken dat de moeite waard is: genezen zijn van overgewicht.

Ik hoop echt, lezer, dat je hier nog niet stopt en dat je onze gezamenlijke onderneming tot het einde toe zult volhouden. Succes!

Het dieet om het gewichtsverlies te stabiliseren: onmisbaar overgangsportaal

Nu is het ideale of een acceptabel gewicht bereikt, zoals dat aan het begin van het dieet was vastgelegd, of een gewicht dat het nog niet helemaal is maar dat je kunt accepteren als noodmaatregel of half succes, in de wetenschap dat doorzetten te veel van je lichaam zou vergen en het bouwwerk zou bedreigen.

De tijd van grote beperkingen is dus voorbij. Je bevindt je eindelijk op vlak terrein. Je organisme en geest hebben een langdurige inspanning geleverd, waarvoor je bent beloond. Er ligt echter een groot gevaar op de loer: de overwinningsroes. Je bent op het gewicht dat bij je past, maar dat gewicht heb je nog niet in je bezit. Je bevindt je in de situatie van een treinreiziger die net het station binnenrijdt voor een korte stop in een onbekende stad en meent dat hij al een ingezetene is, zonder de stad te kennen of er te hebben gewoond. Niets is minder zeker; de trein kan elk moment vertrekken met jou aan boord. En als je echt besluit er te blijven, moet je er je koffers heen dragen, er onderdak, een baan en vrienden zoeken. Dat geldt ook voor het nieuwe gewicht dat je hebt bereikt; dat gewicht wordt pas echt van jou als je de tijd neemt om het je eigen te maken en als je het de minimale inspanning gunt die het kost om het te behouden.

Schud dus de illusie van je af die je doet geloven dat je eindelijk van je problemen met overgewicht af bent en dat je weer rustig in je oude gewoonten kunt vervallen.

Dat zou een ramp zijn, want aloude oorzaken leiden tot aloude gevolgen en je zult weldra weer op je oude gewicht zijn. Je bent echter evenmin voor altijd veroordeeld tot het zware dieet dat je net hebt gevolgd. Want wie zou dat onbeperkt kunnen volhouden?

Het (aangekomen) gewicht dat je ertoe heeft gebracht om dit dieet te volgen, vooral als het aanzienlijk was of, erger, steeds weer terugkwam, was natuurlijk geen toeval. Of het nu het gevolg is van erfelijke of verworven eigenschappen, die aanleg staat voortaan in je harde schijf gegrift, zoals data vastgelegd in een computer, en valt niet meer te wissen. Je moet dus voor de toekomst een middel vinden met zo min mogelijk beperkingen en dat definitief in je leven inpassen om te strijden tegen deze aanleg en een nieuwe gewichtstoename tegen te gaan. Dat middel bestaat en is het onderwerp van de vierde fase van dit plan: het definitieve volhardingsdieet.

Je bent echter nog niet zo ver, want je organisme is nog steeds onder de indruk van de beperkingen van het dieet dat je de afgelopen maanden hebt gevolgd. Je bent nog steeds iemand met aanleg voor overgewicht, alleen wordt deze aanleg nu verveelvoudigd door de verdedigingsmechanismen van je lichaam, die in werking zijn gesteld door de roofbouw op zijn reserves.

Je moet allereerst vrede sluiten met je lichaam, dat alleen maar de kans afwacht om zijn reserves aan te vullen. Dat is het doel van het stabilisatieportaal van het verloren gewicht, dat ik hier zal uitleggen en dat, als je de fase hebt voltooid, de deur zal openen naar de droom van iedereen die wil afvallen: de definitieve stabilisatie met een minimale maatregel, de wekelijkse veiligheidsdag, die onderwerp zal zijn van het vierde en laatste dieet van het Dukan Dieet.

Om in staat te zijn het stabilisatieportaal goed te doorlopen, moet je eerst begrijpen waarom je op dit moment te kwetsbaar bent en je lichaam te wanhopig en te gevoelig is voor het fenomeen van terugval om meteen over te gaan op de volhardingsfase.

Na deze korte en onmisbare theoretische uitleg zullen we tot in detail bekijken hoe je in de praktijk dit overgangsportaal kunt passeren, met welke nieuwe levensmiddelen en gedurende hoeveel tijd.

Het fenomeen van terugval

Als een lichaam net flink wat kilo's is afgevallen onder druk van een effectief dieet, treden verschillende reacties op die zullen samenspannen om dat gewicht weer terug te winnen.

Hoe vallen deze reacties te verklaren? Om ze te begrijpen moet je weten wat de vorming van vetreserves voor een normaal organisme betekent.

Het opslaan van vet uit een maaltijd die meer voedingsstoffen levert dan er verbruikt worden, is een eenvoudige manier om die calorieën opzij te zetten die op dat moment niet nodig zijn, maar waarvan het belangrijk is dat ze niet verloren gaan om ze later te kunnen gebruiken als voedselbronnen tijdelijk opdrogen.

Vet is de simpelste manier die de natuur heeft uitgevonden en de meest geconcentreerde vorm die het dierenrijk kent (1 gram vet = 9 calorieën) om energie te behouden en op te slaan.

In deze tijd en in een wereld waarin voedsel zo makkelijk verkrijgbaar is, kun je je afvragen wat het nut is van dit soort mechanismen.

Je moet je echter realiseren dat onze biologische structuren niet zijn ontwikkeld voor deze wereld: ze zijn ontstaan in een tijd waarin er slechts af en toe en met gevaar voedsel bereikbaar was, en waarin het altijd de beloning was voor een inspanning of zelfs een verbeten gevecht.

Het bezit van deze vetten, die we tegenwoordig zo vervelend vinden, moet voor de eerste mensen een kostbaar overlevingsinstrument zijn geweest.

Een organisme waarvan de biologische programmering amper is geëvolueerd sinds zijn ontstaan zal dus hetzelfde belang blijven hechten aan die levensreddende vetten en zal het plunderen van die reserves altijd met angst bezien.

Een organisme dat afvalt, neemt het risico dat het helemaal geen reserves meer heeft om in moeilijke tijden op terug te vallen. Het zal dus reageren omdat het zich bedreigd voelt. En al zijn reacties zullen maar één doel hebben: zo snel mogelijk zo veel mogelijk de verloren vetreserves weer opbouwen. Om dat te doen beschikt je lichaam over drie zeer effectieve middelen:

- Het eerste is het oproepen en aanscherpen van het hongergevoel dat verantwoordelijk is voor de behoefte aan voedsel en bijbehorend eetgedrag. Deze reactie is des te sterker naarmate het dieet veel frustraties opriep. De meeste frustraties worden veroorzaakt door poederdiëten die, wanneer ze te eenzijdig waren en te lang duurden, kunnen leiden tot uitbarstingen van boulemie en dwangmatig eetgedrag.

- Het tweede middel dat het organisme gebruikt, bestaat uit het terugbrengen van zijn energieverbruik. Als iemand minder salaris krijgt, zal hij ook minder gaan uitgeven. Een vergelijkbare reactie treedt op bij biologische organismen.
  Daarom klagen heel veel mensen die een vermageringsdieet volgen erover dat ze het koud hebben. Dat komt omdat er minder energie voor warmte verbruikt wordt.
  Hetzelfde geldt voor vermoeidheid, een gevoel dat tot doel heeft de zin in nutteloze inspanningen weg te nemen. Elke buitensporige activiteit wordt dan moeilijk, elk gebaar gaat langzaam. Ook geheugen en denkwerk, grote energieverbruikers, voelen de gevolgen. De behoefte aan rust en slaap wordt dwingender wanneer er energie bespaard wordt. Haren en nagels groeien minder snel. Kortom, tijdens een langdurig vermageringsdieet gaat het organisme in winterslaap om zich eraan aan te passen.

- Tot slot bestaat de derde – effectiefste, maar tevens gevaarlijkste – reactie van het organisme eruit de calorieën uit het voedsel beter op te nemen en optimaal te benutten.
  Iemand die doorgaans 100 calorieën haalt uit een onschuldig broodje, slaagt er aan het eind van een dieet in om er 120 à 130 calorieën uit te peuteren. Over elk product wordt de stofkam gehaald om er werkelijk alles uit te halen. Deze verbeterde opname van calorieën vindt plaats in de dunne darm, het grensvlak tussen de buitenwereld en het bloed.

Meer eetlust, een lager energieverbruik en een maximale opname van calorieën bundelen hun krachten en veranderen de ex-diëter in een ware calorieënspons.

Meestal is dit het moment waarop hij, tevreden met het resultaat, meent dat hij eindelijk achterover kan leunen en in zijn oude gewoonten kan vervallen. Dit is dan ook de meest voorkomende reden van snel weer aankomen.

Na een goed uitgevoerd dieet, wanneer je het gewenste gewicht hebt bereikt, moet je dus het meest op je hoede zijn. Dit is de zogenoemde periode van terugval, want net als een bal die de muur raakt, heeft het gewicht de neiging om terug te kaatsen.

Hoe lang duren de reacties die voor terugval zorgen?

Tot op heden is er geen natuurlijk of therapeutisch middel om terugval te voorkomen. Je kunt je er het beste tegen wapenen door ten eerste te weten hoelang je ermee te maken zult hebben, zodat je in die vastomlijnde periode de juiste eetstrategie kunt volgen.

Ik heb jarenlang en bij veel patiënten de effecten van terugval bestudeerd en geconcludeerd dat de periode met het grootste risico op aankomen tien dagen per afgevallen kilo duurt, dus dertig dagen of een maand voor 3 kilo en honderd dagen voor 10 kilo.

Ik hecht veel belang aan deze regel, want ook hier is onduidelijkheid of gebrek aan informatie het grootste gevaar voor iemand die net zijn dieet heeft afgerond. De kennis van het gevaar en de duur ervan kan iedereen die is afgevallen helpen om deze overgangsfase goed door te komen en de extra inspanning te aanvaarden die nodig is om het terugvaleffect te neutraliseren.

Alleen het verstrijken van de tijd geeft je beproefde lichaam de gelegenheid om tot rust te komen. Aan het eind van de tunnel wacht mijn plan voor definitieve stabilisatie, met zijn drie eenvoudige, concrete en pijnloze regels, waaronder de befaamde eiwitdonderdag.

Intussen zul je nog een dieet moeten volgen, een verruimd dieet waarin geen sprake meer is van afvallen, want dat doel is bereikt, maar opnieuw een dieet zonder enige beperking, met een vrijheidsbewaking bedoeld om de buitensporige reacties van het organisme te beheersen en terugval naar meer gewicht te voorkomen.

Hoe kies je een goed stabilisatiegewicht?

Stabiliseren is moeilijk – vooral als je er alles aan wilt doen om te voorkomen dat je het zo moeizaam kwijtgeraakte gewicht er weer bij krijgt – als je voor de toekomst niet een nauwkeurig gewicht hebt gedefinieerd dat zowel bevredigend als haalbaar is. Ik voel mezelf dus verplicht je hier goed te informeren, want ik heb deze fase al te vaak zien mislukken door een onrealistisch gekozen stabilisatiegewicht.

Er zijn talloze abstracte formules die proberen het ideale gewicht te berekenen op basis van lengte, leeftijd en botstructuur.

Al die formules zijn in theorie toepasbaar, maar ik heb mijn bedenkingen, want ze gaan over statistische personen, mensen die in werkelijkheid niet bestaan. Ze houden evenmin rekening met wat in de marge van overgewicht staat, namelijk de aanleg om aan te komen.

Ik ben dus geneigd dit theoretische gewicht te vervangen door de totaal andere en waardevollere notie van *stabiliseerbaar gewicht*. Je kunt namelijk niet elk willekeurig gewicht stabiliseren.

De beste manier om het juiste stabilisatiegewicht te berekenen, is aan de mens met overgewicht zelf te vragen het gewicht te definiëren waarbij hij zich 'lekker in zijn vel' zal voelen en dat voor hem haalbaar is. En dat om twee redenen.

Allereerst zal iedere persoon met overgewicht gemerkt hebben dat er gewichtsniveaus bestaan tot waar hij makkelijk afvalt, waarna het lastiger wordt en tot slot het niveau waarop zijn gewicht, ongeacht het dieet, onverklaarbaar blijft steken. Hij zal dat niveau ervaren als zijn plafond, dat lastig te doorbreken is.

De poging het gewicht te stabiliseren in die laatste zone is aansturen op een regelrechte mislukking, want de inspanning die nodig is om die zone te bereiken staat niet in verhouding tot het bereikte resultaat. En stel dat dit gewicht toch wordt gehaald, dan zal het behoud ervan te veel moeite kosten om dit op lange termijn vol te houden.

Bovendien vind ik in gevallen van chronisch overgewicht het begrip 'welzijn' veel belangrijker dan de symbolische waarde van een abstract en zogenaamd normaal cijfer. Wie aanleg heeft voor overgewicht is geen normaal wezen. Dat bedoel ik niet negatief. Wel geef ik daarmee aan dat je die persoon niet een stabilisatiegewicht moet aanraden dat niet past bij zijn aard. Wat hij nodig heeft, is normaal te kunnen leven door een gewicht te aanvaarden waarbij hij zich lekker voelt. En het is al heel wat als hij dat kan behouden.

Tot slot moet de mens met overgewicht rekening houden met het maximale en minimale gewicht dat hij heeft gehad tijdens zijn grote gewichtsschommelingen. Het maximale gewicht, ongeacht de duur ervan, staat namelijk voor altijd in zijn organisme gegrift. Laten we een concreet voorbeeld nemen: voor een vrouw van 1,60 meter die een enkele dag van haar leven 100 kilo heeft gewogen is het voor altijd onmogelijk om op een stabilisatiegewicht van 52 kilo te komen, zoals bepaalde theoretische tabellen kunnen suggereren. Het biologische geheugen van haar organisme behoudt een onuitwisbare herinnering aan haar maximale gewicht. Op papier lijkt dan de suggestie om op 70 kilo te komen en dat gewicht te handhaven veel verstandiger – op uitdrukkelijke voorwaarde dat zij zich bij dat gewicht prettig voelt.

Tot slot heerst er nog een ander onjuist beeld waarvan we ons moeten ontdoen. De meeste mensen denken dat ze hun gewicht beter kunnen stabiliseren als ze nog wat extra afvallen, zodat ze een marge hebben van 1 of 2 kilo die hun de tijd geeft om te reageren.

Als je naar 60 kilo wilt om je te stabiliseren op 70 kilo ben je verkeerd bezig, want de energie die je daarmee verspilt, zul je dan niet meer overhebben voor de stabilisatiefase. En je weet het: hoe meer je het gewicht van een organisme omlaag probeert te brengen, hoe meer het in de verdediging zal schieten en geneigd het zal zijn het gewicht weer op te voeren.

Het is dus belangrijk dat je een gewicht kiest dat 'bereikbaar' EN 'stabiliseerbaar' is, voldoende hoog om te worden bereikt zonder onderweg de draad kwijt te raken en laag genoeg om voldoening te geven en dat voldoende welzijn geeft om het te willen handhaven.

Dat gewicht noem ik het Juiste Gewicht. Het wijkt af van de BMI, Body Mass Index, die alleen interessant is om risicogroepen te herkennen en dus geen waarde heeft voor het bepalen van een persoonlijk gewicht en het vaststellen van een strategisch doel.

Hoe bepaal je het Juiste Gewicht?
Dat gewicht is per definitie persoonlijk. Om steekhoudend en werkbaar te zijn moet het rekening houden met het geslacht om het lichaamstype van de vrouw te onderscheiden van dat van de man en vooral met de verschillende eisen die beiden aan hun slanke lijn stellen. Hetzelfde geldt voor de leeftijd. We weten dat elk decennium het balansgewicht bij de vrouw met 800 gram en bij de man met 1200 gram toeneemt. Bovendien: hoe kun je geen verschil maken tussen de behoefte en vooral de mogelijkheden om een gewicht te bereiken op je twintigste en op je vijftigste? Maar tijdens deze zoektocht naar het Juiste Gewicht moet je ook rekening houden met erfelijke aanleg. Het heeft geen zin om aan een vrouw die uit een familie met gewichtsproblemen komt te vragen hetzelfde balansgewicht na te streven als een vrouw die uit een slank gebouwd geslacht komt. Verder is het absoluut noodzakelijk de geschiedenis van overgewicht van een persoon mee te laten wegen, het cruciale moment waarop de ontregeling begon, de jeugd, de puberteit, de eerste anticonceptiepil, eventuele zwangerschappen, de premenopauze, stress, een medische behandeling, een depressie? Elk geval is weer anders en moet worden betrokken bij het voorgestelde resultaat. Ook moet er rekening gehouden worden met wat ik de 'gewichtsomvang' noem: het verschil tussen het minimale gewicht dat je hebt gehad na je twintigste en het maximale gewicht, buiten zwangerschappen om. Dit verschil getuigt van wat er in het biologische geheugen van je lichaam gegrift staat. Verder telt het aantal vruchteloze diëten mee dat je hebt gevolgd en ook de manier van diëten, omdat er diëten zijn waarvan het lichaam zich nooit helemaal herstelt: tegennatuurlijke diëten die 'lichamelijke angsten' ontketenen. Het bekendste daarvan is het dieet met substituten in de vorm van poeder die totaal het tegengestelde zijn van menselijke voeding. De

mens is niet op poedervoeding ingesteld. Hij kan dat weliswaar zeer korte tijd volhouden, maar vooral als hij afvalt door op deze poeders te leven, kan dat een afkeerreactie oproepen die hem helaas resistent zal maken voor andere, natuurlijke methoden. Vasten waarbij je niets anders tot je neemt dan water is een ramp voor de spiermassa, waaruit het lichaam de eiwitten zal putten die onmisbaar zijn om te overleven. Maar vasten is eindeloos veel natuurlijker dan poedervoeding: het komt in feite regelmatig voor dat een roofdier bij gebrek aan prooien gedurende enkele dagen moet vasten.

Zoals je ziet zijn er veel factoren die meespelen bij de berekening van het Juiste Gewicht, dat je moet kennen om een routeplanning te maken. Te veel om te kunnen berekenen met alleen een vel papier en een potlood.

Ik raad je aan naar de site www.dukandiet.co.uk te gaan en het instrument 'Find your true weight' ('Vind je Juiste Gewicht') te gebruiken. Deze website is Frans- en Engelstalig. Op deze site vind je een gratis vragenlijst met elf vragen. Vul die in en je zult meteen je Juiste Gewicht weten. Dan weet je precies waar je schietschijf staat en weet je de afstand. Ik reik je pijl en boog aan, zodat je een veel betere kans zult hebben om de roos te raken.

Dagelijkse praktijk van het overgangsdieet

Je hebt net de laatste dag van het dieet met afgewisselde proteïnen achter de rug en op de weegschaal heb je net het getal afgelezen dat je lot is, je Juiste Gewicht, dat wat je naar ik hoop hebt weten te bereiken. Als dat niet het geval is, dan heb je nu het gewicht dat je had vastgesteld toen je aan je dieet begon.

Zoals zovelen voor jou werden meegesleept in hun enthousiasme, kom je in de verleiding door te gaan om een veiligheidsmarge op te bouwen. Doe dat niet. Het spel is gespeeld. Je hebt dit gewicht gewild, nu heb je het. Je moet nu al je krachten aanwenden om het te behouden en dat is geen formaliteit. *Een op de twee mislukkingen doet zich voor in de eerste drie maanden die volgen op het bereiken van het gewenste gewicht.*

Duur van het dieet

De duur van dit overgangsdieet wordt berekend op basis van het verloren gewicht, door 10 dagen van het nieuwe dieet te rekenen per afgevallen kilo. Als je 20 kilo bent afgevallen, moet je dit dieet dus 20 keer 10 dagen volgen ofwel 200 dagen of 6 maanden en 20 dagen, en voor 10 kilo 100 dagen. Iedereen zal op deze basis makkelijk de tijd kunnen berekenen die hem of haar scheidt van de definitieve stabilisatie.

Zal ik je nu meteen het definitieve stabilisatiedieet geven? Nee, je weet nu dat je op dit moment te kwetsbaar bent en sterk lijkt op een diepzeeduiker die vanuit de diepte omhoogkomt en die een veiligheidstrap in acht moet nemen. Dat is de rol van het dieet dat ik je nu zal voorstellen.

In de fase waarin het gewicht geconsolideerd wordt, zul je dus zo trouw mogelijk het hierna volgende dieet moeten volgen, waarbij je naar believen de volgende producten kunt eten:

Eiwitten en groenten
Tot nu toe, zolang als het cruisedieet duurde, heb je je gevoed met zuivere eiwitten afgewisseld met eiwitten + groenten. Je bent dus goed bekend met beide categorieën levensmiddelen. Voortaan hoef je niet meer af te wisselen, je mag zowel eiwitten als groenten hebben, de hele dag, in elke combinatie en altijd naar believen.

Eiwitten en groenten vormen een stabiele basis waarop je niet mag bezuinigen en waarop je van nu af aan het consolidatieplatform kunt gaan opbouwen dat ons hier interesseert, evenals de definitieve stabilisatie die nog zal volgen. Dit is het belang van deze beide grote categorieën levensmiddelen, die voor de rest van je leven zonder enige beperking qua hoeveelheid genuttigd kunnen worden, op het moment dat het jou uitkomt en in de verhoudingen en combinaties die jij lekker vindt.

Waarschijnlijk ken je alle elementen al, maar ik breng ze nog even kort in herinnering om elke kans op misverstanden te vermijden. Voor meer details vind je de complete lijst in de hoofdstukken gewijd aan het aanvals- en het cruisedieet. Het betreft dus:

- mager vlees, de minst vette stukken van het rund, kalf, paard;
- alle soorten vis en schaal- en schelpdieren;
- gevogelte zonder vel, behalve tamme eend;
- eieren;
- magere zuivelproducten;
- 2 liter water;
- groene groenten en rauwkost.

Op deze basis van eiwitten en groenten opent de stabilisatiefase de deur voor nieuwe producten die je dagelijkse voeding zullen verbeteren en die je nu in de hierna volgende verhoudingen en hoeveelheden mag introduceren.

Een portie fruit per dag

Dit is het moment om te praten over het levensmiddel dat we zo graag beschouwen als het prototype van gezonde voeding.

Dat is deels waar wanneer het gaat om een zuiver natuurlijk product zonder enige gifstoffen. Verder is het een van de best bekende bronnen van vitamine C en caroteen.

Maar deze twee troeven worden tot een mythe verheven door twee recente obsessies van de westerse beschaving: het verlangen om onvoorwaardelijk terug te keren naar het 'natuurlijke' en het geloof in de magische deugden van vitaminen.

Wat natuurlijk is, hoeft niet per se goed voor je te zijn en vitaminen zijn niet zo onmisbaar als een bepaalde uit de Verenigde Staten geïmporteerde rage ons wil doen geloven.

In feite zijn vruchten de enige natuurlijke voedingsmiddelen die snel geabsorbeerde suikers bevatten. Alle andere producten waarin snelle suikers zitten, zijn ontwikkeld en worden geproduceerd door de mens.

Honing is in deze context een geroofd voedingsmiddel. Het is een dierlijke uitscheiding, een soort groeimelk bestemd voor onvolwassen bijen, die we ons toe-eigenen alleen vanwege het genot van de smaakpapillen.

Geraffineerde suiker, witte suiker, bestaat niet in deze vorm in de natuur. Het is een kunstmatig product dat industrieel wordt gewonnen uit suikerriet of chemisch uit suikerbieten.

In het wild groeiend fruit is een zeldzaam levensmiddel dat lange tijd alleen een luxe was op tafel, een kleurige en bevredigende beloning voor de mens. Alleen de intensieve en selectieve teelt ervan geeft ons tegenwoordig de illusie dat het makkelijk bereikbaar is. Tot slot zijn de meeste zeer zoete vruchten – zoals sinaasappel, banaan en mango, levensmiddelen geïmporteerd uit verre en exotische streken – pas heel recentelijk aan ons voedingspatroon toegevoegd dankzij de verbeterde transportmiddelen. Dat verklaart waarschijnlijk de soms ernstige, zelfs levensbedreigende allergieën voor bepaalde soorten exotisch fruit (kiwi of pinda).

In feite is fruit niet het prototype van gezond en natuurlijk voedsel. In grote hoeveelheden genuttigd kan het zelfs gevaarlijk zijn, met name voor diabetici en mensen met overgewicht die gewend zijn aan het snoepen van fruit tussen de maaltijden door.

In de dosis van een vrucht per dag zijn alle vruchten toegestaan, behalve bananen, druiven, kersen en gedroogde vruchten (walnoten, hazelnoten, pinda's, amandelen, pistachenootjes of cashewnoten).

Om de portie wat beter aan te geven: het gaat hier om een eenheid fruit ter grootte van een appel, sinaasappel, peer, grapefruit, perzik of nectarine. Voor kleinere of grotere vruchten is de gebruikelijke portie een kopje aardbeien of frambozen, een schijf meloen of watermeloen, twee kiwi's of twee mooie abrikozen of een heel kleine of een halve grote mango.

Je hebt recht op een portie fruit van een van deze vruchten per dag, niet per maaltijd.

Voor wie de keus heeft en graag fruit eet, geef ik hieronder een lijst van de beste vruchten in het kader van stabilisatie van het gewicht op volgorde van afnemende waarde: geef voorrang aan de appel waarvan het hoge pectinegehalte goed is voor de slanke lijn, dan volgen aardbei en framboos vanwege hun geringe calorische waarde, hun kleur en hun feestelijke uitstraling, ten derde de meloen en watermeloen vanwege hun hoge vochtgehalte en hun geringe energetische waarde, mits je je aan je portie houdt, dan de grapefruit en tot slot de kiwi, de perzik en de peer, de nectarine en de mango.

Twee sneeën volkorenbrood per dag

Als je aanleg hebt voor overgewicht, moet je er een gewoonte van maken geen witbrood te eten. Het is een kunstmatig geproduceerd product, gekneed van een meel waarin het graan kunstmatig is gescheiden van zijn omhulsel, de zemelen. Deze scheiding vergemakkelijkt het produceren van industrieel meel, maar het witbrood dat ermee gemaakt wordt is een te sterk geraffineerd product, een pepmiddel dat te snel en te massaal in het bloed doordringt.

Volkorenbrood, dat net zo lekker smaakt, bevat een natuurlijk aandeel zemelen. En die zemelen zijn een belangrijke bondgenoot. Hun plantaardige structuur, hun vezelachtige harnas is voldoende solide om weerstand te bieden aan het brandende geweld van je spijsvertering. Daardoor versnellen ze de passage door de darmen en zorgen ze in de dikke darm voor een beschermingsschild tussen de darmwand en de gevaarlijke afvalstoffen die er stagneren en zich concentreren.

Pas op! Verwar tarwezemelen niet met haverzemelen. De tarwezemelen in volkorenbrood zijn onoplosbare vezels, terwijl haverzemelen juist uiterst oplosbaar zijn, waardoor ze kunnen opzwellen in de maag en kunnen uitzetten, zodat ze voor verzadiging zorgen en de voedingsstoffen en hun calorieën vasthouden en meenemen tot in de ontlasting.

In de stabilisatieperiode die wij doorlopen, sta je nog onder verscherpt toezicht en volstaat voorlopig een klein beetje brood. Pas als je bent aangekomen in het stadium van definitieve consolidatie hoef je brood niet meer te vrezen en kun je het normaal eten, op voorwaarde dat het volkorenbrood is of, nog beter, brood verrijkt met zemelen. Vanaf nu mag je, als jij tot die mensen behoort die graag brood eten bij het ontbijt, deze twee sneeën volkorenbrood dun besmeren met magere boter. Maar je kunt deze twee sneeën ook gebruiken op een ander moment van de dag, tussen de middag als sandwich met koud vlees of ham, of 's avonds met kaas, dat het volgende product is dat je aan je lijst mag toevoegen.

Een portie kaas per dag
Over welke kaas gaat het en in welke hoeveelheid is die toegestaan?

Je hebt voorlopig recht op alle kazen van gekookte melk, zoals Goudse of andere Hollandse kaas, en als je van Franse kaas houdt op tomme de Savoie, jonge mimolette, reblochon, Comté, enz. Vermijd nog schimmelkazen, zoals camembert, roquefort en geitenkaas.

Als hoeveelheid raad ik je het equivalent van 40 gram aan. Ik ben niet dol op het wegen van levensmiddelen, maar we zitten in een overgangsfase die niet al te lang zal duren en 40 gram komt bovendien overeen met een standaardportie die voldoet voor de meeste mensen met een bescheiden eetlust.

Kies de maaltijd die je het beste past, lunch of avondmaal, maar eet deze portie in één keer op.

En dieetkazen? Van steeds meer kaassoorten is er ook een magere en even lekkere variant op de markt, zoals de 30+- en 20+-kazen van Milner en Maaslander. Deze kazen zijn uiteraard zeer geschikt voor dit dieet. Het idee 'het is magere kaas dus mag ik een dubbele portie' gaat echter niet op. Houd je aan de gemiddelde aanbevolen hoeveelheden. Anders gaat het gezondheidsvoordeel van magere kaas verloren.

Wat betreft de heerlijke gerijpte kazen, zoals de soorten waarom Frankrijk bekendstaat, hoef je je geen zorgen te maken. Ze zijn niet helemaal verboden. Heb geduld. Er staat je een leuke verrassing te wachten in de paragraaf over feestmaaltijden.

Twee porties zetmeelproducten per week

Tot nu toe mocht je alle producten die terugkeren op het menu dagelijks eten. Bij zetmeelproducten en de feestmaaltijden ligt de frequentie lager. Verder zul je voor deze twee nieuwe elementen twee delen in deze stabilisatiefase moeten onderscheiden. Als je de duur van de fase hebt berekend op basis van tien dagen per afgevallen kilo, deel je die periode precies doormidden: in een eerste en een tweede helft.

In de eerste helft heb je recht op een portie zetmeelproducten per week, in het tweede deel op twee porties. Zo voorkom je dat je een te plotselinge toevoer krijgt aan suikerrijke levensmiddelen.

Bij zetmeelproducten werd lange tijd voornamelijk aan aardappelen gedacht, maar deze familie is eigenlijk een vergaarbak waarin van alles zit, van knollen, zoals aardappelen, tot meelproducten, zoals brood, en pasta en granen, zoals rijst of maïs.

Voor ons zijn in deze stabilisatiefase, waarin we zeer op onze hoede moeten zijn, niet alle zetmeelproducten gelijk. Daarom geef ik je ze hier op een rijtje, op volgorde van afnemende waarde:

• **Pastasoorten** vertegenwoordigen het zetmeelproduct dat het beste is aangepast aan ons huidige doel, want ze worden gemaakt op basis van harde tarwe waarvan de plantaardige textuur veel weerstand biedt, veel meer dan die van zachte tarwe. Deze fysieke weerstand tegen het afbreken vertraagt de vertering en de opname van suikers. Bovendien is pasta iets wat de meeste mensen lusten en zelden wordt geassocieerd met een dieet. Dat bevredigt en troost de diëter die net een lange periode van beperkingen achter de rug heeft. En tot slot het belangrijkste: pasta is een stevig en verzadigend product. Het enige nadeel zit in de bereiding, waarbij vaak boter, olie of room gebruikt wordt en ook nog kaas, wat het caloriegehalte verdubbelt.

Eet dus gerust pasta. Een correct bereide portie weegt 220 gram, maar vermijd de toevoeging van vet en kies liever voor een saus van verse tomaat met uien en kruiden. Als je haast hebt, kun je ook stukjes tomaat uit blik gebruiken. Als kaas kun je het beste gruyère vermijden. Die is te vet en heeft te weinig smaak, waardoor je er meer van nodig hebt. Je hebt echter recht op wat Parmezaanse kaas, die veel minder vet is en veel meer smaak heeft; de Italianen weten wat goed voor ze is.

- **Maaltijdgranen in de vorm van couscous, polenta, bulgur en tarwekorrel (beter bekend als tarly)** zijn toegestaan in een rantsoen van 200 gram, tweemaal per week. Ook zij worden van harde tarwe gemaakt en hebben dus dezelfde positieve eigenschappen als pasta. Deze levensmiddelen zijn veel minder bekend en worden minder vaak gebruikt, omdat ze uit andere culturen komen.

  Couscous wordt vaak terecht beschouwd als een product waarvan de bereiding lastig is en daarom beter aan restaurants overgelaten kan worden, maar daarmee ontzeggen we ons een waardevol product dat heel gunstig is voor de stabilisatie.

  Voor een snelle bereiding doe je de korrels in een niet-metalen kom en giet je er water bij, op smaak gebracht met een bouillonblokje, tot de couscous een centimeter onderstaat. Laat het graan 5 minuten wellen. Zet het geheel dan een minuut in de magnetron, haal de kom eruit en roer de korrels los met een vork zodat zich geen klontjes vormen. Zet de kom dan nog een minuut in de magnetron. Klaar ben je.

  Voeg geen vetten toe. Het bouillonblokje volstaat. Eet geen couscous in een restaurant, want daar doet men vaak veel boter door de korrels.

  Polenta uit Italië, bulgur uit Libanon en tarly zijn toegestaan in dezelfde doses en bereidingen.

- **Linzen** vormen een ander goed zetmeelproduct, een van de traagste soorten suikers van de schepping. Helaas kost het nogal wat tijd ze te bereiden, vindt niet iedereen ze even lekker en, erger nog, worden ze vaak niet goed verdragen omdat ze voor flatulentie zorgen. Maar voor wie ze lekker vindt en ze goed verdraagt, is het een sterk verzadigend product dat uitstekend geschikt is voor de stabilisatiefase. Je hebt recht op een portie van 220 gram linzen in het eerste stadium van stabilisatie; en twee porties in het tweede stadium. Bereid ook de linzen zonder vetten, maar met tomaat, ui en kruiden.

Voor andere peulvruchten gelden dezelfde voorwaarden: ze zijn in gelijke porties en bereidingen zonder vet toegestaan. Tuinbonen, gedroogde erwten, spliterwten, kikkererwten behoren tot deze grote familie die weinig liefhebbers kent, omdat ze in het algemeen nog minder goed verdragen worden dan linzen. De voedingswaarde is echter uitstekend.

• **Rijst en aardappelen** zijn ook toegestaan maar deze twee zetmeelproducten staan, zoals je ziet, onder aan de lijst en mogen dus slechts af en toe gegeten worden en moeten eerdergenoemde voedingsmiddelen voor laten gaan.

Eet het liefst zilvervliesrijst, behalve als je in een Japans of Chinees restaurant bent, en bereid zonder vetten. Kies een van de meer geurige soorten, zoals basmatirijst, wilde rijst of zilvervliesrijst, die door de vezels langzamer wordt opgenomen. Elke portie rijst geeft recht op 150 gram witte of 220 gram zilvervliesrijst, gekookt gewogen.

Aardappels eet je in de schil of in aluminiumfolie gewikkeld, zonder toevoeging van vet. Friet of, erger nog, chips behoren tot de schaarse producten die ik je aanraad om te vergeten, want ze bulken niet alleen van de olie en de calorieën, het zijn ook nog eens levensmiddelen die slecht kunnen zijn voor hart en bloedvaten en die kanker kunnen veroorzaken.

Nieuwe soorten vlees

Tot nog toe had je recht op de magere delen van het rund en kalf en zelfs het hele paard. Vanaf nu kun je daaraan lamsbout en varkensfricandeau toevoegen, evenals gekookte ham, zonder dat daarvoor een frequentie of een beperkte hoeveelheid voorgeschreven wordt. Wanneer de gelegenheid zich voordoet mag je ze één à twee keer per week eten.

• **Lamsbout** is het magerste deel van het lam. Vermijd echter zorgvuldig het eerste kapje en wel om twee redenen. Aan het eerste plakje zit de vetlaag die de bout omhult en niet makkelijk te verwijderen is. Er blijft altijd een restje zitten dat een hoog vetgehalte heeft en veel calorieën bevat. De tweede reden is dat om een dikke bout van een paar kilo helemaal gaar te krijgen, de oppervlaktetemperatuur zeer hoog moet zijn en bij die temperaturen verkoolt het vet en wordt het kankerverwekkend. Als je van gaar houdt, kies dan de tweede plak. Dat is veiliger.

- **Varkensfricandeau** is onderworpen aan dezelfde regels. Het is het magerste stuk van het dier, op uitdrukkelijke voorwaarde dat het fricandeau van het achtereind is en niet van bijvoorbeeld de borst, die precies het dubbele aan calorieën bevat. Niet vergeten.

- **Gekookte ham** maakt hier weer zijn opwachting. Voortaan hoef je je niet meer te beperken tot magere ham zonder zwoerd. Je kunt dit smakelijke product, ook lekker uit het vuistje, op elk uur van de dag eten, als je maar het vet rondom de spier wegsnijdt. Vermijd ook rauwe landham.

Dit zijn alle categorieën levensmiddelen die de basis vormen van het overgangsdieet. Vergeet niet, ik herhaal het nog maar eens, dat dit in geen geval een definitief dieet is en nog minder een vermageringsdieet. Het is een gezond en uitgebalanceerd dieet dat als enige taak heeft je te helpen de roerige periode door te komen waarin je lichaam, dat bezorgd is vanwege het gewichtsverlies, elk mogelijk middel aangrijpt om weer aan te komen.

Tien dagen per afgevallen kilo. Dat is ongeveer de tijd die het lichaam rouwt over het gewichtsverlies. Daarna zal het tot rust komen en het nieuwe gewicht accepteren dat je het probeert op te leggen. Na deze periode zul je zes dagen van de week weer kunnen eten wat je wilt. Dat is een vooruitzicht waaruit je moed en het vereiste geduld moet kunnen putten. Je weet in elk geval waar je heen gaat en hoelang het zal duren om er te komen.

Dat is echter niet alles. Om dit overgangsdieet af te sluiten, moet ik je nog twee belangrijke nieuwtjes vertellen: een goed en een noodzakelijk bericht. Ik begin met het goede nieuws.

Twee feestmaaltijden per week

Zoals ik al aankondigde bij de zetmeelproducten, heb je in de eerste helft van de stabilisatiefase recht op één feestmaaltijd per week en in de tweede helft op twee. Om vergissingen te voorkomen geef ik je een eenvoudig voorbeeld: je bent 10 kilo afgevallen en je stabilisatiefase moet dus honderd dagen duren. Verdeel deze honderd dagen in twee gelijke delen van elk vijftig dagen. De eerste vijftig dagen heb je recht op een portie zetmeelproducten en een feestmaaltijd per week. De laatste vijftig dagen mag je twee porties zetmeelproducten en twee feestmaaltijden.

Voor alles zou ik de nadruk willen leggen op het woord 'maaltijd', want, en dat noteer ik ook met de hand op de recepten die ik uitschrijf, er is altijd een percentage mensen dat dit leest of interpreteert als twee 'dagen'.

Waaruit bestaat een feestmaaltijd?

Een feestmaaltijd vervangt een van de drie maaltijden van de dag, willekeurig welke. Toch raad ik je aan om het diner te kiezen, omdat je dan de tijd hebt om ervan te genieten zonder stress van je werk zodat je er de vruchten volledig van kunt plukken.

Het is een feestmaaltijd omdat je tijdens deze eerste maaltijd, en daarna twee maaltijden, de kans hebt om elke soort levensmiddelen te eten en vooral die te kiezen die je het meest hebt gemist tijdens de lange vermageringsperiode.

Toch gelden er twee belangrijke voorwaarden: schep nooit twee keer op van hetzelfde gerecht en eet nooit twee feestmaaltijden op opeenvolgende dagen. Je mag dus alles eten, maar slechts één portie: een voorgerecht, een hoofdgerecht, een dessert of portie kaas, een aperitiefje, een glas wijn, alles in een ruime portie maar slechts één keer.

Zorg ook voor voldoende ruimte tussen deze maaltijden. Geef je lichaam de tijd om ervan te herstellen. Als je dinsdag een feestlunch hebt gehad, plan je volgende feestmaaltijd dan niet op dinsdagavond. Zorg dat er ten minste één gezonde maaltijd tussen twee feestmomenten zit. Kies het liefst voor het weekend en dagen waarop je ergens bent uitgenodigd.

Voor wie droomt van een heerlijke zuurkoolschotel, paella, een echte couscous of welk gerecht dan ook, is nu eindelijk het moment aangebroken.

Wie al zo lang wacht op een echt dessert als besluit van de maaltijd, op een portie chocoladetaart of een ijsje, kan nu zijn hart ophalen. Voor wie van goede wijn, champagne of een aperitief houdt, staat de deur weer open.

Je kunt dus nu zonder zorgen, maar slechts één en dan twee keer per week, eindelijk al die uitnodigingen aannemen die je al zo lang hebt afgeslagen.

Veel mensen die dit stadium van stabilisatie hebben bereikt en zijn gewend aan de nieuwe manier van eten, zijn wat angstig om opnieuw kennis te maken met de smaken en aroma's en aarzelen om zich vrijuit op te scheppen.

Wees gerust, deze maaltijden zijn deskundig samengesteld. Ze maken deel uit van een geheel waarin hobbels en kuilen voldoende zijn geïntegreerd om in balans te kunnen blijven.

Bovendien zijn deze feestmaaltijden niet gewoon een voorstel, het zijn opdrachten waaraan je je moet houden. Het Dukan Dieet is een totaalplan waaruit je geen onderdelen kunt weglaten zonder het gevaar te lopen de effectiviteit te ondermijnen. Maar misschien begrijp je de zin niet van deze vrijheden en het belang van de twee feestmaaltijden.

Dan is het tijd om het over het immateriële facet van voeding te hebben, namelijk het plezier.

Eten is niet alleen de calorieën naar binnen werken die nodig zijn om te overleven. Het is misschien nog meer het beleven van plezier. En dat biologische genot, deze vitale beloning heb je moeten missen tijdens de vermageringsperiode. Nu is het tijd om weer te gaan genieten.

Aangezien we zijn aanbeland bij het plezier van de mond, maak ik van de gelegenheid gebruik om je een essentiële raad te geven, onmisbaar voor elke definitieve stabilisatie. Vat dit niet te licht op.

Als je eet, en vooral als wat je eet smakelijk en goed is, DENK DAN AAN WAT JE EET, concentreer je op wat je in je mond hebt en op elk aspect van de sensaties die het eten je geeft.

Talrijke onderzoeken van voedingsdeskundigen hebben aangetoond hoe groot de rol is die smaaksensaties spelen bij het opwekken van verzadiging. Alle sensaties opgeroepen door de smaak, de slijmvliezen op de tong en elke kauw- of slikbeweging worden waargenomen en geanalyseerd door de hypothalamus, het hersencentrum dat onder meer verantwoordelijk is voor honger en verzadiging. De opstapeling van deze sensaties vormt een zintuiglijke peilstok die een rol speelt bij het creëren van verzadiging.

KAUW DUS LANGZAAM EN CONCENTREER JE HEEL BEWUST OP WAT JE IN JE MOND HEBT. Eet geen calorierijke producten voor de televisie of als je leest. Je zult dan de intensiteit van de sensaties die je hersenen bereiken halveren; voedingsdeskundigen verklaren zo de epidemie van zwaarlijvigheid die woekert in de Verenigde Staten, waar kinderen de hele dag voor de televisie zitten te snaaien en dit als volwassenen doorzetten door op elk moment van de dag te blijven eten.

Geniet dus zonder terughouding van deze twee goede momenten en, geloof me, het zal je niets kosten.

Maar wel op twee voorwaarden:

*   **De eerste is cruciaal.** Dit moment van hervonden vrijheid van eten kent heel duidelijke beperkingen; het gaat vooralsnog slechts om één en dan pas twee feestmaaltijden. Het negeren van deze beperkingen kan je van het goede pad afbrengen dat we zo zorgvuldig hebben uitgestippeld. Dit is een gevaar dat niet onderschat mag worden. Als je bijvoorbeeld hebt besloten om dinsdagavond je eer-

ste feestmaaltijd te gebruiken, dan is woensdagochtend allesbepalend voor jou en de toekomst van je stabilisatie.

Heb je de moed om de deur die zo wijd openstaat, weer dicht te doen of behoor je tot de mensen die het bij hun ontbijt niet kunnen laten een dikke laag jam op hun boterham te smeren? Deze twee feestmaaltijden zijn de extraatjes in je nieuwe eetpatroon, die je moeten helpen om het vol te houden tot je lichaam zijn nieuwe gewicht heeft aanvaard. Ze maken integraal deel uit van het overgangsdieet, maar het overschrijden ervan kan het bouwwerk dat je zo zorgvuldig hebt opgetrokken ineen doen storten.

• **De tweede voorwaarde is gezond verstand.** Deze feestmaaltijd is bedoeld om je een bepaalde dosis eetgenot te geven, maar zeker niet om je een kans te geven wraak te nemen. Wie deze vrijheid als voorwendsel gebruikt om zich vol te proppen, heeft mij totaal niet begrepen.

Het doel van deze twee maaltijden is je weer een zekere balans te geven. Schrokken tot je misselijk bent of drinken tot je dronken bent, zijn twee manieren om je lichaam totaal uit balans te brengen.

Ook al keer je de volgende dag, zoals afgesproken, weer keurig terug naar het consolidatieplatform, deze heftige misstap zal je hoop op latere stabilisatie de grond in boren.

Als ik je een eenvoudige raad mag geven: eet wat je wilt, neem genoeg, maar schep nooit een tweede keer van hetzelfde gerecht op. Weiger thuis, bij vrienden of in een restaurant altijd een tweede portie.

Eén dag zuivere eiwitten per week: DE DONDERDAG

Nu beschik je over alle elementen waaruit het stabilisatiedieet bestaat. Je weet wat je voortaan mag eten in deze makkelijk te berekenen periode, die nodig is om je lichaam zijn nieuwe, juiste gewicht te laten accepteren.

Er ontbreekt echter nog een onmisbaar sleutelelement voor de zekerstelling van deze stabilisatiefase. Een dergelijk eetpatroon alleen, met zijn twee feestmaaltijden, kan de perfecte beheersing van het gewicht niet garanderen in deze periode waarin je lichaam zo heftig reageert. Daarom heb ik, als veiligheidsklep en belangrijk onderdeel van dit stabilisatiedieet, een volle dag eiwitdieet per week opgenomen – waarvan je de grote effectiviteit al hebt beproefd.

Die dag eet je alleen eiwitrijk voedsel. Dat heb je inmiddels voldoende geoefend en je kent alle producten waarschijnlijk uit je hoofd. Maar ik zal hier toch nog eens de hoofdcategorieën opnoemen: mager vlees, alle soorten vis, schaal- en schelpdieren, gevogelte zonder vel, eieren, ham zonder vet, magere zuivelproducten en 2 liter water. Van deze zeven categorieën eiwitrijke producten mag je zo veel eten als je wilt, zo vaak als je wilt en in de verhoudingen en combinaties die jou het best bevallen.

Deze zuivere eiwitdag is zowel de motor als de veiligheidsklep van het stabilisatiedieet. Het is het enige beperkende moment van de week en de prijs die je moet betalen om de situatie te consolideren tot de storm gaat liggen. Nogmaals, over deze prijs valt niet te onderhandelen. Volg deze dag dus zoals het hoort.

Houd je bovendien zo veel mogelijk aan de keus van de donderdag als dieetdag. Het weekritme is een van de garanties van zijn succes. Als donderdag voor jou een dag is die je qua werk of sociale verplichtingen niet goed kunt combineren met dit eetpatroon, kun je ook de woensdag of vrijdag kiezen, als je er vervolgens maar niet meer van afwijkt.

Als je je bij hoge uitzondering een keer echt niet aan het donderdagdieet kunt houden, volg je het op een andere dag (woensdag of vrijdag) en keer je de week erop terug naar de donderdag. Maar maak daar als het even kan geen gewoonte van. Vergeet niet dat je aanleg hebt voor overgewicht. Deze eiwitdag is er niet om mij een plezier te doen. Jij bent de enige belanghebbende bij de effectiviteit van deze maatregel. Vergeet dat niet.

Houd er ook aan vast als je op vakantie of op reis bent. Als je ergens bent waar je weinig eiwitten kunt vinden of ze moeilijk kunt bereiden, blijft er altijd de mogelijkheid om ze in poedervorm te nuttigen. Ik zal daar later op terugkomen. Het is een simpele, maar nauwkeurige manier om deze dag zo effectief mogelijk te maken.

Haverzemelen

In de stabilisatiefase blijf je de portie haverzemelen van 2 eetlepels per dag eten. Deze 2 eetlepels komen bij de twee boterhammen op en als je gewend bent aan je pannenkoek bij het ontbijt, bewaar je het brood voor tussen de middag.

Lichamelijke activiteit

In de stabilisatiefase kun je teruggaan naar 25 minuten lopen per dag, het verplichte minimum. Je kunt natuurlijk altijd meer lopen als je de smaak te pakken hebt gekregen en je genoeg tijd hebt. Stevig wandelen is de natuurlijkste vorm van bewegen, zowel op het gebied van verbruikte calorieën – omdat je het heel lang kunt doen – als op het gebied van algemeen welbevinden. Het zorgt namelijk voor de grootste productie van serotonine en endorfine, twee chemische stoffen die aan de basis liggen van genot, hernieuwd welzijn en de biologische benadering van geluk.

Ga dus lopen als je last hebt van stress of zorgen, als je je gedeprimeerd voelt, als je vermoeid bent, als je je in de steek gelaten of alleen voelt. Zuig alles in je op wat je ziet en tegenkomt. Ik beloof je dat je je bij thuiskomst beter voelt dan toen je vertrok.

Een fase die niet verwaarloosd mag worden

Nu zijn we dus aan het eind gekomen van de beschrijving van het stabilisatiedieet. Als slotstuk heb ik vier informatie-elementen bewaard als een soort waarschuwing voor het gevaar dat dreigt als je dit deel van het Dukan Dieet verwaarloost.

Een onmisbare etappe

In deze derde fase van het Dukan Dieet zul je niet meer gestimuleerd en aangemoedigd worden door een weegschaal die regelmatig een lager gewicht aangeeft. Je zou je dan kunnen gaan afvragen wat de reden van dit overgangsdieet is waarin je nog niet echt vrij bent, maar ook niet meer echt op dieet. Daardoor kun je in de verleiding komen alle waakzaamheid te laten varen of althans de regels hier en daar te overtreden. Doe dat niet! Als je deze stabilisatie-etappe verwaarloost, kun je verzekerd zijn van een heel simpel en helder feit: alle kilo's die je met zo veel moeite bent kwijtgeraakt, zullen er even snel weer aan zitten. En dan heb je nog geluk als je er niet nog een paar extra bij cadeau krijgt!

Oplopende weerstand tegen diëten
Naast de frustratie en de mislukking door het weer aankomen van het verloren gewicht dreigt er nog een gevaar waaraan nog ernstiger consequenties verbonden zijn voor mensen die veel diëten achter elkaar doen, zonder ze te consolideren: de weerstand tegen diëten.

Iedereen die meerdere malen afvalt en weer aankomt in zijn leven, vaccineert zich als het ware tegen vermageren. Dat wil zeggen: na elke mislukking zal het meer moeite kosten om opnieuw af te vallen. Het organisme herinnert zich de diëten waaraan het is onderworpen en zal zich steeds meer verzetten tegen nieuwe pogingen. Elke mislukking opent dus de deur voor een nieuwe mislukking. Als je al tevergeefs een aantal diëten gevolgd hebt, mag je niet verwachten even snel af te vallen als zij die voor het eerst een dieet uitproberen, zelfs al bestaat mijn plan in de eerste twee fasen uit twee diëten – het aanvals- en cruisedieet – die de minste weerstand oproepen en het beste werken ondanks ervaringen uit het verleden.

Het geheugen voor records
Anderzijds zullen elke keer dat je lichaam in gewicht toeneemt en een nieuw record vestigt de reguleringsmechanismen die je fysiologie sturen ergens in jou de nostalgische herinnering optekenen aan dit maximumgewicht – en je lichaam zal onophoudelijk trachten het terug te winnen.

Afvallen staat gelijk aan het eten van vet en cholesterol

Tot slot, en dat is waarschijnlijk de ernstigste consequentie, is elk gewichtsverlies een grote aanslag op je lichaam waarvan weinig mensen zich bewust zijn. Bij elke poging om af te vallen verbruik je je vetreserves en wanneer je 10 tot 20 kilo afvalt, is dat een beetje te vergelijken met het oppeuzelen van 10 of 20 kilo boter.

In de tijd dat je afvalt, circuleert er in je bloed en dus in je aderen een grote hoeveelheid cholesterol en triglyceriden. Elke keer dat je hart zich samentrekt, stroomt dit bloed dat rijk is aan toxische vetten door je lichaam en zet een laagje vet af in je aderen.

Natuurlijk is afvallen van groot nut voor je psychische en/of fysieke welzijn en wordt het risico dat de circulatie van die vetten vormt ruimschoots gecompenseerd door de voordelen die je eruit put. Je kunt echter beter niet te vaak afvallen, vooral als je dat doet met een besluiteloos dieet waarvan je zelf diep in je hart wel weet dat het geen enkele kans maakt ooit tot stabiliteit te leiden. Wie tevergeefs tracht een à twee keer per jaar zijn vetreserves te verbranden, belandt elke keer in een situatie van iemand met een te hoog cholesterolgehalte.

Dit is geen poging om je te intimideren, maar een waarschuwing voor een zeer reëel en, zowel onder patiënten als vele doktoren, weinig bekend gevaar.

Mede om al deze redenen is de enige logische houding, nu je de kans hebt gehad om af te vallen, dat je dit dierbare gewicht stabiliseert en op het vastgestelde moment overgaat op de definitieve stabilisatie.

Samenvatting en geheugensteun van de stabilisatiefase

De duur van dit overgangsdieet is te berekenen op basis van het afgevallen gewicht, en wel met 10 dagen van het nieuwe dieet per afgevallen kilo. Als je 20 kilo bent afgevallen, moet je het dus 20 maal 10 dagen volhouden, ofwel 200 dagen of 6 maanden en 20 dagen. En voor 10 kilo 100 dagen. Iedereen kan zo heel makkelijk uitrekenen hoeveel tijd hem of haar nog scheidt van de definitieve stabilisatie.

Gedurende de hele duur van de stabilisatie van het gewicht volg je dus trouw onderstaand dieet dat je recht geeft op de volgende producten:

• de eiwitrijke levensmiddelen uit het aanvalsdieet;
• de groenten uit het cruisedieet;
• 1 portie fruit per dag, behalve bananen, druiven en kersen;
• 2 sneeën volkorenbrood per dag;
• 40 gram kaas;
• 2 porties zetmeelproducten per week;
• lamsbout en varkensfricandeau;
• 2 eetlepels haverzemelen;
• 25 minuten lopen.

En als bekroning van dat alles:
• 2 feestmaaltijden per week.

Maar ook verplicht en ononderhandelbaar:
• 1 dag eiwitdieet (aanvalsdieet) per week, niet uitwisselbaar of onderhandelbaar.

De definitieve stabilisatie in de praktijk

Voor wie het Dukan Dieet met een constant overgewicht is begonnen, volgt nu de samenvatting.

Het aanvalsdieet heeft een vliegende en bemoedigende start mogelijk gemaakt.

Het cruisedieet heeft je naar het vastgestelde gewicht gebracht.

Het stabilisatiedieet is net voltooid op basis van tien dagen per verloren kilo.

In dit stadium ben je niet alleen je overgewicht kwijt, maar het is je ook gelukt de periode door te komen waarin het afgeslankte lichaam het hevigst en vaak met succes probeert de kilo's weer terug te pakken. Je hebt je Juiste Gewicht bereikt en je hebt het geconsolideerd.

Je lichaam bevindt zich niet meer in de alarmfase. Geleidelijk heeft het zijn extreme verdedigingsmechanisme uitgeschakeld, dat het profijt van het kleinste beetje voedsel verveelvoudigde. Je stofwisseling is weer tot rust gekomen, maar zal altijd een neiging vertonen tot overgewicht omdat het deel had aan elke keer dat je ooit bent aangekomen.

Ook nu zullen dezelfde oorzaken nog steeds dezelfde gevolgen hebben. Het risico om weer in gewicht toe te nemen blijft aanwezig als je niet een aantal maatregelen treft in je manier van leven, die dat risico moeten controleren.

Maar, en daarin schuilt het gevaar, vanaf nu gaat het niet meer om een beperkte periode waar je doorheen moet met zijn regels en beperkingen, want de dagelijkse gang van zaken eist zijn rechten weer op. Je zult je voor de rest van je leven moeten houden aan de maatregelen in dit plan voor definitieve stabilisatie. Vanuit een dergelijk perspectief is het dan ook ondenkbaar om je zware beperkingen op te leggen waaraan je je nooit zou kunnen houden.

Verder ben je tot nu toe geleid en gestuurd door een nauwkeurig netwerk van regels. Je zat in de tang van een weddenschap of uitdaging die weinig plaats liet aan improvisatie. Maar nu zul je de veilige kustwateren verlaten en op volle zee gaan varen en je autonomie hervinden, maar er is natuurlijk ook kans op storm en daarmee schipbreuk.

Het is dus belangrijk dat deze nieuwe opdrachten voldoende simpel, concreet en pijnloos zijn om ze een vaste plaats in je leven te kunnen geven. De definitieve consolidatiefase bestaat dan ook uit de volgende vier eenvoudige en weinig frustrerende regels.

De eerste regel van deze vier is eenvoudig. Je hoeft alleen het basisvoedsel uit de stabilisatiefase in je voedingspatroon op te nemen, als veiligheidsplatform. Alle eiwitrijke levensmiddelen en groenten naar believen, fruit, twee sneeën volkorenbrood, 40 g kaas, twee porties zetmeelproducten en twee feestmaaltijden per week. Deze levensmiddelen vormen een gezonde basis, overvloedig en voldoende gevarieerd als fundament van onze voeding. Gebruik dit als ijkpunt en vooral als remparachute waar je op kunt teruggrijpen als je dreigt aan te komen of al bent aangekomen.

De tweede regel ken je al, aangezien je die al hebt gevolgd in de stabilisatiefase, namelijk de eiwitdonderdag.

De derde is een contract tussen jou en mij waarin je me belooft liften af te zweren en 20 minuten per dag te lopen.

En de laatste is nog het makkelijkst: je leven lang 3 eetlepels haverzemelen per dag eten.

Deze maatregelen samen vormen mijns inziens de minst pijnlijke eisen die je aan iemand kunt stellen in ruil voor zes op de zeven dagen gewoon eten. In mijn praktijk heb ik kunnen zien dat er maar weinig mensen zijn die een dergelijke ruil zullen afslaan.

Bovendien profiteert de definitieve stabilisatie als bekroning op deze regels van een extra wapen, een niet duidelijk zichtbare troef die echter wel bepalend is: het leereffect dat dit dieet ontwikkelt gedurende het hele doorlopen traject om kilo's af te vallen en het gewicht te consolideren.

Die kennis put ik uit de ontwikkeling van dit dieet en de dagelijkse praktijk met mijn patiënten. Ik zie elke dag dat mensen met gewichtsproblemen die 5, 10, 15, 20, of 30 kilo zijn afgevallen dankzij de vier opeenvolgende diëten, een diepgewortelde en instinctieve kennis hebben verworven van de voedingswaarde van producten die hen kunnen helpen af te vallen en stabiel te blijven. Ze hebben reflexen aangeleerd die ze nooit meer helemaal kwijtraken.

Tijdens het aanvalsdieet van zuivere eiwitten hebben ze de kracht van deze **vitale** voedingsstof ontdekt. Ze weten voorgoed dat eiwitrijke levensmiddelen een vermageringswapen vormen dat uiterst effectief is en waarop ze de rest van hun leven kunnen vertrouwen.

Tijdens het cruisedieet hebben ze geleerd dat de toevoeging van groene groenten het tempo weliswaar vertraagt, maar dat deze **onmisbare** plantaardige levensmiddelen hen niet beletten af te vallen mits bereid zonder toevoeging van vetten, de aartsvijanden die ze al snel zullen ontmaskeren bij betreurenswaardige ontsporingen.

In de stabilisatiefase hebben ze via opeenvolgende lagen **noodzakelijke** levensmiddelen, zoals brood, fruit en bepaalde zetmeelproducten, en met de feestmaaltijden weer **het overbodige en het genot** hervonden, zonder zich hierover schuldig te voelen. Aldus hebben ze zich, in geest en lichaam, in de loop der tijd, een hiërarchie in voedingswaarde en een ranglijst van producten eigengemaakt.

De opbouw in etages die geleidelijk overgaan van het vitale naar het overbodige en de instinctieve leerweg waarvoor deze opbouw zorgt, maken dit plan tot het meest didactische dieet dat er is en dat, gebundeld met de andere maatregelen van definitieve stabilisatie, de deur opent voor een oplossing die nog nooit bereikbaar was en niet eens gezocht werd, te weten: duurzaam gewichtsverlies.

De eiwitdonderdag
Waarom donderdag?

In de periode in mijn leven waarin ik de diverse puzzelstukjes in elkaar paste voor het dieet en de methode die je nu in handen hebt, voelde ik de behoefte om een stabilisatie van het verloren gewicht op te nemen – een ultieme band van bescherming en sympathie die me in gedachten en in daden verbond met mijn patiënt en mijn lezer als herinnering aan de strijd die we samen geleverd hadden.

In feite was het een patiënte die me op het idee bracht. Deze vrouw, die enorm was afgevallen, wantrouwde een terugkeer naar het 'normale leven' en wilde het aanvalsdieet – dat bij haar diende om 'afdwalingen te corrigeren' – niet helemaal opgeven. Ze voerde dit even simpele als intelligente argument aan: 'Het hoeft maar één dag per week te zijn!' Dit idee sloeg aan en een paar weken later besloot ik ermee te gaan experimenteren door het formeel op recept voor te schrijven: 'Houd je strikt aan een dag eiwitdieet per week.'

Ik constateerde dat deze opdracht gedurende een zekere tijd met succes werd gevolgd, maar dan met steeds minder animo en uiteindelijk werd opgegeven.

Op een dag heb ik daarom besloten om deze dag verplicht te maken en vast te leggen op de donderdag. Vanaf dat moment en als bij toverslag veranderde alles. De patiënten volgden het recept en hielden zich eraan, heel simpel omdat het in het dieet was vastgesteld.

Op een dag vroeg een patiënte me waarom het per se de donderdag moest zijn en geen andere dag. Ik antwoordde haar dat de donderdag De Dag was en ik heb me aan die versie gehouden. Dat antwoord was natuurlijk nonsens, maar het drukt precies het verplichte en niet-onderhandelbare karakter van deze balansdag uit waarvan de cruciale functie, als dijk die de diverse uitspattingen van de week moet indammen, veel te belangrijk was om over te laten aan de keus van degene die zich aan het dieet moet houden.

Bijzonderheden van de eiwitdonderdag:
Waarin verschilt de dag van zuivere eiwitten van de andere eiwitrijke dagen?
Voor de aanvalsfase waarmee je je dieet gestart bent, heb ik tot in detail de 72 levensmiddelen beschreven waaruit het bestond. Je hebt de eerste dagen uitsluitend deze levensmiddelen, zuivere eiwitten, gegeten om het resultaat te verveelvoudigen. Daarna ben je ze blijven eten, maar afgewisseld met groenten tijdens het cruisedieet. In de stabilisa-

tiefase heb je ze een dag per week aangehouden als tegenwicht voor de introductie van een groot aantal alledaagse producten. Maar tot en met dat moment volgde je een kader en werd je beschermd door een vangnet van sturende opdrachten die weinig plaats lieten aan initiatieven en zwakke momenten. Vanaf nu ga je werken zonder vangnet.

Vanaf nu mag je zes van de zeven dagen normaal eten en die eiwitdonderdag zal de enige en laatste dijk blijven die je aanleg voor overgewicht zal indammen.

Deze proteïnedag moet echter stipt aangehouden worden, want een enkele zwakte of vergissing die de effectiviteit ervan verandert, vormt een bedreiging voor de stevigheid van het hele bouwwerk. De producten waaruit het donderdagdieet bestaat, bevatten niet allemaal zuiver eiwitten. Op deze dag, die zo waardevol is voor een definitieve stabilisatie, is het belangrijk om liefst zo zuiver mogelijke eiwitten te kiezen en te gebruiken, die samen het meest opzienbarende effect geven, en om die producten te beperken of te vermijden die een bepaalde dosis vet en/of suiker bevatten, en waarvan een overmatige consumptie de gunstige invloed van deze dag zal ondermijnen.

De eiwitdonderdag in de praktijk:
De keuze van levensmiddelen

• **Mager vlees.** Je weet al dat varkens- en lamsvlees veel te vet zijn om onder de categorie zuivere eiwitten te vallen.

Onder de soorten die waren toegestaan, past het om de beste kwalificaties toe te kennen aan paardenvlees. Het is waarschijnlijk het gezondste en magerste vlees dat te koop is bij de slager. Helaas is het nog maar zelden verkrijgbaar en willen steeds minder mensen het eten.

Dit vlees wordt op de voet gevolgd door kalfsvlees, waarvan de delen die je kunt grillen ook mager zijn. De ongepaneerde kalfsoester is het geschiktst voor de eiwitdonderdag. Kalfsfricandeau is toegestaan, mits goed gaar. Kalfskoteletjes, die vetter zijn, zul je moeten bewaren voor de andere dagen van de week.

Rundvlees varieert qua vetgehalte sterk per deel van het rund. Naast de heel vette delen voor stoofpot, zijn de vetste stukken zonder twijfel de entrecote en de rib-eye, deze stukken worden dan ook niet gerekend tot de zuivere eiwitten.

Biefstuk en filet zijn waarschijnlijk de magerste delen van dit dier. Er is zelfs gehakte biefstuk die slechts 5 procent vet bevat. Al deze delen kun je zonder schuldgevoel eten op donderdag.

Vlees van de lende, zoals Porterhouse-steak, bovenbil, T-bone en klapstuk, dat slechts iets vetter is en is toegestaan in het standaardeiwitdieet, moet je echter op donderdag vermijden.

Ook moet je weten dat je op die dag rundvlees beter voldoende gaar kunt laten worden, wat niets aan de eiwitten verandert, maar wel meer vet laat smelten.

- **Vis, schaal- en schelpdieren.** Tijdens het standaarddieet van zuivere eiwitten mocht je alle vis eten, van de magerste tot de vetste. Ik heb in de loop der jaren de dieren met vet vlees aanvaard omdat blauwe vis uit koude zeeën, zoals zalm, sardine, makreel en tonijn, levensmiddelen zijn die zeer gewaardeerd worden, een enorme beschermende werking hebben voor hart en bloedvaten en een vetgehalte hebben dat die van een lendenbiefstuk niet overschrijdt.

Toch is dat vetgehalte, dat aanvaardbaar was tijdens het volgen van het aanvalsdieet, niet meer toelaatbaar voor de eiwitdonderdag, omdat die de enige buffer vormt tegen overgewicht. Als je zalm kiest, neem dan niet meer dan 200 gram per maaltijd als je hem vers eet en 150 gram als hij gerookt is. Witvis is op de donderdag juist weer je beste bondgenoot.

Buiten de klassieke bereidingen van vis, zoals in bouillon, 'papillotte', in de oven, onder de grill of in de pan, is het even makkelijk als origineel om hem rauw te eten. Tandbaars, zeeduivel, dorade en koolvis smaken rauw bereid heerlijk. Als je ze een paar minuten in citroensap marineert, in fijne plakjes of stukjes snijdt, op smaak brengt met zout en peper en kruidt met Provençaalse kruiden, heb je een origineel, fris en smakelijk voorgerecht.

Tarbot, rode poon en rog zijn de vetste witte vissen, maar heel wat minder vet dan het meest ascetische stuk vlees. Je kunt dus zo veel witvis eten als je wilt.

Krab, garnalen, mosselen, oesters en sint-jakobsschelpen zijn nog magerder dan vis.

Een bord schaal- of schelpdieren kan een goede oplossing zijn en je uit een heikele situatie helpen als je op een donderdag wordt uitgenodigd in een restaurant te gaan eten. Als je echter van schaal- en schelpdieren houdt en ze met smaak in flinke porties eet, moet je de vette oestersoorten vermijden. Besprenkel ze met flink wat citroensap, maar drink het sap niet op.

* **Gevogelte.** Gevogelte, met uitzondering van de soorten met platte snavel, gans en eend, en gegeten zonder vel, vormt een van de beste fundamenten van het eiwitdieet. Tijdens de eiwitdonderdag gelden echter een paar voorwaarden.

Kip, basisgevogelte, is nog steeds toegestaan, maar je moet naast het vel ook de vleugeltjes, de dijen en het staartje vermijden; die mag je voor een andere dag van de week bewaren.

Het overige gevogelte is zonder beperking toegestaan. Parelhoen en kalkoen zijn de magerste soorten die er zijn en je mag ze onbeperkt eten. Konijn is een uitstekende leverancier van zuivere eiwitten. Kwartel en duif zorgen voor afwisseling en geven je eiwitdonderdag een feestelijk tintje.

Al deze tamme dieren lenen zich voor verschillende bereidingen.

Kip wint aan smaak als je het vlees roostert in de oven of aan het spit. Kies op donderdag voor het spit of haal uit voorzorg de kip uit de schaal om te voorkomen dat het vlees zich vol zuigt met de jus.

Kalkoen en parelhoen bereid je in de oven. Besprenkel ze veelvuldig met water met citroensap om het vet eruit te drijven.

Voor kwartel en duif verkies je op donderdag het spit boven de pan.

Voor konijn geldt dat je beter die dag de mosterdsaus kunt vermijden die werd aangeraden tijdens het aanvalsdieet, maar je mag het vlees wel bereiden met magere kwark en kruiden.

- **Eieren.** Het wit van het ei is het eiwitrijkste levensmiddel, veel zuiverder dan de meest concentreerde eiwitten in zakjes. Maar het wit is slechts een deel van het ei. Het geel, bedoeld om het jonge kuiken te laten groeien, bevat veel complexe vetlichaampjes waarvan cholesterol het bekendste is. Het geheel vormt echter een uitgebalanceerd product dat ook donderdag gebruikt mag worden.

  Wie heel moeilijk stabiel blijft of een erg overvloedige week heeft gehad en voor wie de eiwitdonderdag dus zo veel mogelijk effect moet hebben, raad ik aan niet te veel eieren te eten of de dooier eruit halen. Van het wit kun je zo veel eten als je wilt.

  Een andere oplossing is een omelet te maken van één dooier en twee eiwitten en, in geval van schreeuwende honger, er wat magere poedermelk door te kloppen. Maar weet dat al deze voorzorgsmaatregelen geen zin hebben en al je inspanningen teniet zullen doen, als je je ei bereidt in boter of olie. Doe jezelf een goede koekenpan met antiaanbaklaag cadeau en sprenkel er een paar druppels water in voor je de eieren erin breekt.

- **Magere zuivelproducten.** Magere kwark, yoghurt of karnemelk hebben het voordeel dat ze helemaal geen vet bevatten. Maar wat blijft er dan over van deze producten waarvan de statistieken bewijzen dat ze met het jaar meer geconsumeerd worden? Ze bevatten natuurlijk eiwitten uit melk, dezelfde die gebruikt worden om eiwitten in poedervorm te produceren. Verder zit er ook, in bescheiden hoeveelheid, lactose of melksuiker in, die hier de rol speelt van indringer.

  Uit ervaring met het vermageringsdieet dat je vijf opeenvolgende dagen moet volgen en dat gedurende weken en maanden wordt afgewisseld, blijkt dat de aanwezigheid van lactose de resultaten van het dieet van zuivere eiwitten niet vermindert en dat magere zuivelproducten zonder beperking kunnen worden gegeten – of althans zonder de 700 tot 800 gram per dag te overschrijden. Maar voor het definitieve stabilisatiedieet dat je slechts een dag per week volgt, moeten de levensmiddelen nog zorgvuldiger worden uitgekozen om de opname van lactose te beperken. Als je de samenstelling van magere yoghurt vergelijkt met die van magere kwark blijkt dat bij een gelijk caloriegehalte kwark meer eiwitten en minder lactose bevat dan yoghurt. Liefhebbers van magere zuivelproducten kunnen dus op de donderdag beter kwark eten dan yoghurt. De zes overige dagen van de week kunnen ze dan gerust weer gewoon yoghurt eten.

- **Water.** Ook hier past het weer om de regels van het aanvalsdieet te wijzigen. Om af te vallen vind ik 1,5 liter water per dag de beste manier om het organisme dat zijn eigen vet verbrandt te zuiveren. Tijdens de balansdonderdag is het goed de dosis te verhogen tot ruim 2 liter water per dag. Die maatregel, die zorgt voor een ware overstroming in de dunne darm, verlaagt daar de zuurgraad. Omdat de levensmiddelen nog meer verdund worden, spreidt en remt het water de opname ervan en – extra voordeel – versnelt het de passage door de darmen.

  Die intensieve spoeling gekoppeld aan een maximale concentratie van eiwitten zorgt voor een schokgolf die niet alleen de opnamewerking op donderdag lam legt, maar waarvan het effect wordt uitgebreid tot de volgende twee à drie dagen, zodat er een acceptabel gemiddelde ontstaat met de drie laatste dagen van de week (vrijdag en het weekend) waarin het nuttigen van voedsel vaak zijn hoogste niveau bereikt.

- **Zout.** Zout is een essentieel deel van onze voeding. Ons organisme bevat een soort inwendige zee (bloed, lymfvocht) waarvan de zoutconcentratie doet denken aan die van de oceaan. Maar zout is de vijand van wie er te veel van gebruikt en nog meer van wie probeert af te vallen. Het houdt vocht vast in de weefsels die al overvol zitten met vet.

Anderzijds kan een vermageringsdieet dat geen zout bevat de bloeddruk verlagen en als het lang duurt voor vermoeidheid zorgen. Daarom schrijft het Dukan Dieet gedurende de gehele vermageringsperiode en de volhardingsfase alleen een verminderd zoutgebruik voor.

Voor de balansdonderdag wordt de opdracht echter strenger; die bufferdag zal nog zoutarmer moeten zijn. Een beperking van een enkele dag zal niet voldoende zijn om de bloeddruk te laten zakken, maar is voldoende om het ingenomen vocht heel snel door het lichaam te laten gaan en het te reinigen.

Deze zuivering van het weefsel is vooral interessant voor vrouwen die te maken hebben met sterke hormonale invloeden die ervoor zorgen dat ze veel vocht vasthouden in bepaalde perioden van hun cyclus.

Om dezelfde redenen moet het gebruik van mosterd op donderdag beperkt zijn, maar azijn, peper, kruiden en alle specerijen mogen wel te hulp worden geroepen om deze beperking te compenseren.

Eiwitten in poedervorm

Tot nu toe ging het wanneer ik over eiwitten sprak over natuurlijke levensmiddelen. Maar afgezien van het wit van het ei was geen van deze producten 'zuiver' in de eigenlijke zin van het woord. Al onze inspanningen steunden dus op de selectie van voeding met het beste eiwitgehalte.

Maar sinds enkele jaren biedt de voedingsindustrie ons eiwitten in poedervorm aan, die absoluut zuiver zijn.

In theorie bevatten deze preparaten in zakjes alles om ons te verleiden, maar in de praktijk zullen we zien dat het gebruik ervan ook vaak voor grote ongemakken zorgt die de voordelen ervan weer net zo hard tenietdoen.

Wat zijn de voor- en nadelen van eiwitten in poedervorm?

- **De voordelen.** Het voordeel van eiwitten in poedervorm betreft de zuiverheid. Dit was lange tijd het argument dat de laboratoria die ze ontwikkelden naar voren schoven. Maar als we naar de feiten kijken, is dit voordeel niet bepalend.

  In de twee eerste fasen van het Dukan Dieet en tot het Juiste Gewicht bereikt is, biedt de zuiverheid van deze poeders geen doorslaggevende voordelen boven eiwitrijke levensmiddelen – niet in termen van duur en niet in gewichtsverlies.

  In de volhardingsfase, als het dieet slechts een dag per week gevolgd wordt, kan het gebruik ervan nut hebben om het effect van de eiwitdonderdag te versterken, maar ook dan zijn ze niet onmisbaar.

  Wel hebben poeders het voordeel dat ze hygiënisch zijn, makkelijk mee te nemen en te gebruiken in elke willekeurige situatie voor mensen met een drukke of onregelmatige baan, die niet altijd aan tafel kunnen gaan zitten op de normale tijden.

- **De nadelen.** Het eerste en belangrijkste nadeel van eiwitten in poedervorm betreft het feit dat ze kunstmatig zijn. Onder normale omstandigheden is de mens een biologisch wezen dat niet is geprogrammeerd om zich te voeden met poeders. Onze zintuigen en bepaalde delen van onze hersenen brengen ons er spontaan toe ons te voeden met producten met een specifiek uiterlijk, smaak, geur en consistentie. Domweg menselijke voeding!

  En als ik 'menselijk' zeg, is dat geen loze kreet of een intellectuele, filosofische of morele houding maar de uiting van mijn zorg om de effectiviteit.

  Dit is een goede gelegenheid om kort de redenen te analyseren voor de huidige crisis van overgewicht, zoals ik die in dertig jaar praktijkervaring heb kunnen destilleren.

  Ja, we krijgen last van overgewicht als we te veel eten en niet meer voldoende bewegen. Maar wat zeggen we na deze constatering? We staan bloot aan een overvloedig aanbod van levensmiddelen en aan de verleiding van een zittend bestaan. Maar waarom ontsnappen dan veertig op de zestig Fransen aan overgewicht, terwijl twintig zich erin storten? We weten wel hoe we dik worden, maar niet waarom. Waarom eet een derde van de Fransen te veel zonder voldoende te bewegen en neemt hun gewicht toe?

Misschien ben je nu verrast, maar het is wat ik oprecht geloof omdat ik het elke dag en praktisch bij elke patiënt zie die me komt consulteren. Twintig miljoen Fransen worden dik omdat ze zich niet kunnen aanpassen aan de reële problemen van het moderne leven. Het is een snelle, rijke, comfortabele manier van leven, die echter aan een derde van de bevolking niet genoeg levensvreugde, voldoening of kans op ontplooiing schenkt. Tijdelijk of ingesleten, toevallig of structureel heeft dit gebrek aan authentieke levensvreugde effect op de kwaliteit van het bestaan voor twintig miljoen Fransen die in eten een extreem effectieve uitweg vinden. Verder speelt bij deze ontevredenheid en moeite om zich aan te passen aan het moderne leven het teloorgaan van het natuurlijke, het instinctieve, het menselijke een rol. En daarmee zijn we weer bij de poeders die ons nog een stap verder in het kunstmatige dwingen en dat op een fundamenteel en instinctief terrein dat direct na het orgasme de sterkste emotionele lading voor de mens heeft: voeding.

Een wit poeder, ook al is het gezoet en van aroma voorzien, geeft ons lichaam geen enkele stimulans. Eten is dan wel het innemen van een bepaalde dosis energie en voedingsstoffen, maar het is vooral – en steeds meer naarmate de behoefte groeit om de stress van het hedendaagse leven te compenseren – een vorm van basaal genot door onze zintuigen en instincten te bevredigen.

Alle voedingsdeskundigen hebben door schade en schande geleerd dat langdurige kuren van eiwitten in poedervorm in de toekomst zullen zorgen voor onvermijdelijke aanvallen van boulemie, de bij uitstek instabiele situatie die elke hoop op stabilisatie uitsluit.

Om die zwaarwegende en fundamentele reden mag dit type voeding slechts af en toe gebruikt worden.

Ik zal de andere nadelen hier slechts aanstippen, want ze zijn technisch van aard en hebben slechts betrekking op wie onvoorwaardelijk in deze poeders gelooft en op neofieten overtuigd door de reclame dat ze zeer snel zullen afvallen. Dat is natuurlijk ten dele waar, maar ze zullen nog sneller weer aankomen en dus voor altijd hun gewicht hebben ontregeld.

- Het eerste nadeel is de prijs. Afvallen met zakjes is heel duur.
- Het tweede nadeel: de ongeëvenaarde zuiverheid en kwaliteit. Plantaardige eiwitten die vaak niet compleet zijn, moeten worden vermeden. Je moet het bij dierlijke eiwitten houden. Bovendien mag je zuivere eiwitten niet verwarren met maaltijdvervangers waarvan de samenstelling van eiwitten, vetten en suikers vergelijkbaar is met een willekeurige traditionele maaltijd – maar dan zonder het plezier.
- Het derde nadeel: het totale gebrek aan vezels, wat zorgt voor een zorgwekkende constipatie.

Concluderend, om af te vallen en langdurig te gebruiken bezitten eiwitten in poedervorm een aantal grote en ernstige nadelen. Bij tijdelijk of eenmalig gebruik kunnen ze echter nuttig zijn om een nog grotere dreiging uit te sluiten, zoals een maaltijd met hoog risico, een snack of een maaltijd overslaan.

Het afzweren van de lift

Deze opdracht vormt een integraal onderdeel van mijn stabilisatieplan. Iedereen, vooral hij of zij die veel is afgevallen en bekend is met de moeite die dat kost en de voldoening die dat geeft, moet bereid zijn de uiterst simpele investering te doen om nooit meer de lift te nemen. Waarom zou je in een tijdperk waarin dure fitnessapparaten worden verkocht en het lidmaatschap van de sportschool een aanslag pleegt op het budget, de trap niet beschouwen als een gratis oefening die je bovendien makkelijk kunt inpassen in je dagelijkse activiteiten. Ik heb er dan ook een gewoonte van gemaakt om het traplopen boven aan mijn recepten te vermelden en ik heb gemerkt dat het eindeloos veel effectiever is.

Traplopen is de activiteit die de spieren van het organisme het meest laat samentrekken en het lichaam in korte tijd een aanzienlijk aantal calorieën laat verbruiken. Bovendien geeft deze beweging het hart van de stedeling met zittend werk de kans om regelmatig van ritme te veranderen – een uitstekende oefening voor het lijf.

Deze opdracht verbergt echter – achter de opzet om een duurzame basis voor de verbranding van calorieën te leggen – nog een andere, diepere betekenis. Het geeft de diëter de kans om meerdere malen per dag zijn vastberadenheid te testen om nooit meer aan te komen.

Onder aan een trap, op gelijke afstand van de deur van de lift en de eerste treden, staat iedereen die zijn gewicht stabiel wil houden voor de symbolische keus die hem in staat stelt die vastberadenheid te meten.

De leuning beetpakken en met enthousiasme de trap oplopen is een eenvoudige, nuttige en logische keuze, een soort knipoog van de lezer naar mij om me te laten weten dat hij in mijn dieet gelooft, er baat bij heeft en dat het bij hem past.

De lift nemen met het smoesje dat je te laat bent of je tas te zwaar is, is een teken van de eerste verslapping die alleen maar erger kan worden. Een stabilisatieplan waarvoor je niet bereid bent een bescheiden investering te doen, is gedoemd te mislukken.

Kies dus zonder te twijfelen voor de trap.

Drie eetlepels haverzemelen per dag voor de rest van je leven

In het eerste deel van dit boek ben ik al uitgebreid ingegaan op haverzemelen, evenals in mijn boek *Mon secret minceur et santé* (uitgeverij J'ai lu), waarmee volgens mij alles gezegd is. Toch zal ik er nog een praktijkvoorbeeld aan toevoegen. Ik heb onder patiënten, lezers en internetsurfers die het Dukan Dieet volgden, de beste resultaten op de lange termijn en langdurige stabilisatie gezien bij hen die regelmatig haverzemelen gebruikten – en dan in het bijzonder de pannenkoeken waarvan ze er twee per dag vast op hun menu zetten, één 's ochtends en één halverwege de middag.

Ik denk dat haverzemelen, naast de effecten van verlies van calorieën en verzadiging, een soort bewakers vormen, net als traplopen en de balansdonderdag, die je in de gaten houden, je bewijzen dat je nog steeds op de juiste weg bent en dat je de wapens in handen hebt om eventuele gevaren te trotseren.

In de praktijk moet je voortaan gewoon 3 eetlepels per dag eten. Niets belet je echter om een vierde te nemen als je daar op een dag zin in hebt.

Een kleine waarschuwing bij gebruik

Omdat haverzemelen een remmende werking hebben op het opnemen van voedingsstoffen, krijg ik vaak de vraag of ze geen soortgelijk effect hebben op onze opname van vitaminen en bepaalde medicijnen. Het antwoord is ja. Maar dit effect is te verwaarlozen, want we krijgen steeds slechts een kleine dosis vitaminen of medicijnen naar binnen. En tot aan de dosis van 3 eetlepels per dag hoef je nergens bang voor te zijn. Ik heb echter bij bepaalde patiënten kunnen constateren dat deze dosis makkelijk overschreden wordt. In die gevallen is het wel beter om een extra vitaminesupplement te slikken of, wanneer je medicijnen moet innemen, een uur te wachten nadat je de haverzemelen hebt gegeten (nogmaals: alleen als je de dosis van 3 eetlepels overschrijdt).

Samenvatting en geheugensteun van de definitieve volhardingsfase

1. Ga zes dagen van de week weer gewoon eten en bouw een veiligheidsplatform in gebaseerd op de levensmiddelen uit de stabilisatiefase.
2. Vergeet niet wat je geleerd hebt tijdens dit dieet en koester de verworven reflexen.
3. Houd je de rest van je leven strikt aan de balansdag: de eiwitdonderdag.
4. Leef alsof er geen liften bestaan.
5. Neem ook elke dag gedurende de rest van je leven 3 eetlepels haverzemelen.

Als je ook maar een van deze vijf maatregelen verwaarloost, neem je het risico de beheersing over je gewicht kwijt te raken. Als je ze allemaal laat varen, kun je ervan verzekerd zijn dat de kwijtgeraakte kilo's er vrij snel weer aan zitten.

Persoonlijke afstemming en begeleiding

Twee belangrijke succesfactoren die het project 'afvallen' beschermen

Ik schreef dit extra hoofdstuk voor de Franse uitgave van september 2008 en voeg er nu elementen aan toe die zich in de afgelopen twee jaar hebben aangediend. Ik doe dat om mijn lezers op de hoogte te houden van onderzoeken en ontwikkelingen omtrent mijn methode, die gerealiseerd zijn sinds de eerste editie.

Ik schreef dit boek in 2000 en het werd een succes dat ik iedere auteur met een boodschap oprecht toewens. Het was het achttiende boek dat ik schreef en een waanzinnig avontuur. Het boek werd in een paar jaar een standaardwerk op dieetgebied, een boek dat zijn weg helemaal alleen heeft gezocht en gevonden, en mijn trots en vreugde is geworden.

Het verscheen in alle stilte en kende een eerste jaar zoals dat van alle boeken die niet worden gepusht via de massamedia en de landelijke pers: de dreiging van de hakbijl en vergetelheid.

In het tweede en het derde jaar vond en veroverde het zijn publiek. Er trad een zeldzaam fenomeen op dat ik noch mijn uitgever kon duiden: de verkoop steeg explosief en bereikte een niveau dat zelden is weggelegd voor een Franse auteur, waardoor het in 2007 net achter Harry Potter eindigde.

Fora

Het boek dankt zijn succes aan het enthousiasme van – oorspronkelijk – een klein groepje lezers dat er baat bij had, het onophoudelijk promootte en er graag over wilde vertellen op het internet. In een periode van vier jaar werden 144 sites, fora en blogs opgezet door anonieme vrijwilligers, voornamelijk vrouwen, die de echte onderwijzers van mijn methode zijn geworden. Het begon allemaal met een berichtje van de mythische 'filles de mai', of 'mei-meisjes', op het forum van www.aufeminin.com waarvan ik het bestaan niet vermoedde tot een patiënte er tijdens een consult over sprak. Je kunt je voorstellen dat ik niet kon wachten om te kijken wat daar allemaal gebeurde. Destijds was dit nog vrij nieuw. Ik las daar verhalen van onder andere Sopranos, een pseudoniem, die 30 kilo afgevallen was na het lezen van dit boek dat je in handen hebt en er zo tevreden over was dat haar blijdschap en empathie aanstekelijk werkten. Of van Israella, een jonge Israëlische moeder van twee dochtertjes, voor wie ze besloten had om af te vallen. En dan waren er nog Eve, Vahinée, Maritchou en vele anderen van wie ik de naam vergeten ben.

Twee jaar later crashte het forum, overspoeld door te veel toegevoegde partijen en gebruiksters. Het zaaide zich echter verder uit over het internet naar gerenommeerde sites, zoals www.doctissimo.fr, www.seniorplanet.fr, www.supertoinette.fr, enz.

Vervolgens creëerden slimme en technische vrouwen hun eigen sites – met de grappigste namen – en bloeiden de 'Dukanons', de 'Dukanettes', 'les Filles du Docteur Dukan', de 'Dudufamilie', 'les Duduches', enz. op. En daarnaast waren er nog de blogs waarin mij regelmatig toegenegen trouw werd betuigd.

Internationaal

Tegelijkertijd is de methode bekend geworden in andere landen en culturen. De rechten zijn aangekocht door Nederlandse, Engelse, Italiaanse, Koreaanse, Thaise, Spaanse, Braziliaanse en Poolse uitgevers.

Evenzozeer als het Franse succes van de methode die ik had gecreëerd en ambachtelijk had bijgeschaafd voor mijn patiënten en daarna voor het grote lezerspubliek, troffen me het succes en de weergalm op de diverse fora en in de pers van zo totaal andere culturen als de Braziliaanse en Koreaanse.

Ik kreeg na het verschijnen van de buitenlandse edities veel brieven van gebruikers, journalisten en artsen die me sympathie betuigden en die het hadden over de kwaliteit van met de methode behaalde resultaten. Allen gaven aan dat de methode – hoe Frans ze ook was – heel natuurlijk en universeel op hen was overgekomen.

De 100 levensmiddelen waarop de eerste twee feitelijke vermageringsfasen zijn gebaseerd, zijn alle geput uit een menselijk voedingspakket. De 72 eiwitrijke producten en de 28 groenten vormen de basis van de voeding van een natuurmens, de eiwitjager en de groenteteler. Ik ken geen land op aarde waar deze levensmiddelen niet worden gegeten.

Verder komt de aan de producten gekoppelde term 'naar believen' tegemoet aan een natuurlijk instinct van elk levend wezen. Als we honger voelen, moeten we eten tot de honger gestild is, dat wil zeggen tot het biologische evenwicht is hersteld. Die behoefte wordt dwingender als er een verlangen of een innerlijke drang van psychische en affectieve orde meespeelt. Juist tellen van de calorieën in de beschikbare en verleidelijke voeding, en zelfbeperking ten aanzien van eten is tegennatuurlijk en frustrerend.

EEN TERZIJDE OM KORTE METTEN TE MAKEN MET HET CALORIEARME DIEET

Tegenwoordig – na 35 jaar dagelijkse ervaring met de behandeling van overgewicht en obesitas op basis van voeding – ben ik ervan overtuigd dat een van de redenen voor het falen van de strijd tegen overgewicht overal op aarde te maken heeft met de verbetenheid waarmee de mens zich aan caloriearme diëten blijft onderwerpen.

In theorie is dit het meest logische dieet, maar in de praktijk een van de ergste. Waarom? Omdat het stoelt op een model dat volledig ingaat tegen de mentaliteit van mensen met gewichtsproblemen. Het lijkt of het gekwantificeerd verminderen van calorieën alleen rekening houdt met de reden en de kille logica van cijfers. En het negeert het effect van emoties, genot en de behoefte om zintuiglijk te compenseren, die juist verklaren waarom we aankomen.

Het caloriearme dieet stelt dat je te veel, te slecht of te vet eet. Dat klopt, maar het verklaart niet waarom je dat doet. En het voegt eraan toe dat je aankomt, omdat je te veel calorieën inneemt en dat je zult afvallen als je dat aantal terugbrengt.

Medische deskundigen die deze diëten voorschrijven, zeggen tegen je: 'Ik schrijf je een dieet voor van 1800 of 1500 of 1200, 900 zelfs 600 calorieën. Tel alles wat je eet bij elkaar op en zorg ervoor dat je dit aantal niet overschrijdt.' Deze ijking die doet denken aan het aanbestedingsplan voor een nucleaire installatie is in zwang sinds 1947, de eerste datum die ik heb kunnen traceren in de literatuur.

Alles maar in kleine hoeveelheden en de hele dag door elk levensmiddel tellen om niet de toegestane som van alle calorieën te passeren. Dit recept is precies het tegendeel van wat zich afspeelt in het hoofd van iemand die aanleg heeft voor overgewicht. Als het mogelijk zou zijn dit recept te volgen of alles af te wegen als een apotheker, dan zou diegene waarschijnlijk nooit gewichtsproblemen gekend hebben.

Ook al lukt het sommige diëters wel, dan is dat alleen maar omdat ze buitengewoon gemotiveerd zijn en bereid zijn van identiteit en karakter te veranderen gedurende de periode van afslanken.

En wat gebeurt er wanneer het gewenste gewicht onverwachts toch wordt bereikt? Kun je aan iemand met gewichtsproblemen, omdat hij altijd heeft gegeten zonder te tellen, vragen om een calorieënrekenmeester te worden?

Als praktiserend arts heb ik vrijwel altijd te maken met vrouwen en mannen die met voeding leven in de verhouding van 'alles of niets', van 'ik ben alleen maar goed in extremen' of van 'ik kan nu eenmaal niets half doen'. Wat hun gewicht betreft zullen ze eerlijk toegeven dat ze van het strengste dieet zomaar kunnen overgaan op de volledige overgave, op 'maak niet uit wat'.

Om dit tegennatuurlijke, contraproductieve dieet vol te houden bijt een adept zich vast in een toverwoord: EVENWICHT. Eet uitgebalanceerd. Maar iemand met overgewicht was nooit dik geworden als hij uitgebalanceerd had kunnen eten. Denk je dat er ergens op de wereld een persoon rondloopt die eropuit is om dik of zwaarlijvig te worden? Ik heb er in elk geval in 35 jaar nog nooit een ontmoet. Als iemand gewichtsproblemen krijgt, komt dat omdat hij tegen wil en dank geen weerstand kan bieden aan de drang om eten in zijn mond te stoppen. Als je van deze persoon verlangt dat hij niet meer dan 900 calorieën eet, beledig je hem in zijn ontreddering en zijn leed. De caloriearme diëten bestaan dit jaar 64 jaar. Overal waar ze worden gepredikt, mislukken ze, maar de adepten die ze nog steeds gebruiken, willen hun nederlaag niet aanvaarden.

Bovendien sluiten dergelijke diëten per definitie elke hoop uit op stabilisatie van het verworven gewicht.

Het enige geval waarin een caloriearm dieet niet contraproductief werkt, is het dieet van de Weight Watchers, dat onder het mom van een puntendieet het tellen van levensmiddelen voorschrijft. Maar in het aanbod van Weight Watchers was niet zozeer het dieet vernieuwend en effectief, maar het systeem van bijeenkomsten, dat ooit een ware revolutie was. Het is de enige organisatie die erop kan bogen de opmars van overgewicht mondiaal te hebben beperkt. Toch is het caloriearme dieet zonder reële begeleiding in feite systematisch gedoemd te mislukken. Net zoals bij het dieet met zakjes poeder, maar dan om andere redenen, begint het enthousiasme af te nemen, want de gebruikers van tegenwoordig kunnen zich informeren en hun ervaringen doorgeven via sites, blogs, fora en twitter. Ik hoop dat door de druk van mannen en vrouwen die nu een dieet moeten volgen de diëten van vroeger van het toneel zullen verdwijnen.

Het Bulgaarse fenomeen
Toen begon wat ik het 'Bulgaarse fenomeen' noem. Een Bulgaarse uitgever kocht de rechten voor dit boek. Bij gebrek aan middelen om het te promoten, zette hij het zonder toeters en bellen in de markt. Het eerste jaar leverde het magere verkoopcijfers op. De uitgever maakte zich al op om het op te geven toen het boek – op zijn gebruikelijke manier: van mond tot mond – aan zijn opmars begon. Binnen enkele maanden was mijn boek het meest verkochte in het land. De belangrijkste krant van Sofia vroeg me om een interview met zijn redactrice in Parijs en bracht een speciale bijlage van vijf pagina's die de lont in

het kruitvat stak. Ik zat midden in een vuurwerk dat ik tot op heden nog niet snap, maar dat zorgde voor een van de geweldigste perioden in mijn leven. Bulgarije* is een van de armste landen van Europa, net uit zijn winterslaap gekomen, en er zijn negen miljoen Bulgaren die in vuur en vlam staan voor mijn methode!

Ondanks deze anekdote, hoe verbluffend ook, ben ik me gaan realiseren dat de methode inmiddels niet meer van mij is. Ze is mij in feite ontgroeid en behoort nu toe aan alle mannen en vrouwen die haar nodig hadden en hebben om af te vallen. Ik had het geluk haar te mogen samenstellen, maar ze moet nu haar eigen leven gaan leiden, omdat ze een toekomst voor zich heeft – en alle bereidheid en alle middelen om haar te verspreiden zijn welkom.

DE PERSOONLIJKE AFSTEMMING: TOEGANG TOT DE PERSOONLIJKE REDENEN VOOR OVERGEWICHT, EEN DOORSLAGGEVEND RESULTAAT

Twintig miljoen verschillende gevallen

In Frankrijk leven twintig miljoen mensen met overgewicht en een paar honderd diëtisten. In deze verhouding schuilt de huidige valstrik in de strijd tegen overgewicht. Alles is al gezegd en herhaald, tot aan de toverspreuk van de cijfers en hun opmars aan toe, maar er is al lang niets meer gedaan, geen enkele actie ondernomen, geen bres geslagen in dit bolwerk van lijden en malaise.

Op zoek naar een manier om het effect van dit boek en zijn methode te verbeteren, kreeg ik een bijzonder idee. Dat idee berustte op het onmiskenbare feit dat – ongeacht de motivatie van en implicaties voor mijn lezers – mijn methode vaak effectiever was gebleken als ik de hele operatie persoonlijk stuurde, in een een-op-eencontact met de patiënt. Ik zeg 'vaak', want ik heb vele getuigenissen van lezers

---

* Sinds 2008 doet Polen het nog beter dan Bulgarije. Daar is mijn boek inmiddels het meest verkochte werk van alle categorieën bij elkaar.

gekregen die afvielen met alleen dit boek als routebeschrijving en kompas. Maar het lijkt me duidelijk dat als er een direct contact mogelijk zou zijn met de bedenker van de methode, dit nog meer steun zou geven en de diëter in staat zou stellen de stabilisatiefase met nog grotere energiereserves en motivatie aan te gaan.

De reden hiervoor is simpel: we komen allemaal op de een of andere manier aan, omdat we te veel, of te vaak of iets slechts in onze mond stoppen. Als ik zeg op 'de een of andere manier', dan bedoel ik dat iedereen dat doet op zijn manier en om zijn eigen redenen. En hoewel het mogelijk is om af te vallen met een algemene methode, is het effectiever om de bundel van die persoonlijke redenen erbij te betrekken, de persoonlijke gewichtsgegevens van degene die zich opmaakt om af te vallen.

Bovendien is het makkelijker om af te vallen op basis van jezelf en je eigenaardigheden dan volgens een standaardrecept. Er zijn zaken die altijd goed zijn om te noemen en te herhalen!

Een waanzinnig idee: een prinsessenidee

Het heel logische idee waar ik hier op doel, kreeg vorm toen een van mijn patiënten – een prinses uit Koeweit, even mooi, rijk als nukkig en... met gewichtsproblemen – me opbiechtte dat ze altijd had gekregen wat ze wilde in het leven, maar dat één obstakel haar horizon versomberde, waarna ze de volgende verrassende zin uitsprak: 'Ik heb altijd gekregen wat ik wilde door te betalen, maar ik vind geen enkele huurling die het dieet in mijn plaats kan volgen.'

Toen ze op een dag zag dat ik notities maakte in haar dossier, vroeg ze me waarom ik alles opschreef wat ze tijdens de consulten vertelde. Ik antwoordde haar dat elk geval uniek was en dat ik door de persoonlijkheid van de patiënt te bestuderen beter in staat zou zijn om hem of haar te helpen, vooral door te weten wat er in zijn of haar manier van leven, gewoonten en gedrag zou moeten veranderen om te voorkomen dat hij of zij weer aan zou komen.

'Akkoord, maar ik zou die aantekeningen ook willen hebben omdat ze over mij gaan.' En na even nagedacht te hebben voegde ze eraan toe: 'U kunt het nog beter doen, neem alle aantekeningen en maak een boek over mij, alleen over mij en mijn geval. Vraag zo veel geld als u wilt, u weet dat dat voor mij geen probleem is.'

Meer dan het salaris interesseerde het mij als project, want het maakte diep in mij dat oude dwaze idee wakker dat me al zo lang bezighield: het schrijven van een uniek en persoonlijk boek voor wie dat wenste. Een complete studie van het overgewicht met de bijbehorende persoonlijke redenen, de persoonlijke relatie tot het gewicht, het lichaam, de voeding en de daarbij behorende emoties. Ik wilde de redenen voor het overgewicht aan het licht brengen om ze recht te zetten of te corrigeren. En tot slot wilde ik mijn vermageringsplan aan haar specifieke geval aanpassen om haar te helpen af te vallen en te voorkomen dat ze weer zou aankomen.

Ik heb me erop toegelegd na te gaan welke redenen ervoor zorgen dat iedereen voeding op zijn eigen manier gebruikt en al doende heb ik veel geleerd over het deel van de ijsberg dat onder water zit: waar levensmiddelen zijn gaan afwijken van hun primaire voedende functie om een veel kostbaarder voedsel te verschaffen, namelijk genot en het wegnemen van onbehagen. Juist in die afwijking van de voedende functie verschillen we fundamenteel van mens tot mens.

Na drie maanden had ik al een schets van mijn boek. Het project kostte me echter veel tijd en ik begon er genoeg van te krijgen. Ik stuurde haar een vijftigtal bladzijden en excuseerde me min of meer voor het magere resultaat.

Toen ik haar enkele maanden later weer zag, was ze vrolijk en vertelde ze me tot mijn verbazing dat ze was afgevallen en dat de opmerkingen over haar persoon ertoe hadden geleid dat ze een paar van haar gedragingen en gewoonten had omgebogen en een paar van haar minder goede reflexen had veranderd – en daarmee haar eetgedrag en haar gewicht. Je moet nu niet denken dat ze opeens superslank was, maar ze had inzicht gekregen in haar gedrag en was daardoor enkele kilo's kwijtgeraakt, wat die paar bladzijden een bijna magische waarde gaf.

Ze vroeg me door te gaan en ik was bereid het te proberen, niet alleen voor haar, maar om het 'vorstelijke' project open te stellen voor iedereen die er misschien nog meer behoefte aan had dan zij.

Van de prinses naar de ICT-deskundige

Om dit project vorm te geven heb ik me gewend tot de informatica, de nieuwe technologieën en kunstmatige intelligentie. Ook heb ik voor dit fascinerende maar enigszins dwaze idee andere artsen weten te winnen, allemaal vrienden met bovendien een specialisatie die te maken heeft met overgewicht.

Samen en uit vrije wil hebben we duizenden behandelde gevallen bestudeerd, geanalyseerd en er alle relevante parameters uitgepeuterd die volgens de individuen te maken hadden met gewichtstoename. Ook werden er databases ingevoerd met 27.000 bladzijden gegevens, verzamelde informatie door alle hulpverlenende instanties, universiteiten en onderzoekscentra waar overgewicht werd behandeld.

De ICT'ers vroegen ons toen om een onderzoeksenquête, een matrix waarmee zij de individuele vergelijking konden onderzoeken, sector voor sector, te beginnen bij geslacht en leeftijd tot aan zelfbeeld via smaak, favoriet voedsel, gezins- en beroepsleven, enz.

De verwerking van de antwoorden maakte het mogelijk de individuele redenen voor elke toename van gewicht te lokaliseren en te rangschikken op volgorde van belangrijkheid. In feite kwam het neer op een individuele diagnose van het overgewicht om een specifieke oplossing aan te kunnen dragen. Er ontstond een persoonlijk opgesteld dossier, gezet en gedrukt in boekvorm, in alles vergelijkbaar met een gewoon boek, maar dan gericht tot één lezer en over één onderwerp: zijn persoonlijke overgewicht.

Op een dag liet de projectleider ons komen en gaf ons de eerste demonstratie. Een van mijn vrienden vulde de eerste vragenlijst in. Daarop ging het programma aan het werk en een hele nacht bezig met de verwerking. De volgende dag werden we verrast met het eerste *Boek van Mijn Gewicht*, het boek van Aliza, die van ontroering geen woord kon uitbrengen. De volgende stap was de lancering van

de website www.livredemonpoids.com in Frankrijk en de website
www.librodemipeso.com in Spanje en www.myweightbook.com in
de Verenigde Staten.

De eerste gebruikster die online haar persoonlijke exemplaar ver-
wierf, heette Christiane, een jonge ICT'er met overgewicht. Zij bezit
dit boek, deels dossier, studie en routeplanner. Het is een historisch
prototype, het eerste boek uit de geschiedenis van de uitgeverij voor
een enkele lezer. Ik heb er een persoonlijke opdracht in geschreven en
sindsdien is ons contact uitgegroeid tot samenwerking.

Sinds april 2004 kan iedereen met gewichtsproblemen, na het
invullen van de 154 vragen op de site, binnen 8 à 10 dagen een bron-
nenstudie thuis ontvangen van 250 à 350 bladzijden, afhankelijk van
de ernst van het geval, waarin alles wat zijn overgewicht heeft bepaald
is onderzocht en geanalyseerd. Op basis van dit onderzoek wordt de
geschiktste strategie geopperd waarmee dit individu zo snel mogelijk
kan afvallen met de optimale verhouding tussen effectiviteit, frustratie en duur, en de grootste kans op duurzaam resultaat.

We waren trots op het eerste boek voor een enkele lezer, een boek
dat de traditionele manier van uitgeven, gericht op het grootste aantal lezers, verruilde voor een nieuwe manier van schrijven. Een boek
voor een enkele lezer over een specifiek thema: zijn overgewicht. En
we waren met dat thema begonnen omdat we dat het beste kenden.

Bereikte resultaten

Toen het programma startte in 2005 besloten we het belang van het
boek voor een enkele lezer te testen op de eerste 10.000 inschrijvingen,
die we om de 6 maanden volgden. De statistieken na 18-24 maanden
lieten heel goede resultaten zien qua gewichtsverlies, vergelijkbaar met
die verkregen met de beste toenmalige diëten, uitgevoerd onder goede
omstandigheden en onder medische controle.

Maar voor de uiterst strategische periode na het afvallen en voor de
stabilisatie van het verloren gewicht vertoonden de verkregen resultaten opmerkelijke verschillen. De resultaten na twee jaar lieten zien dat
het bereikte gewicht in 63 procent van de verzamelde gevallen was

gestabiliseerd tegen een traditionele kans op slagen van 5 procent en 95 procent mislukkingen.

Dat succes schreven we toe aan het feit dat wie een studie van zijn gewicht krijgt, uitgevoerd door een professioneel team, en zich op elke bladzijde, in elk argument, elke raad en zelfs in elk recept herkent, heel duidelijk begrijpt wat zijn zwakke punten zijn en waarom hij zou moeten accepteren dat bepaalde slechte gewoonten gecorrigeerd moeten worden met de juiste middelen. Hij krijgt een routebeschrijving die hem naar zijn Juiste Gewicht zal leiden op basis van zijn sterke en zwakke punten, van zijn persoonlijkheid, zijn jeugd en zijn vermogen om op te bloeien op een andere manier dan door te eten.

Dat alles was mogelijk door de verfijning en de complexiteit van de middelen waarmee we zoiets simpels maakten als een 'voor jou geschreven boek'.

Welke erkende hulpverlener kan tegenwoordig voldoende tijd vrijmaken om 154 pertinente vragen te beantwoorden?

Wie heeft bovendien de tijd om de antwoorden te verwerken en het geval te analyseren van de persoon die de antwoorden gegeven heeft?

En wie beschikt, na deze unieke service, over het vermogen om te redigeren en over de toon en de aanstekelijke overtuiging die noodzakelijk zijn om een zo gedocumenteerde diagnose tot leven te brengen?

Welke drukker tot slot zou een dergelijk werk in één exemplaar drukken en dat thuis laten bezorgen bij de persoon die het besteld heeft?

Dat hebben wij gedaan, allemaal samen onder de noemer van passie en plezier om te vernieuwen en 'iets ongekends en efficiënts' op te bouwen in een wereld waarin alles al gezegd lijkt.

Wij hebben het gedaan en zonder de financiële middelen en de administratie die elk verkennend project droogleggen en verlammen, want wij waren met velen, we hadden een passie, waren allemaal vrijwilligers, 32 artsen, 4 ICT-deskundigen en een geniale sitebouwer, grafici, contactpersonen en een menigte mensen van goede wil.

De persoonlijke afstemming op grote schaal, de kosten, de democratisering

Desondanks kende het *Boek van Mijn Gewicht* een kostenpost die zijn expansie heeft geremd. Het drukken van unieke exemplaren, verzendkosten, het registreren van de site en vooral het terugbetalen van de gezamenlijke investeerders maakten een prijs 59 euro nodig, alleen al om het economisch te kunnen bolwerken. Dat was weinig als je nagaat wat het vertegenwoordigde en opleverde, maar veel voor sommige mensen die het bestelden. Nu de aanvangsinvesteringen zijn afgelost en de financiers vertrokken, is het mogelijk om het boek in de digitale versie voor minder dan de helft te verspreiden. Dat is onze grote overwinning en het is niet uitgesloten dat we het in de toekomst voor nog minder kunnen doen. Tijdens de Week van de Strijd tegen Overgewicht hebben we 10.000 boeken gratis uitgedeeld en we willen proberen dat te herhalen onder auspiciën van de Europese Gemeenschap en de WHO.

DE PERSOONLIJKE BEGELEIDING: INDIVIDUELE BEGELEIDING, EEN KADER EN STURENDE, COMPETENTE EN ZEKERHEID BIEDENDE HULP, MET ELKE OCHTEND DUIDELIJKE PRECIEZE OPDRACHTEN, EN ELKE AVOND EEN UPDATE.

Van 2004 tot 2008 zijn de statistieken over overgewicht wereldwijd aanzienlijk verslechterd. India en China betalen de trieste tol voor hun rijkdom en de ontdekking van de westerse manier van leven.

Ook in Frankrijk is de opmars gemiddeld gegroeid en treft het vooral kinderen en adolescenten. Omdat mijn methode werd gedragen door haar volgelingen, wilde ik er andere middelen aan toevoegen die het effect zouden versterken en zouden helpen deze opmars te stuiten, in een wereld waarin de onverschilligheid op de loer ligt.

Want in feite lijken de politieke leiders, de medici, zij die de macht hebben om in te grijpen in de parameters om de toename van overgewicht aan banden te leggen, al sinds lang verlamd, er althans niet meer in te geloven. Ze lijken het hoofd te laten hangen en zich tevreden te stellen met het herhalen aan eenieder die het horen wil dat het volstaat om minder te eten, meer te bewegen en twee stuks fruit en twee ons groente per dag te eten.

Elk jaar opnieuw wordt de mogelijkheid besproken om reclame voor snacks, uitgezonden op tijden dat er veel kinderen kijken, duurder te maken en de publieke promotie van anorexia te verbieden. Daar blijft het echter bij.

Intussen worden wereldwijd steeds meer patenten gedeponeerd om de fysieke inspanning nog meer te verminderen en nog meer tijd te winnen. Het is een frontale aanval op de slanke lijn, doordat de inspanningen afnemen en de stress veroorzaakt door de snelheid van het leven en de compressie van tijd toeneemt.

Er worden nieuwe snacks bedacht, de een nog verleidelijker dan de ander, die als direct marketingargument een gereduceerd gehalte aan suiker, vet en zout gebruiken, een mooie verpakking, argumenten in weloverwogen en berekenende woorden, droombeelden waarin slanke mensen in mooie groene appels bijten terwijl ze hun tailleomvang meten, en dat alles om vetten en snelle suikers te verkopen waarvan we de dikmakende werking maar al te goed kennen.

En tegelijkertijd sterven 35.000 tot 40.000 Fransen elk jaar aan de directe gevolgen van hun overgewicht, getroffen door diabetes of een infarct door overvloed, een tia of kanker gerelateerd aan overgewicht (borstkanker)!

ER MOEST DUS IETS GEDAAN WORDEN, IK HAD DE BEHOEFTE OM TE REAGEREN, OM HET BETER TE DOEN, MEER TE DOEN!

De Amerikaanse pogingen

Uit grote internationale onderzoeken is gebleken dat het volgen en aanreiken van een kader voor een vermageringsplan door de gezondheidszorg een van de belangrijkste wapens is in de strijd tegen overgewicht. De resultaten bleken onmiskenbaar verbeterd, zowel voor het bereiken van het gewichtsverlies als om het te behouden en op de middellange termijn te stabiliseren. Het enige probleem was de rekrutering van miljoenen voedingsdeskundigen over de hele wereld die deze begeleiding zouden kunnen uitvoeren.

Daarnaast werden er talrijke internetsites opgezet die begeleiding aanbieden bij het afslanken door middel van een dieetprogramma en een programma voor lichaamsbeweging.

Als voorzitter van een internationale organisatie die strijdt tegen overgewicht werd ik uitgenodigd om naar de Verenigde Staten te komen om kennis te maken met de nieuwste ideeën op dit gebied. Amerikanen hebben een voorsprong op het gebied van technologische vernieuwing, maar helaas ook op het gebied van gewichtsproblemen en de prangende behoefte om af te vallen.

Ik trof er Amerikaanse collegae – artsen van formaat, die geconfronteerd werden met veel grotere problemen dan de toch al zorgwekkende in Frankrijk – die bijna jaloers waren op onze weerstand tegen overgewicht, op de geringe ziekte- en sterftecijfers ondanks onze manier van leven: de Franse *cuisine* en het feit dat wij onder meer verantwoordelijk zijn voor de uitvinding van mayonaise, camembert en *foie gras*.

Ik bezocht met hen de grootste Amerikaanse sites, die je gewicht online coachen, waarvan sommige, waaronder de meest bezochte, waren bedacht en gerealiseerd met hun hulp.

Op deze sites, die er extreem professioneel uitzien, lees je overal dat de voorgestelde coaching op jou persoonlijk wordt toegesneden, interactief is en wordt gegarandeerd door professionals.

Maar eigenlijk is er helemaal geen sprake van een persoonlijke insteek of interactiviteit. Helaas is geen enkele Amerikaanse begeleidingssite op de specifieke patiënt toegesneden. Wat je overal tegenkomt, is slechts een flauw aftreksel van een gestandaardiseerde methode die in stukjes en beetjes wordt aangereikt als enkele reis voor wie het aandurft. Een soort van prentenboek met geluid en filmpjes.

Zeker, de grote Amerikaanse sites beschikken over een kolossaal financieel vermogen. Ze zijn beursgenoteerd en ze hebben de middelen om hun aanhangers elke dag te overspoelen met een stortvloed aan informatie van goede kwaliteit, recepten, lichamelijke oefeningen, tips, maar niets richt zich specifiek tot JOU. Zo krijgt een echtpaar, man en vrouw, dat zich op dezelfde dag inschrijft dezelfde opdrachten, ongeacht hun leeftijd, geslacht, gewicht of behoefte aan voeding.

Het internet bood hoop door zijn open en interactieve karakter. Het leek echt de begeleiding te beloven die heel veel zou veranderen, omdat het zich kon richten op 1,3 miljard mensen met gewichtsproblemen wereldwijd. Zo'n mondiale uitdaging om de massa persoonlijk te benaderen, had de opmars van het overgewicht kunnen ombuigen. Maar die belofte kon zich niet waarmaken om de eenvoudige reden dat de gestandaardiseerde aanpak de Amerikaanse volgelingen niet leek te ontmoedigen. De behoefte om onder de hoede genomen te worden en een kader te krijgen waren in dit land zo groot dat men zich al tevredenstelde met deze surrogaatoplossing.

Werk in uitvoering

Terug in Frankrijk begreep ik dat de strijd tegen overgewicht moest uitstijgen boven het formidabele communicatiemiddel internet. En mijn ervaring met de ontwikkeling van het *Boek van Mijn Gewicht* kon me hierbij helpen. Ik voelde dat ik een bijdrage kon leveren die de essentie van een nieuw soort begeleiding zou vormen, namelijk de een-op-eenhulpverlening: **jij weet wie ik ben, ik weet wie jij bent en wat je nodig hebt om je doel te bereiken in een zo kort mogelijke tijd en met zo min mogelijk frustratie.**

Dus heb ik me met al mijn enthousiasme op deze nieuwe uitdaging gestort. Ik begon met de overtuiging dat als het mij zou lukken, het nieuwe afvallen het daglicht zou zien, eindelijk een methode met een totaalpakket aan middelen en daardoor in staat de epidemie van overgewicht weerstand te bieden.

Ik deed opnieuw een beroep om mijn vrienden, de 32 artsen die me hadden begeleid bij de ontwikkeling van het *Boek van Mijn Gewicht*, evenals het team van ICT'ers. Het project sprak iedereen aan. Er kwamen zelfs nieuwe mensen bij, Amerikanen en Canadezen.

We hadden expertise opgebouwd, uniek op deze wereld, door het eerste persoonlijke boek te creëren. De begeleiding was een ander probleem. Het ging hierbij niet alleen om het identificeren en duiden van de kleinste details van de gewichtspersoonlijkheid van de diëter. We moesten deze persoon dagelijks volgen, dag na dag, kilo na kilo. We moesten ons aanpassen aan zijn routebeschrijving, aan zijn traject in de jungle van verleidingen, de plaatsen waar hij kwam, zijn reizen, de ziekten die hij opdeed, zijn zakendiners, zijn stress, zijn zwakten maar ook de bergen en dalen van zijn motivatie, kortom aan alles waaruit het leven van een gewoon mens bestaat die zijn gewicht wil aanpakken. En misschien wel het belangrijkste: we moesten hem zorgvuldig begeleiden bij de onvermijdelijke en teleurstellende perioden waarin zijn gewicht gelijk zou blijven, ondanks een correct gevolgd dieet.

Het doel: één persoon tegelijk, dag na dag vanaf de eerste dag voor altijd

Ik legde de lat dus heel hoog omdat ik wilde dat de begeleiding niet alleen dagelijks zou zijn, maar ook **interactief**. Eenrichtingsverkeer, domweg algemene opdrachten of informatie geven, al was het informatie van goede kwaliteit, zou tot de Amerikaanse oplossing leiden. Ik vond het belangrijk dat de regelgever, in dit geval ikzelf, elke avond het verslag van de regelvolger kon inzien om me aan te passen aan zijn dagelijks leven en erop te reageren in de uitwerking van de opdrachten voor de volgende dag.

Hiervoor vielen we terug op de oude werkwijze van het brainstormen, waarna we de bevindingen van de artsen aan die van de informatici koppelden.

Met Amerikaanse specialisten op het gebied van kunstmatige intelligentie lukte het een nieuwe communicatiemethode te creëren en te patenteren, het Canal EARQ – E-mail Aller-Retour Quotidien. Zo kan ik elke dag opdrachten geven en kan de diëter elke avond een compleet verslag opsturen, wat onmisbaar is voor mij om de opdrachten voor de volgende dag aan te passen.

Aanpassing aan de vier fasen van het Dukan Dieet

Deze dagelijkse interactieve begeleiding waakt vanaf de eerste dag van de aanvalsfase over de gebruiker om hem nooit meer in de steek te laten.

Dag na dag, e-mail na e-mail, doorloopt de begeleiding de cruisefase tot aan het Juiste Gewicht. Maar dat volstaat nog niet, want wie hier ophoudt zonder de twee volgende fasen te volgen, kan ervan verzekerd zijn weer net zo hard aan te komen.

Daarna gaat de begeleiding dus over naar de stabilisatiefase, dat wil zeggen tien dagen per afgevallen kilo.

Maar anders dan wat er tot op heden altijd gebeurde en wat zo veel mislukkingen tot gevolg had, houdt de begeleiding daar niet op. Ze gaat door tijdens de vierde, zogenoemde volhardingsfase. Deze zo vaak onderschatte fase mag nooit stoppen: een diëter geneest immers nooit helemaal van zijn overgewicht, dat de gewichtsdrempel die iedereen in zich heeft voorgoed veranderd heeft.

Ik weet dat niemand houdt van het woord 'altijd' als het gaat om beperking van het eten. En bovendien, als je het waagt om een oneindige dienst aan te bieden, mag die niets of slechts een symbolisch bedrag kosten.

Verder moest de geboden omkadering discreet maar oplettend zijn, soepel en welwillend maar waakzaam, in sluimerstand maar klaar om alarm te slaan en tegenmaatregelen te nemen. Wie net is afgevallen en zich in rustig vaarwater bevindt, moet zich realiseren dat er ook stormen kunnen opsteken, onvermijdelijke 'moeilijke momenten' waarop je je wilt vastklampen aan het houvast dat eten je biedt. De grote meerderheid van mensen die weer aankomen in de volhardingsfase betreft mensen die zich van nature makkelijk laten troosten en de problemen van het leven tegemoet treden door te genieten van eten.

Begeleiding met een menselijk gezicht

Op deze moeilijke momenten hebben we het meeste behoefte aan een geruststellende aanwezigheid en strakke richtlijnen. De begeleiding met een menselijk gezicht biedt dan de beste mogelijkheden. Ze heeft de taak strengheid en empathie te bundelen om drama's en zelfverwijten te voorkomen, die het oordeel vaak vertroebelen en doen neigen naar berusting.

Ook is het van belang de ontwikkeling van het gewicht te bewaken, de trouw aan de eiwitdonderdag, het lopen en afzweren van de lift en het regelmatig innemen van de 3 eetlepels haverzemelen.

De belangrijkste taak is echter gewichtstoename af te weren en snel en krachtig te reageren bij de eerste kilo die er weer aankomt, voordat het teveel aan gewicht alweer gaat ontmoedigen. Er zijn dan 'geleidelijke tegenmaatregelen' nodig, afgestemd op het aantal aangekomen kilo's.

In de wetenschap dat er ooit een oplossing komt voor dagelijkse problemen, is een positief zelfbeeld van belang. Zelfwaardering is onmisbaar om een positief project te kunnen doorzetten. Daartoe is empathie nodig, en de daarvoor geschikte woorden.

De rechtstreekse dagelijkse chat van een uur

Voor die empathie en om deze begeleiding een menselijk gezicht te geven, geef ik haar mijn gezicht, mijn affectieve handtekening. Daarom ben ik een uur per dag rechtstreeks bereikbaar voor een chat. In dat uur beantwoord ik persoonlijk vragen die patiënten me in mijn loopbaan als arts al vaak hebben gesteld. Negen op de tien antwoorden kennen ze zelf al, maar het gaat erom dat ze de vraag kunnen stellen, dat je luistert, dat ze iemand naast zich voelen die als buffer werkt als ze afdwalen en dreigen te vervallen in risicovolle gewoonten. Ik moet die rol van plaatsvervangende wil vervullen die er zonder te dwingen voor zorgt dat ze hun doel in het oog houden. Dat ligt in mijn aard en ik vervul die rol met veel plezier.

Voor iemand die zin heeft in chocolade is er een wereld van verschil tussen de aangebroken reep op tafel niet aanraken en het ervan afzien omdat er geen chocolade in huis is; het verschil tussen een omzeilbaar verbod en een ontzegging uit noodzaak.

De begeleiding met een menselijk gezicht installeert met beleid deze noodzaak van buitenaf, ze bevrijdt je van zelfbeperking, van die keus die je jezelf zo moeilijk kunt opleggen en die makkelijker te accepteren is van een externe autoriteit. Dat is dus de missie waar ik me dagelijks mee bezighoud: het op het 'rechte pad' houden van mannen en vrouwen die zelf geen tegenwicht kunnen bieden aan alle verleidingen en moeilijkheden van de wereld om hen heen. De eroderende macht van stress en negatieve emoties ondermijnt de enorme voldoening dat we met veel strijd het goede gewicht hebben heroverd. Als we de kans krijgen om 'een lange kalme rivier' af te zakken blijft het gewicht met gemak onder controle. Zodra er echter sprake is van een breuk, opgeven of verraad, ontslag of een persoonlijk conflict, rouw, ziekte, mislukking, grote eenzaamheid, een depressie, dan zal de wijzer van de weegschaal naar de verkeerde kant doorslaan. Elke ochtend hoor ik dat wijzertje dat kraakt als het van kant wisselt. Ik voel dat mensen me nodig hebben, mijn ervaring en mijn troostende woorden. Het geeft me dan ook veel voldoening en een gevoel van trots dat ik kan proberen het antwoord te vinden dat voldoende heil biedt om een terugval te voorkomen.

Stagnatie, hoofdoorzaak van het mislukken van een dieet

In mijn dieet zit, net als in elke strijd, een moeilijk moment waarop het risico op mislukken groter is dan anders: dat moment treedt op in fase twee, de cruisefase.

De aanvalsfase, kort en vlammend, trof een naïef lichaam dat zich liet overrompelen en zonder echte weerstand de 'makkelijke kilo's' en vastgehouden vocht liet gaan.

De volgende, zogenoemde cruisefase treft een strijdbaar lichaam dat vastbesloten is om zijn reserves te verdedigen.

In deze fase wordt dan ook de felste strijd geleverd, waarin de wankele zege makkelijk van kamp verwisselt. 'Ik val 800 gram af, de volgende dag zit er weer 600 aan, het komt en gaat, er verandert niets. Ik ben wanhopig, wat moet ik doen, dokter?'

Deze risicovolle momenten waarin inspanningen niet worden beloond, worden door mijn patiënten hun stagnatieniveau genoemd.

Redenen voor stagnatie

Er zijn vele en uiteenlopende redenen voor stagnatie.

Zo zijn er mannen en vrouwen die zonder het te weten gezondigd hebben tegen hun dieet of die niet alles vermelden in hun verslag dat ze ons elke avond moeten sturen.

Er zijn vrouwen die voor de menstruatie gewoonweg meer vocht vasthouden.

Andere vrouwen kunnen vocht vasthouden omdat ze de vorige dag te zout gegeten hebben of stiekem een glas wijn hebben gedronken.

Er zijn mannen en vrouwen die ontstekingsremmers nemen tegen reumatiek of klachten aan de wervels, die antidepressiva slikken of, erger, neuroleptica.

Ook zijn er mannen en vrouwen die zo veel diëten hebben gevolgd, zo veel zijn afgevallen en weer aangekomen, dat hun stofwisseling uiterst spaarzaam is geworden en hun lichaam resistent is tegen diëten.

Er zijn mannen en vrouwen die geconstipeerd raken van een dieet, tijdelijk aankomen en onvoldoende uitscheiden.

Er zijn vrouwen die zich in de premenopauze bevinden, de periode waarin de kans op gewichtstoename het grootst is en het vasthouden van gewicht vaak gekoppeld is aan een remmende werking van de stofwisseling.

Tot slot is er de schrik van alle diëten: een luie schildklier, die steeds vaker voorkomt en die alle progressie tegenhoudt. Dit zou direct onderzocht moeten worden om grote mislukking te voorkomen.

Zoals je ziet, zijn er allerlei redenen die soms zelfs samen kunnen spannen om gewichtsverlies te vertragen of zelfs te verhinderen.

En juist aan deze perioden van stagnatie ontleent de persoonlijke begeleiding haar bestaansrecht. Ze kan de oorzaak van de stagnatie uitzoeken, uitleggen, laten aanvaarden en een einddatum geven voor de stagnatie, een tijdsindicatie die het mogelijk maakt om rustig af te wachten. En intussen wordt er via de begeleidingsopdrachten alles aan gedaan om de raderen van het afslanken weer in beweging te zetten. Enkele dagen terugkeren naar het aanvalsdieet, meer of minder drinken afhankelijk van het geval, tijdelijk zoute levensmiddelen vermijden, meer bewegen, een 'injectie' van 20, 30, 40, 50 of 60 minuten lopen, constipatie verhelpen met paraffineolie, rabarber of koud Hydroxydase-water op de nuchtere maag, buikspieroefeningen, een afdrijvend middel, meer haverzemelen...

Benut echter je tijd om die stagnatie, die vervelende en tot wanhoop drijvende stagnatie, tot een vriend te maken. Bedenk op moeilijke momenten – als je lichaam zich heeft verschanst in de verdediging, in maximaal verzet – dat alleen al het feit dat je niet aankomt al prachtig is, maar ook dat je lichaam de kleinste verslapping, het geringste teken van zwakte, zal benutten en de gewichtstoename zal verveelvoudigen.

'Doe weer een volle dag zuivere eiwitten, zoals in de superwaakzame aanvalsfase, en vertel me morgen na het wegen het goede nieuws!' Dat is wat een persoon die twijfelt en blootstaat aan verleiding kan verwachten, een belofte, een etappe, een baken, hoop, iemand die naast hem staat en een toon die sterkt en geruststelt. Hoe mooi is de glimlach van een vrouw die je komt bedanken als de stagnatie eenmaal achter de rug is, die er niet meer in geloofde en die, opeens, de wijzer van de weegschaal weer een streepje ziet zakken!

Die begeleiding is naar mij vernoemd: **www.regimedukan.com**. Het programma werkt sinds april 2008 en is mijn grote trots. Het brengt me evenveel vreugde als de consulten in mijn praktijk.

Inmiddels heeft het systeem net zijn tweejarig bestaan gevierd en tonen de resultaten duidelijk aan dat het basisidee goed was. Bijna 40.00 mensen vullen elke avond hun verslag in van de dag en krijgen elke ochtend nieuwe opdrachten. 75 procent van hen logt rechtstreeks in op de chat die ik elke dag met veel plezier ruim een uur doe.

In die 60 minuten neem ik de pols van deze gemeenschap, die vooral uit vrouwen bestaat, die een sturende en ervaren hand zoeken als houvast tijdens het dieet. De meesten van hen zijn begonnen met het lezen van het boek dat je nu in handen hebt. Ze waren er klaar voor om zich alleen en zonder specifieke hulp te storten in het avontuur in etappes dat ik aanreik en gingen met succes aan de slag met de uiterst nauwkeurige routebeschrijving die mijn methode voorstelt. Sommigen – kwetsbaarder dan anderen of met een grotere weerstand omdat ze al vele diëten hebben gevolgd – kregen echter de behoefte aan een kader en schreven zich in voor de begeleidingsservice.

Voor het grootste deel gaat het hier om vrouwen die al jaren tevergeefs gevochten hebben tegen hun overgewicht. Ze geloven niet meer in afvallen, maar verlangen er nog steeds evenzeer naar. Ze zijn vaak hypergevoelig en kwetsbaar op emotioneel en affectief gebied. Ze vinden in voeding een vorm van rust, plezier, veiligheid en een manier om 'simpelweg aardig te zijn voor zichzelf'. Deze vrouwen verlangen vurig naar het verlies van de overtollige kilo's, maar missen de kracht om eten als steun los te laten en de hardheid van elke dag recht in de ogen te zien. Ze kennen zichzelf. Ze weten dat ze niet voldoende gehard en gestructureerd zijn om alleen de onverbiddelijkheid van een vermageringsplan aan te kunnen, maar ze weten ook dat ze heel goed opdrachten kunnen uitvoeren, als deze worden gegeven door een sturende, geloofwaardige en professionele autoriteit.

Om steun te bieden en ervaringen uit te wisselen is er ook een forum opgericht, zoals altijd weer begonnen en tot leven gebracht door vrijwilligers, anonieme mensen, vrouwen die nadat ze van anderen hadden geleerd, zelf een verbindende kracht, 'leraressen', werden en er zelf ook baat bij hebben, want door anderen te helpen, helpen ze zichzelf en bevestigen ze hun kennis en motivatie.

R.I.P.O.S.T.E., de internationale organisatie die ik voorzit en die in Frankrijk de eerste Week van de Strijd tegen Overgewicht heeft georganiseerd in juni 2008, wil in de toekomst, zoals al is gebeurd in Duitsland en Brazilië, aan grote zorgverzekeraars gaan vragen om een deel van de kosten te vergoeden.

Daardoor zou de dienstverlening, zoals nu wordt opgezet voor de begeleiding van diabetici, een beroep kunnen doen op algemene gelden, zonder winstoogmerk. Ik hoop het van ganser harte en ik ben daarover in onderhandeling met grote internationale verzekeraars, want de kosten en vooral het leed dat wordt veroorzaakt door het onophoudelijk toenemende overgewicht, maken een snelle terugkeer van medische steun op dit terrein noodzakelijk.

Overgewicht is een medische kwestie

Huisartsen – verdwaald in de schijnbare overdaad aan diëten, geremd door de verzoeken om hulp die veel tijd vragen en hun pogingen bijna systematisch zien mislukken – laten steeds meer het hoofd hangen als het gaat om de strijd tegen overgewicht.

Veel huisartsen beschouwen overgewicht op zich bovendien niet als ziekte; ze maken zich veel meer zorgen over onverklaarbaar gewichtsverlies.

Een groot aantal artsen beschouwt de wens om matig af te vallen niet als belangrijk genoeg om aandacht aan te besteden. Maar elk geval van serieus overgewicht is ooit begonnen met een licht overgewicht, en het is niet zinvol om te wachten met ingrijpen tot er complicaties optreden.

Onze organisatie R.I.P.O.S.T.E. strijdt dus actief voor steun onder de huisartsen op het terrein van overgewicht. Ze beschikt over een groot aantal medewerkers, empathie en medische competentie. Door goede samenwerking met de huisartsen is deze organisatie in staat om de epidemie van overgewicht echt te bestrijden. Hun betrokkenheid zou ook het misbruik tegen kunnen gaan: al die lieden die gouden bergen beloven, middelen op de markt brengen die geen enkele zin hebben, die mislukking op mislukking stapelen en er alleen maar voor zorgen dat er nog meer kilo's bijkomen.

Deze leken op voedingsgebied maken met hun loze commerciële beloften bewust gebruik van de ontreddering vrouwen en mannen met overgewicht, die daardoor andere oplossingen en kwalitatief goede hulp mislopen.

Vorige week nog ontving ik persoonlijk een reclamefolder die me beloofde dat ik 6 kilo in 28 dagen zou afvallen – waarom 28 dagen? – zonder ook maar te weten wat mijn geslacht is, hoe oud ik ben en nog minder hoe mijn gewicht zich heeft ontwikkeld, maar met een garantie van 92 procent kans op succes. Nog verontrustender was dat deze brief, geschreven door een coach uit de sportwereld, mij verzekerde dat diabetes voor 100 procent kon worden genezen, evenals een te hoog cholesterolgehalte.

Dergelijke praktijken zijn gevaarlijk, niet omdat ze loze beloften doen, maar omdat ze zeer verleidelijk zijn en gouden bergen beloven en zo de minder idyllische maar veel nuttiger methoden op de middellange en lange termijn verdringen.

Wees daarom waakzaam, beste lezers en lezeressen. Afvallen is al niet eenvoudig en genezen van overgewicht is nog moeilijker. Daarvoor zijn echte kennis, ervaring, empathie en, daarvan ben ik overtuigd, echte competentie en een serieuze aanpak nodig.

De strijd tegen het overwicht moet onvoorwaardelijk worden ondersteund door artsen. We wachten dus vol ongeduld op hun terugkeer. 200.000 professionele huisartsen vormen een aanzienlijk leger als we hun de middelen geven om op te treden.

Recepten en menu's voor het aanvalsdieet en het cruisedieet

Het dieet van zuivere eiwitten – het speerpunt van het zuivere vermageringsdeel van het Dukan Dieet en van de balansdonderdag – zal inmiddels voldoende bekend zijn. Als je er al aan bent begonnen, zul je waarschijnlijk verrast zijn door de combinatie van eenvoud en effectiviteit. Deze eenvoud, het heel precies benoemen van de levensmiddelen die je mag gebruiken, vormt een van de grootste troeven. Maar dit dieet heeft ook een klein nadeel: een aantal patiënten loopt namelijk het risico – door tijdgebrek of gebrek aan fantasie – te vervallen in een zich herhalend en saai eetpatroon van alleen maar biefstuk, surimi, magere ham, hardgekookte eieren en magere yoghurt.

Natuurlijk beantwoordt een dergelijk eetpatroon aan het grondbeginsel van dit dieet, dat je alles wat op de lijst met toegestane producten staat naar eigen inzicht mag eten, maar op den duur kan deze beperking eentonig en zwaar worden en ten onrechte de indruk wekken dat het dieet weinig gevarieerd is.

Dat is echter niet de bedoeling en het is dan ook essentieel, zeker voor mensen die veel kilo's kwijt willen raken, om de noodzakelijke moeite te doen om dit dieet niet alleen draaglijk, maar zelfs lekker en verleidelijk te maken.

Tijdens consulten heb ik geconstateerd dat sommige patiënten – met dezelfde lijst van toegestane producten – inventiever bleken dan andere en erin slaagden gedurfde combinaties te creëren en vernieuwende bereidingen en recepten ontdekten, die hun dieet veel aangenamer maakten.

Ik heb er dan ook een gewoonte van gemaakt deze recepten te noteren en door te geven aan andere patiënten, met misschien minder tijd of fantasie, wat een heel uitwisselingsnetwerk tot gevolg had.

De recepten in dit hoofdstuk zijn uitsluitend gebaseerd op de lijst van producten die bij het aanvalsdieet van zuivere eiwitten hoort en, in het hoofdstuk daarna, op die van het cruisedieet met zijn eiwitten en groenten.

De recepten vormen slechts suggesties en willen niets afdoen aan de creativiteit van mannen en vrouwen die erin slagen om steeds weer te vernieuwen en hun dieet elke dag gevarieerder maken. Als er onder jullie, lezers en lezeressen, vertegenwoordigers zijn van de steeds kleiner wordende kring van meesterkoks, dan ben ik je bij voorbaat dankbaar als je me nieuwe recepten wilt opsturen, die ik vast en zeker in volgende edities van dit boek zal opnemen.

Het ultieme doel van deze recepten is iedereen die ze gebruikt de kans te geven het dieet zo lang als nodig is vol te houden door de kwaliteit en de presentatie van de maaltijden steeds te blijven verbeteren.

Recepten voor het aanvalsdieet: zuivere eiwitten

SAUZEN

De meeste sauzen zijn gebaseerd op vet in de vorm van olie, boter of room: de grootste vijanden van wie wil afvallen en om die reden strikt verboden in de eerste twee fasen waarin het puur om afvallen gaat.

Het probleem dat het volgen van het Dukan Dieet – en vooral de eerste twee fasen – oproept, is dus bindmiddelen en sauzen te vinden die goed passen bij zulke heerlijke en kostelijke producten als vlees, vis, eieren of gevogelte.

Om de vetten te vervangen beschikken we over paraffineolie, guargom en maïzena.

- **Paraffineolie.** Zoals ik al eerder heb uitgelegd, is deze olie een minerale olie die het spijsverteringskanaal passeert zonder erin door te dringen en zonder te worden opgenomen in het bloed. Dit kenmerk zorgt ervoor dat de olie geen enkele calorie levert aan het organisme en ook nog eens de darmen 'smeert', wat heel nuttig is bij deze nogal stoppende diëten.

  Het eerste nadeel is zijn consistentie, die veel zwaarder is dan die van plantaardige olie. Dit kun je echter heel simpel verhelpen door koolzuurhoudend bronwater aan de olie toe te voegen. Een ander nadeel is dat de olie soms een sterk laxerend effect heeft, vooral als je er veel van gebruikt. Je kunt dat echter oplossen door er minder van te gebruiken en de olie te mengen met de andere ingrediënten van een saus.

Pas op: paraffineolie mag niet verhit worden!

- **Guargom.** Dit weinig bekende plantaardige ingrediënt wordt in poedervorm verkocht bij de drogist. Het is vrijwel calorieloos: een natuurlijke gelatine waarmee je sauzen dik kunt maken en bijna even smeuïg als met vet. Je hebt er maar heel weinig van nodig (1/4 theelepel op 150 ml vocht). Guargom bindt door verhitting.
- **Maïzena.** Dit aan tapioca verwante product is nuttig in de keuken, omdat het sterk kan binden en indikken. Maïzena bevat koolhydraten, maar de gebruikte hoeveelheid is meestal zo gering (1 theelepel voor 125 ml saus), dat ze te verwaarlozen zijn. Met maïzena kun je een smeuïge saus maken, zoals een bechamelsaus, zonder toevoeging van vet.

  Voor gebruik moet je maïzena aanlengen met wat koud water, melk of bouillon. Dan kun je het mengsel toevoegen aan een warme saus. Maïzena bindt door verhitting.
- **Bouillonblokjes zonder vet (runder-, kippen-, vis- en groentebouillon)** zijn heel handig voor de bereiding van bepaalde sauzen. Zo helpen ze om, ter vervanging van olie, een dressing dikker te maken, maar ook en vooral om, gemengd met wat gesnipperde en gefruite ui, de bereiding van vlees en vis zonder toevoeging van vet op te luisteren.

Op basis van deze ingrediënten geef ik je hier een paar recepten voor basissauzen.

Dressing

Deze heel belangrijke basissaus kun je in de cruisefase gebruiken om sla en rauwkost mee op smaak te brengen. De saus is op meerdere manieren te maken en dus altijd wel aan ieders smaak aan te passen.

- **Dressing met paraffineolie.** Voor een saus met een zachte smaak en om de consistentie van de paraffineolie wat lichter te maken, klop je er koolzuurhoudend bronwater door en voeg je wat meer azijn en mosterd toe. Houd onderstaande hoeveelheden aan.

Neem een oude mosterdpot en vul hem als volgt: neem eerst 1 eetlepel fijne of grove mosterd. Voeg dan 5 eetlepels balsamicoazijn, 1 eetlepel bron- of kraanwater en 1 theelepel paraffineolie toe. Als je van knoflook houdt, laat je er een flinke teen in marineren en je kunt ook nog 7 à 8 blaadjes vers basilicum toevoegen.

- **Dressing met groentebouillon.** Los een blokje groentebouillon zonder vet op in 2 eetlepels warm water en voeg 1 (afgestreken) theelepel maïzena, 2 eetlepels azijn en 1 eetlepel grove mosterd toe.

Mayonaise

- **Klassieke mayonaise met paraffineolie.** Doe in een kom een eigeel, zout en peper en 1 theelepel azijn. Roer alles langzaam door tot de ingrediënten goed gemengd zijn. Voeg, al roerend, drupje voor drupje, de paraffineolie toe. Breng het geheel op smaak, zodra de saus dik begint te worden. Op dat moment voeg je de mosterd toe om het mengen van de sterk gebonden saus te vergemakkelijken.
- **Groene mayonaise.** Bereid de saus op dezelfde manier, maar voeg er flink wat fijngehakte kervel en bieslook aan toe.
- **Mayonaise zonder olie.** Kook een ei hard. Prak het ei met een vork fijn en meng er 50 g magere kwark door. Voeg fijne kruiden toe en breng het geheel op smaak met zout en peper.

Dieetbechamelsaus

Neem een sjalotje, dragon, azijn en twee eieren. Fruit de fijngehakte sjalot in een borrelglaasje azijn. Voeg de dragon toe, heel of fijngehakt naar smaak. Laat de azijn afkoelen en giet hem al kloppend bij de twee eierdooiers alsof je mayonaise maakt.

Ravigottesaus

Doe 2 theelepels paraffineolie bij bovenstaand mengsel. Breng het op smaak met zout en peper. Verwarm de saus au bain-marie en serveer hem bij een koude of warme vleesschotel.

Prak er 1 hardgekookt ei, 3 middelgrote augurken, 1 uitje en flink wat peterselie, bieslook en andere kruiden door. Meng het geheel in een kom met 250 g magere yoghurt, een 1/2 theelepel mosterd en met wat zout.

Ravigottesaus smaakt heerlijk bij vis, hardgekookte eieren, vlees en groente.

Witte saus

Neem 2 eierdooiers, 125 g magere yoghurt en een halve kop magere melk. Laat de melk lauwwarm worden en breng hem op smaak met zout en peper. Giet de melk al kloppend bij de 2 eierdooiers en voeg dan de yoghurt toe. Verwarm het geheel tot slot au bain-marie.

Als je de saus bij vis serveert, kun je ook nog een fijngehakt augurkje toevoegen.

Saus uit de losse pols

Voor vier personen. Pureer 1 hardgekookt ei met een staafmixer. Voeg 2 theelepels mosterd toe, 1 eetlepel azijn en 1 theelepel paraffineolie verdund met koolzuurhoudend bronwater. Klop er dan 1 eetlepel magere yoghurt, wat zout en peper, peterselie en fijngehakte augurken door. Deze saus is heerlijk bij een stoofpot, koude vleesschotels en vooral bij tong.

Groene saus

Neem 25 g van elk van de volgende verse kruiden: zuring of tuinkers naar keus, peterselie, dragon, bieslook, bladselderij, munt en lente-uitjes.

Hak deze kruiden in een specerijenmolen heel fijn en voeg dan de lente-uitjes toe. Snijd het wit van 3 hardgekookte eieren in stukjes en pureer ze. Voeg 500 g magere yoghurt, azijn, zout en peper, de kruiden en de sjalotjes toe. Pureer het geheel en zet het vervolgens in de koelkast.

Groene saus past uitstekend bij koud en warm gestoofd rundvlees.

Tomatensaus

Voor vier personen. Fruit 1 gesnipperde ui in een koekenpan met anti-aanbaklaag en voeg dan 6 à 8 verse tomaten toe, zonder vel en zaadjes, of voor wie meer haast heeft 300 ml gezeefde tomaten uit pak. Voeg naar smaak wat peper en zout toe.

Doe het deksel op de pan en laat het geheel 20 minuten sudderen op laag vuur. Laat het afkoelen en pureer het. Breng de saus op smaak met verse munt, basilicum en dragon.

Serveer de saus bij vis- en groenteschotels.

Kruidensaus

Voor vier personen. Los een blokje runder-, vis- of groentebouillon zonder vet op in een half glas lauw water en voeg dan 1 theelepel maïzena toe. Laat het mengsel in een pan op laag vuur al roerend dik worden. Haal de pan van het vuur en meng er al roerend 200 g magere kwark, fijne kruiden, zout en peper door.

Deze saus is even lekker bij vlees als bij vis.

Jagerssaus

Voor vier personen. Laat in een afgedekte pan in 10 minuten 2 gesnipperde sjalotjes gaar worden in 3 eetlepels azijn en 2 eetlepels water. Haal de deksel van de pan en laat het geheel 5 minuten inkoken.

Haal de pan van het vuur, voeg 1 losgeklopte eierdooier toe en 2 eetlepels magere kwark. Breng het geheel op smaak met zout en peper, en voeg een takje fijngehakte dragon toe. Verwarm de saus au bain-marie en laat hem langzaam dik worden.

Serveer de saus bij vlees of vis.

Hollandaisesaus

Voor vier personen. Klop in een pannetje 1 eierdooier los met 1 theelepel mosterd en 2 eetlepels citroensap, en verwarm het geheel enkele minuten au bain-marie. Voeg dan al kloppend geleidelijk 50 ml warme magere melk toe en laat de saus dik worden. Serveer de saus warm.

Hollandaisesaus is de klassieke saus bij witvis, maar hij past ook bij asperges, sperziebonen en spinazie.

Bechamelsaus

Meng 1/4 liter koude magere melk en 1 eetlepel maïzena en doe er een blokje runderbouillon zonder vet bij. Laat het geheel een paar minuten op laag vuur koken tot het dik wordt. Voeg zout, peper en nootmuskaat toe naar smaak. Bechamelsaus past prima bij alle groenteschotels, vooral rolletjes van witlof en ham.

Mierikswortelsaus

Klop 1 eetlepel geraspte mierikswortel, wat zout en peper en 75 g magere kwark tot een luchtig mengsel.

Mierikswortelsaus past prima bij gestoomde, in folie of in de magnetron bereide vis, maar is ook lekker bij wit vlees.

Godensaus

Meng 2 eierdooiers, 1 eetlepel mosterd, 150 g magere kwark, 1 theelepel maïzena en wat zout en peper in een pan. Breng alles langzaam aan de kook. Haal de pan van het vuur en voeg nog wat gehakte kruiden en het sap van een citroen toe.

Godensaus past goed bij warme schotels en vis. Hij wordt zowel warm als lauwwarm geserveerd.

Tartaarsaus met kwark

Ingrediënten: 150 g magere kwark, 1 hardgekookt ei, 4 ansjovisfilets, 1 sjalotje, 1 eetlepel kappertjes, 1 augurk, zout, peper en gehakte peterselie.

Pel het sjalotje en hak het fijn. Pureer de ansjovis, de kappertjes, de augurk en het ei. Meng alle ingrediënten en breng de saus indien nodig op smaak met nog wat zout en peper.

VLEES

Allereerst recepten met rundvlees

Gebraden rundvlees

Neem een lendenstuk (of rosbief) en zet het vlees in een voorverwarmde oven. Voeg pas aan het einde van de bereidingstijd wat zout toe om te voorkomen dat het vlees uitdroogt en zijn sappen verliest. Laat het 15 minuten braden per pond vlees in een zeer hete oven.

Restje koud rundvlees

Serveer dit met een van de vele hierboven beschreven sauzen.

Spiesjes van rundvlees

Snijd 400 g lendenvlees in flinke stukken en rijg ze aan spiesjes afgewisseld met schijfjes ui, takjes tijm en laurier. In de aanvalsfase met zuivere eiwitten kun je er stukjes tomaat en paprika aan het rijgen: dat ziet er leuk uit en geeft het vlees een lekkere smaak. Eet de groenten echter niet op.

Biefstuktartaar

Neem 200 g tartaar en meng er alle ingrediënten door van de tartaarsaus (zie bij tartaarsaus, pag. 178). Kneed alles goed door, zodat er een homogeen mengsel ontstaat.

Pepersteak

Neem een mooie biefstuk en bak hem in een koekenpan met antiaanbaklaag. Bestrooi hem aan het einde van de baktijd met grof gemalen peper. Laat intussen 65 g magere yoghurt warm worden, voeg 1 theelepel paraffineolie en wat peper toe en giet de helft van het mengsel over de hete biefstuk. Haal de pan van het vuur, roer de rest van de saus goed door en schenk hem over de biefstuk.

Gekookt rundvlees

Kook een stuk zeer mager rundvlees (van ongeveer 1 pond) in 1,5 liter water met tijm, laurier en een ui. Breng het geheel op smaak met zout en peper.

Laat het ongeveer 1 uur en 15 minuten zachtjes koken en serveer het vlees in lauwwarme dobbelsteentjes met een ravigottesaus en augurkjes.

Na de aanvalsfase, als groenten ter afwisseling weer zijn toegestaan, kun je ook een prei aan de bouillon toevoegen. Serveer het rundvlees dan met een tomatensaus.

Gebraden rundergehaktbrood (10-12 plakken)

Ingrediënten: 1,2 kg rundergehakt zonder vet, 2 eieren, zout, peper, 1 geraspte ui en 450 g magere kwark.

Klop de eieren los met de geraspte ui, de kwark en wat zout en peper, en meng alles goed door het gehakt. Vet een cakevorm in met boter en bestuif hem met bloem. Doe de helft van het mengsel erin.

Snijd dan een paar hardgekookte eieren in plakjes en leg ze op het gehakt. Schep de andere helft van het gehaktmengsel erbovenop.

Verwarm de oven voor op 180 °C. Laat het gehaktbrood circa 1 uur bakken.

Dit gerecht kan koud of warm worden gegeten, met een mierikswortel-, een tomatensaus of een groene saus.

Enkele recepten op basis van kalfsvlees:

Kalfsragout

Neem 1 pond mager kalfsvlees. Snijd dat in stukken en bereid het zoals je het gekookte rundvlees bereidt (zie boven).

Verwarm intussen een grote kom magere melk met tijm. Voeg wat zout en peper toe, en giet de lauwe melk op 3 rauwe eierdooiers; meng alles goed. Voeg nog wat zout en peper toe en schenk het mengsel over het kalfsvlees. Verwarm het geheel nog enkele minuten op laag vuur, zonder het te laten koken.

Kalfsoester

Maak in een pan met antiaanbaklaag een mengsel van ui klaar, gemengd met een in water opgelost bouillonblokje zonder vet. Laat de uien op laag vuur karamelliseren. Voeg de kalfsoester toe en bak het vlees 10 minuten aan elke kant. Haal aan het einde van de bereidingstijd de ui uit de pan en bak het vlees nog 1 minuut. Serveer het met een schijfje citroen.

Kalfskotelet uit de koekenpan

De bereiding is hetzelfde als hierboven, maar voeg aan het einde van de bereidingstijd 2 eetlepels water toe en laat alles nog 1 minuut koken. Serveer de kotelet met twee in plakjes gesneden augurken.

Kalfsbrood (een dag van tevoren maken)

Ingrediënten: 500 g fijngehakte gekookte ham zonder vet en zwoerd, 100 g kalfsgehakt zonder vet, 4 losgeklopte eieren, 1 theelepel roze peper fijngemalen in de pepermolen, zout en peper (5 korrels).

Meng de roze peper en wat zout en peper door de geklopte eieren. Voeg het vlees toe en roer alles goed door.

Vet een cakevorm in met een vel keukenpapier met daarop een druppel olie en bestuif de vorm met bloem. Schep het vleesmengsel erin.

Verwarm de oven voor op 160 °C en bak het brood 1 uur en 15 minuten in een heteluchtoven; bak het brood au bain-marie in een gewone oven.

Tot slot een paar recepten voor wie van orgaanvlees houdt:

Kalfslever uit de pan met xeresazijn

Fruit een fijngesneden ui in een pan met antiaanbaklaag op laag vuur tot hij net gaat karamelliseren. Leg de plak kalfslever erop en bak die 10 minuten aan elke kant. Haal aan het eind van de bereidingstijd de ui uit de pan. Zet het vuur hoger en bak de lever nog enkele minuten, terwijl je een flinke scheut azijn door de resterende jus roert.

Rundertong met ravigottesaus

Haal het vet van de rundertong en doe hem in een pan met 1,5 liter water, tijm, laurier en een ui. Voeg eventueel nog wat zout en peper toe. Laat het geheel 1 uur en 15 minuten koken en serveer het lauwwarm, in plakken gesneden, met een ravigottesaus en augurk.

Denk eraan dat je alleen het voorste deel van de tong eet: de punt is het magerste deel.

Spiesjes met hart en niertjes

Snijd 400 g gemengde niertjes en hart van kalf of lam in gelijke stukken en rijg ze aan spiesjes afgewisseld met ui en takjes tijm en laurier. In de aanvalsfase met alleen zuivere eiwitten mag je er stukjes tomaat en paprika tussen rijgen. Deze dienen echter alleen ter decoratie en om het vlees smaak te geven. Je mag ze niet opeten.

GEVOGELTE

Kip met dragon

Wrijf een kip in met knoflook en dragon. Hak de dragon fijn en bestrooi er de binnenkant van de kip mee. Voeg naar smaak zout en peper toe. Bereid de kip aan het spit of in de oven, maar eet niet het vel en de vleugelpunten.

Kipsoufflé

Hak kipfilet fijn met een mes en voeg zout, peper en kruiden toe.

Verwarm een kopje magere melk en schenk het op 2 rauwe eierdooiers, voeg ook de stukjes kip toe en roer alles goed door. Klop de 2 eiwitten stijf en schep ze zonder te kloppen door het vleesmengsel (dan zal de soufflé beter rijzen). Zet het geheel een goed halfuur in een middelhete oven.

Terrine van gevogelte met dragon

Ingrediënten: een kip van 1,5 kg, 2 wortels, 2 tomaten, 1 prei, 1 ui, 1 takje dragon, 1 eiwit, 1 theelepel rode peper, zout en peper.

Spoel de kip af met water en snijd hem in stukken. Maak de groenten schoon (was en snijd de wortel, prei, ui en selderij). Doe de groenten in een pan met een liter water. Breng het geheel aan de kook. Voeg de kip toe en wat zout en peper, schep het schuim van het water en laat het geheel een uur koken.

Haal de kip uit de pan en laat hem uitlekken. Haal het vlees van de botten en snijd het fijn. Ontdoe de tomaten van het zaad en snijd ze in blokjes. Leg de stukjes kip in een cakevorm en verdeel er de blokjes tomaat en dragonblaadjes over. Breng de bouillon aan de kook en laat hem inkoken tot ongeveer 250 ml.

Klop de eiwitten met de hand, giet de bouillon erbij en laat het geheel 1 minuut koken. Laat het afkoelen en zeef het door een doek. Giet het mengsel over de kip en bestrooi het geheel met rode peper. Verdeel een paar blokjes tomaat en een tiental blaadjes dragon over de schotel.

Haal de terrine uit de vorm en zet haar in de koelkast, zodat je haar koel kunt serveren. Bereid dit gerecht liefst een dag van tevoren.

Terrine van de boerderij (8 personen)

Ingrediënten: 1 kip van 1,5 kg, 400 g kalfsvlees, 1 konijn van 1 kg, 200 g ham zonder vet, kalfsbeenderen, tijm, laurier, roze peper, zout, peper en wijnazijn.

Snijd de ham, de kip, het konijn en het kalfsvlees in stukken. Vul een terrine met een mengsel van dit vlees. Doe er wat zout, peper en de tijm, laurier en 5 rode peperkorrels bij. Bedek alles met een mengsel van azijn en water (twee delen water op één deel azijn). Voeg de kalfsbeenderen toe voor een mooie gelei. Doe het deksel op de pan en zet het geheel 3 uur in een voorverwarmde oven op 200 °C. Eet de terrine koud.

Konijn met mosterd

Smeer een konijnenrug in met mosterd, bestrooi hem met gemalen tijm en wikkel hem in aluminiumfolie. Laat het konijn een uur smoren in een warme oven en verwijder dan de folie. Meng 1 eetlepel paraffineolie met 65 g magere yoghurt en klop alles door elkaar. Breng op smaak met peper en zout. Giet deze saus over het konijn en los daarmee de door het bereiden opgedroogde mosterd op. Serveer het geheel met plakjes augurk die je kort hebt opgewarmd in de oven.

VIS

Gestoomde schol

Neem een schol van gemiddelde grootte en vraag de visboer om hem schoon te maken. Spoel hem af onder koud stromend water en dep hem goed droog. Leg de schol tussen twee borden en zet de borden op een pan die voor driekwart gevuld is met kokend water.

De schol is na een kwartier precies gaar. Geef er citroen, zout, peper en gehakte peterselie bij.

Koolvis met witte saus

Kook een koolvis in bouillon. Serveer hem met een witte saus (zie bij witte saus) en gehakte peterselie.

Bereidingen met 'restjes' koolvis

Koude bereiding: neem een restje koolvis, doe er wat mayonaise bij en leg het mengsel in een sint-jakobsschelp. Versier het met een in vieren gesneden hardgekookt ei.

Warme bereiding: meng een restje koolvis met witte saus, leg het mengsel op een schelp, versier het met peterselie en verwarm het in de oven.

Voor een snelle maaltijd kun je de rest van de koolvis ook nog serveren met een gewone vinaigrette.

Dorade royal

Kies een mooie dorade, die zorgvuldig is ontschubd, en 1 liter schone mosselen. Spoel hem af onder koud stromend water, dep hem droog en leg hem in een ovenschaal met een in ringen gesneden ui. Laat intussen de mosselen in een pan op hoog vuur opengaan. Neem het mosselvocht, voeg wat citroensap toe, haal de saus door een zeer fijne zeef en schenk hem over de dorade. Voeg wat peper toe, zet de vis in de oven en laat hem in drie kwartier gaar worden. Voeg dan de uit de schelp gehaalde mosselen toe. Breng het geheel op smaak met wat zout.

Gegrilde dorade

Kies een kleine dorade, die zorgvuldig is ontschubd. Spoel hem af onder koud stromend water en dep hem droog. Vul hem met knoflook, peterselie, bieslook, dragon en gehakte ui, en bestrooi hem met peper. Verwarm hem onder de grill of in de oven.

De dorade is gaar als de huid goudbruin is (na ongeveer drie kwartier). Voeg aan het eind van de bereiding nog wat zout toe.

Zalm in papillot

Kies een mooie moot zalm. Leg hem op een stuk aluminiumfolie. Bestrooi hem met dille, en wat zout en peper, en sprenkel er citroensap over. Voeg voor de smaak een paar schijfjes citroen en een gesneden prei toe, die je na de bereiding verwijdert. Sluit de folie tot een pakje en leg het niet langer dan 10 minuten in de oven, of zelfs nog korter, zodat de vis zacht en sappig blijft.

Aan een kant gegrilde zalm

Kies een mooie zalmmoot met huid. Bestrooi de huid van de vis met grof zeezout. Leg hem in een ovenschaal bedekt met aluminiumfolie, met de huid naar boven gekeerd. Plaats de schaal boven in de oven, vlak onder de grill.

Laat de zalm in de oven tot het zout het vocht opgenomen heeft en de huid bruin en krokant is. Op dat moment is de moot aan de bovenkant gaar, heeft hij een stevige consistentie en een zalmroze kleur. Aan de onderkant, die niet is gebakken en amper warm is, is het vlees donkerder en zacht. Haal de moot uit de oven, verwijder het zout en keer de moot om, zodat de huid onder ligt, en serveer hem.

Voor een optimale bereiding moet het stuk net gaar zijn, een zalmkleur hebben, warm en vochtig zijn (de huid), en lauw en roze vanboven.

Gemarineerde rauwe zalm

Laat een mooie plak of beter nog een halve rauwe zalm een nacht marineren in een mengsel van citroen, dille, knoflook, peterselie en bieslook, zout en groene peper. Snijd hem in dunne plakjes en serveer hem versierd met dille.

Rauwe zalm op Japanse wijze

Dit is de meest praktische en snelle manier om vis te bereiden. Snijd een zalmfilet overdwars, van de boven- naar de onderkant, in dunne plakjes. Leg ze in een waaier op een bord en besprenkel ze met sojasaus; leg de plakjes goed uit elkaar zodat de saus erin kan trekken. Serveer meteen.

Zalmtartaar

Neem 150 à 200 g gehakte zalm en voeg alle ingrediënten voor een tartaarsaus toe (zie bij tartaarsaus) en meng alles tot een homogeen mengsel.

Paté van zeeduivel (twee dagen van tevoren bereiden)

Ingrediënten: 1 kg goed schoongemaakte zeeduivel, 8 eieren, 1 theelepel fijn zout, peper, 1 blikje tomatenpuree (140 g), 1 zakje poederbouillon, 2 liter water en 1 glas wijnazijn.

• Twee dagen van tevoren: breng het water met de bouillon aan de kook en giet de azijn erbij als je de vis in het water doet. Laat de gare vis wat afkoelen en verwijder de middengraat. Til de filets er aan beide kanten af. Verdeel de rest in middelgrote stukjes. Laat de vis de hele nacht in de koelkast uitlekken.

- Een dag van tevoren: klop de eieren en breng ze op smaak met zout en peper. Doe de tomatenpuree erbij en roer alles goed door. Meng de stukken zeeduivel (behalve de twee filets) in een kom door het eimengsel. Vet een bakvorm van 26 cm lang in en bestuif hem met bloem. Vul hem met de helft van het vismengsel. Leg de 2 filets erop en schep de rest van het vismengsel erbovenop. Verwarm de oven voor op 160 °C. Bak het geheel drie kwartier tot 1 uur op 180 °C in een heteluchtoven (verwarm de bakvorm in een gewone oven au bain-marie). Laat de paté afkoelen en zet hem een nacht in de koelkast.

SCHAAL- EN SCHELPDIEREN

Moules marinières

De mosselen moeten heel vers zijn, zwaar en van gemiddelde grootte, heel goed geschrobd en meerdere malen gespoeld.

Doe ze dan in een pan samen met een glas water en 2 eetlepels azijn, 1 ui in ringen, gehakte peterselie, tijm en laurier, wat knoflook en peper.

Zet de pan op hoog vuur tot de mosselen opengaan. Zodra ze open zijn, zijn mosselen gaar genoeg om te eten; verwijder eventuele dichte exemplaren. Schep ze op een bord samen met wat kookvocht. Voeg pas na de bereiding nog wat zout toe.

Mosselen uit de oven

Ingrediënten: 3 eieren, 2 liter mosselen, droge witte wijn voor de bereiding, peterselie, zout, peper en 1 eetlepel magere kwark.

Doe de mosselen samen met de eieren en de witte wijn in een pan. Zet de pan op hoog vuur tot de mosselen opengaan; verwijder eventuele dichte exemplaren. Laat ze uitlekken en haal ze uit de schelp. Doe ze in een kom en voeg 1 eetlepel kwark, peterselie, zout en peper toe; roer alles goed door. Schep het mengsel in schaaltjes en verwarm ze in de oven op een lage temperatuur.

Gevulde krab

Kies een levende krab, mooi groot en zwaar. Breng een pan bouillon aan de kook en laat de krab er zo'n 20 minuten in koken, afhankelijk van de grootte. Maak hem open en haal alles wat eetbaar is eruit. Maak een mayonaise (zie sauzen) en meng hem door het krabvlees. Serveer het mengsel in lege sint-jakobsschelpen en versier het met schijfjes hardgekookt ei. Als garnering kun je er ook plakjes tomaat en een blaadje sla bij leggen, die je in de cruisefase ook mag opeten.

Krabbrood (een dag van tevoren te bereiden)

Ingrediënten: 2 blikjes krab (165 g uitlekgewicht), 4 eieren, 5 roze peperkorrels, 2 eetlepels magere melk, 300 g magere kwark.

Laat het krabvlees uitlekken en verwijder de harde stukken en dep het indien nodig droog met een doek. Meng de eieren met de kwark, de melk, wat peper en het krabvlees. Vet een bakvorm in met keukenpapier en bestuif hem met bloem. Verwarm de oven voor op 160 °C en bak het krabbrood 1 tot 1,5 uur in een heteluchtoven. In een gewone oven verwarm je de vorm au bain-marie.

Gegratineerde sint-jakobsschelpen

Ingrediënten: 4 sint-jakobsschelpen, 1/2 liter mosselen en 100 g garnalen.

Doe de sint-jakobsschelpen in een pan met water. Zet de pan op hoog vuur tot de schelpen opengaan en haal dan het vlees uit de schelpen. Verwijder het zwart en de rand, zodat je alleen het wit en de kuit overhoudt. Spoel alle zandresten eruit en kook het vlees 15 minuten in 1 liter warm water waaraan je 3 eetlepels azijn hebt toegevoegd.

Laat intussen de mosselen in een pan met water op hoog vuur helemaal opengaan. Kook 2 eieren hard, hak 1 sjalotje en wat peterselie fijn, prak de eieren grof, meng alles goed door en voeg het mosselvlees en de garnalen toe.

Snijd het vlees uit de sint-jakobsschelpen in flinke blokjes en doe die bij het mossel-eimengsel. Voeg nog wat mosselvocht toe om het geheel smeuïg te maken. Breng het op smaak met zout en peper en verdeel het mengsel over de goed gewassen sint-jakobsschelpen. Zet de gevulde schelpen in de oven en leg de kuit erop ter decoratie.

Langoustines met mayonaise
Spoel een pond langoustines goed af onder koud stromend water. Bereid ze in bouillon net zoals de krab hierboven. Laat ze afkoelen in het kookvocht en serveer ze met een mayonaise (zie sauzen).

Schaal met zeevruchten
Oesters behoeven alleen maar wat citroen of azijn met sjalotjes.

Maak een mooie schaal met daarop oesters, mosselen, kokkels en garnalen opgediend op een bedje van ijs en zeewier.

EIEREN

Eieren zijn een echte uitkomst in de aanvalsfase en het is dus aan te raden om altijd een paar hardgekookte eieren in de koelkast te hebben.

Zachtgekookte eieren
Een ei van gemiddelde grootte dat niet net uit de koelkast komt, is zachtgekookt in 3 minuten; grotere in 4 minuten.

Geklutste eieren
Verwarm een beetje melk in een pannetje. Neem 3 eieren en klop ze zoals voor een omelet. Breng ze op smaak met zout en peper, en giet ze al kloppend bij de melk; blijf kloppen tot ze gaar zijn. Geklutste eieren moeten niet te gaar zijn, maar smeuïg blijven. Puristen bereiden omwille van het zalvige karakter hun geklutste eieren au bain-marie.

Je kunt een paar garnalen in plakjes of stukjes kippenlever aan de eieren toevoegen of, na de herintroductie van groenten in de cruisefase, ook aspergepunten. Op feestdagen verdienen deze bescheiden eieren verkruimelde truffel of een eetlepel kaviaar.

Met garnalen gevulde eieren

Deze eieren kunnen een heerlijk voorgerecht vormen bij dit dieet.

Kook de eieren hard en laat ze afkoelen. Snijd elk ei doormidden en haal het geel eruit. Prak de dooiers en meng er een paar fijngehakte garnalen door. Voeg dan wat mayonaise (zie recept) toe en garneer het geheel met de rest van de garnalen.

Eierpudding

Ingrediënten: 5 eieren, 375 ml warme magere melk, een verse (soepele) vanillepeul, 10 ml vanillearoma, gemalen nootmuskaat en een hele nootmuskaat om te raspen.

Klop de eieren in een grote kom. Snijd de vanillepeul open en krab het merg eruit. Doe dit bij de melk en verwarm het geheel zonder het te laten koken. Verwijder dan de peul, schenk de melk voorzichtig bij de eieren en meng er nog 10 ml vanillearoma en 2 theelepels gemalen nootmuskaat door. Doe alles in een puddingvorm of in aparte kommetjes. Rasp er nog wat nootmuskaat over.

Zet de vorm in een heteluchtoven op 160 °C; verwarm de vorm in een gewone oven au bain-marie. De baktijd is afhankelijk van het type oven dat je gebruikt.

Îles flottantes of 'drijvende eilandjes'

Splits 4 eieren en klop in een grote kom de eiwitten vrij stijf.

Breng een 1/2 liter halfvolle melk aan de kook met een vanillepeul. Maak dan met een ijsschep bolletjes van het eiwit en laat die in de nog warme melk zakken. Draai de bolletjes om als ze flink zijn opgezwollen. Haal ze dan met een schuimspaan uit de pan en laat ze uitlekken op een schaal.

Klop de eierdooiers en giet de rest van de melk er al kloppend bij. Draai het vuur dan weer laag en blijf roeren. Wanneer de room dik begint te worden, haal je de pan snel van het vuur om te voorkomen dat het mengsel gaat schiften; zoet het met aspartaam in poedervorm. Verdeel de room over de borden en schep er voorzichtig een eiwitbolletje in. Serveer koel.

Kippenmelk

Doe een eierdooier in een kom en meng er wat aspartaam en een lepeltje oranjebloesemwater door. Klop net zolang tot je een mooi glad mengsel hebt. Voeg dan een groot glas magere melk toe om het mengsel luchtiger te maken; blijf zachtjes roeren om te voorkomen dat het gaat schiften.

Aspic van eieren met ham of eieren op gelei

Kook een paar eieren, zodat het geel net gestold is (in 4 minuten), en neem evenveel halve plakken magere ham.

Week blaadjes gelatine 1 à 2 minuten in koud water en knijp ze uit. Verwarm ze dan zodat ze vloeibaar worden en breng ze op smaak met zout en peper en een druppeltje cognac.

Rol een nog warm ei in een halve plak ham en leg het dan in een vorm. Giet de gelatine erover en laat het geheel afkoelen.

Recepten voor het cruisedieet: eiwitten + groenten

Recepten voor alleen groenten

Bloemkool

Neem een mooie witte bloemkool en snijd hem in flinke roosjes. Was ze goed en kook ze in een grote pan met water met zout. Maak een witte saus (zie sauzen) en giet die over de uitgelekte bloemkool. Serveer het geheel met hardgekookte eieren.

Bloemkoolsoufflé

Kook de bloemkool als hierboven en laat hem goed uitlekken. Maak een witte saus (zie sauzen), maar voeg er twee extra eierdooiers aan toe.

Klop intussen de twee eiwitten stijf en werk ze voorzichtig door de witte saus. Doe de bloemkool – in stukjes – in een soufflévorm en giet de saus erover. Zet het geheel 20 minuten in de oven.

Gebakken champignons

Bak in een pan met antiaanbaklaag een gesnipperde ui goudbruin tot hij licht gekarameliseerd is en voeg dan een blokje kippenbouillon opgelost in water toe. Snijd de champignons in flinke plakken en laat ze langzaam slinken in de pan. Voeg knoflook, peterselie, zout en peper toe en serveer het geheel warm bij vlees of gevogelte.

Gevulde champignons

Kies grote champignons. Borstel ze schoon. Haal de steeltjes eraf en hak die fijn samen met wat knoflook en peterselie. Breng het geheel op smaak met zout en peper en voeg een paar theelepels magere melk toe. Bak de champignons in een zeer hete oven of in een pan met antiaanbaklaag.

Vul de champignons en zet ze opnieuw in een zeer hete oven. Na het bakken kun je nog wat paraffineolie over de champignons druppelen.

Spinazie met witte saus

Was de bladspinazie goed en kook hem 10 à 15 minuten in een grote pan met ruim water met wat zout. Laat de spinazie goed uitlekken en druk hem aan met de schuimspaan. Maak een witte saus (zie sauzen), roer de saus door de spinazie en zet het geheel in de oven. Serveer de spinazie met hardgekookte eieren of als bijgerecht bij vlees of gevogelte.

Venkel

Venkel is een zeer aparte groente met een anijssmaak en grote voedingswaarde, omdat hij rijk is aan zeer beschermende antioxidanten. Je kunt de groente bereiden als salade: rauw in schijfjes gesneden die je uitstekend kunt mengen met een dieetvinaigrette.

Je kunt hem ook lang koken om de harde vezels zacht te maken. Dan kun je hem warm of zelfs lauwwarm eten, gekruid met citroensap en peterselie.

Sperziebonen

De sperzieboon, kampioen onder de dieetgroenten, is een van de meest caloriearme producten op aarde en rijk aan pectine, wat actief bijdraagt aan het creëren van een gevoel van verzadiging. Hij wordt echter vaak vergeten door de diëter, omdat de doorgaans voorgeschreven bereiding met stoom, zijn donkere kleur en zijn van nature flauwe smaak weinig inspirerend zijn.

Voeg aan een sperziebonensalade naast vinaigrette eens wat gehakte ui en peterselie toe, en meng er andere, kleurrijkere groenten door, zoals tomaat of paprika.

Als bijgerecht bij vlees of gevogelte kun je er een witte saus bij geven. Ook passen sperziebonen goed bij kalfsoester met een lekkere saus.

Tomaten met nepmozzarella en basilicum

Neem een pot magere hangop of anders karnemelk. Laat hem een halve dag uitlekken, zodat hij wat steviger wordt. De consistentie lijkt dan wat op die van Italiaanse mozzarella of Griekse feta.

Schik plakjes tomaat op een schaal. Snijd dikke plakken van de stevige en compacte hangop en leg ze op de plakjes tomaat. Garneer het geheel met blaadjes basilicum en breng het op smaak met peper en zout. Voeg naar believen vinaigrette toe.

Witlofsalade

Witlof is heel goed voor de diëter die niet elke dag de tijd heeft om uitgebreid te koken. Deze caloriearme groente biedt dan uitkomst. De smaak van witlof is bovendien licht bitter en hij heeft een zeer gewaardeerde frisse en knapperige consistentie.

Door deze bundeling van voordelen mag deze groente bij wijze van uitzondering bereid worden met een saus die afwijkt van ons principe en een voor het dieet gevaarlijk ingrediënt bevat: roquefort.

Voor deze saus meng je 125 g magere kwark met een beetje roquefort uit het pittigste deel van de kaas, waar de meeste blauwe aderen zitten, en 1 eetlepel wijnazijn. Om je gerust te stellen: deze hoeveelheid roquefort bevat niet meer vet dan een zwarte olijf. 'Parijs is de moeite van een mis waard!' riep Hendrik IV ooit uit, en een mooie witlofsalade met roquefort in een paarse saus – zo heerlijk voor wie aan de lijn doet – is zeker een zwarte olijf waard.

Warme en koude komkommer

Warme bereiding: schil, was en snijd de komkommer. Kook hem 10 minuten in water met een half glas azijn en wat zout. Laat hem uitlekken in een vergiet en serveer hem met een witte saus.

Koude bereiding: snijd de komkommer in schijfjes en laat ze een uur uitlekken. Druk het vocht eruit. Serveer de komkommer met een vinaigrette en een paar schijfjes ui.

Gestoofd witlof

Was en stoom het witlof gaar. Maak een basissaus met een blokje runderbouillon zonder vet opgelost in wat water. Laat in een pan met antiaanbaklaag een paar ringen ui in dit bodempje goudbruin worden en bak er dan het goed afgedroogde witlof in. Serveer het geheel lauwwarm met de jus. Gestoofd witlof past goed bij wit kalfsvlees of kalkoen.

Gegratineerd witlof

Was en stoom het witlof gaar. Voeg naar smaak zout toe en laat uitlekken. Leg het witlof in een ovenschaal en schenk er een witte saus (zie sauzen) over. Klop een ei los en giet het over het witlof. Laat het geheel in de oven goudbruin worden.

Asperges met luchtige mayonaise

Koop stevige asperges en maak ze schoon. Verwijder alle draden en het onderste houtachtige stuk (circa 2 cm). Kook de asperges in 20 à 25 minuten gaar.

Maak een dieetmayonaise (zie sauzen). Klop 1 eiwit stijf en roer het door de mayonaise tot je een glad mengsel hebt. Voeg tot slot nog een scheutje frambozenazijn toe. Serveer de asperges lauwwarm met de saus erover.

Wondersoep

Dit is een soep die het kader van de aangeraden ingrediënten overschrijdt, maar die gebaseerd is op recente bevindingen van onderzoekers die de vermagerende werking op de lange duur aantonen van 'soep met stukjes'. Voor meer informatie over dit onderzoek en de zeer specifieke werking van dit soort soep op de beheersing van het gewicht, verwijs ik mijn lezers naar mijn *Dictionnaire de diétique et de nutrition*.

Waaruit bestaat deze soep? Gebruik de volgende ingrediënten: 4

tenen knoflook, 6 dikke uien, 1 à 2 blikjes gepelde tomaten, een flinke kool, 6 wortels, 2 groene paprika's, 1 bleekselderij, 3 liter water, 3 blokjes runderbouillon zonder vet en 3 blokjes kippenbouillon zonder vet. Maak de groenten schoon en snijd ze in kleine of middelgrote stukken. Doe ze in een snelkookpan en zet ze onder water. Laat ze 10 minuten koken en zet het vuur dan lager. Laat het geheel zachtjes koken tot de groenten zacht zijn.

Deze soep heeft een goede verzadigende werking en door de aanwezigheid van niet-gepureerde stukken heeft hij ook nog eens een goede vermagerende werking. De combinatie in één gerecht van vaste en vloeibare vormen dwingt je spijsverteringsstelsel namelijk tot een tempowisseling.

De vaste stukken – die in de maag blijven tot ze helemaal zijn afgebroken – zullen de maag doen uitzetten en voor een 'mechanische verzadiging' zorgen. De vloeibare bouillon doorkruist de maag veel sneller en belandt in de dunne darm waar zijn voedingsstoffen de receptoren in de darmwand prikkelen en een 'chemische verzadiging' veroorzaken. Een bundeling van krachten dus, die ervoor zorgt dat de honger snel, merkbaar en lange tijd gestild wordt.

Deze soep wordt met name aangeraden aan diegenen die 's middags uitgehongerd thuiskomen, zich dan meestal niet kunnen beheersen en gaan 'snoepen' van dingen die even lekker als slecht zijn voor hun dieet. Een kop warme 'wondersoep' kan in dit geval uitkomst bieden en zorgt ervoor dat je de avondmaaltijd netjes af kunt wachten.

Pompoensoep

Neem een kwart pompoen, verwijder de schil en pitten en snijd het vlees in grote stukken.

Doe de stukken in een snelkookpan, zet ze onder water en doe er een blokje runderbouillon zonder vet bij. Kook het geheel 20 à 30 minuten. Voeg aan het eind van de bereidingstijd wat zout en peper toe, en roer er 100 g magere kwark door. Pureer alles kort en grof: laat nog wel wat stukjes pompoen zitten die je heerlijk kunt laten smelten op je tong.

Courgettecrèmesoep

Schil, was en snijd 4 mooie courgettes, 1 grote ui, 1 wortel en 1 meiraapje in stukken. Doe de stukken in een snelkookpan samen met een blokje runderbouillon zonder vet en zet alles onder water. Laat het geheel 20 à 30 minuten koken en pureer het tot een glad, smeuïg mengsel. Serveer de soep goed warm.

Salade met vis (gerookte zalm, garnaaltjes, krab, inktvis, surimi, spekbokking, zalmkuit en nepkaviaar)

Maak een mooie kropsla schoon en snijd hem in stukken. Voeg er reepjes zalm, een handvol gepelde garnalen, losgemaakt krabvlees, 2 staafjes fijngeprakte surimi, stukjes inktvis en reepjes spekbokking aan toe. Breng het geheel op smaak met zout en peper. Meng er een magere vinaigrette door en garneer de salade met een mengsel van roze zalmkuit en zwarte nepkaviaar.

Gemengde salade

Maak een mooie kropsla schoon en snijd hem in stukken. Meng er 2 in stukken gesneden tomaten door evenals een in partjes gesneden hardgekookt ei, een fijngesneden kipfilet en een dikke plak fijngehakte ham zonder vet en zwoerd. Besprenkel alles met een dieetvinaigrette.

RECEPTEN VOOR VLEES EN GROENTEN

Kalfsvlees met witlof

Doe 1 gesnipperde ui in een koekenpan en meng er een in water opgelost blokje kippenbouillon door. Laat de ui op laag vuur goudbruin worden. Voeg een kalfsoester, een kalfskotelet of een ander stuk mager kalfsvlees toe en laat het goudbruin worden. Voeg dan een paar stukken witlof toe, die je op hoog vuur hebt geblancheerd. Breng het geheel op smaak met zout en peper, en laat het in ruim een uur gaar worden op laag vuur. Serveer het gerecht warm en bewaar de restjes in de koelkast om later op te warmen of koud te eten met mosterd.

Kip met champignons

Bereid stukken kip en een kippenlever en de champignons op dezelfde manier als hierboven het kalfsvlees. Na de bereiding prak je de lever met de vork door het braadvocht.

Kalfsoester met champignons

Doe 1 gesnipperde ui in een koekenpan en meng er een in water opgelost blokje kippenbouillon door. Laat de ui op laag vuur goudbruin worden. Voeg een stuk mager kalfsvlees toe en laat het bruin worden. Voeg champignons toe, doe een deksel op de pan en bak alles in 15 minuten goudbruin. Als de champignons al hun sappen hebben afgegeven, laat je de saus enkele seconden zonder deksel op hoog vuur inkoken.

Konijn met ui en tomaat

Doe 1 gesnipperde ui in een koekenpan en meng er een in water opgelost blokje kippenbouillon door. Laat de ui op laag vuur goudbruin worden. Voeg een paar stukken konijn toe en in vieren gesneden tomaten, wat knoflook en zout en peper. Laat het geheel gaar worden in het sap van de ui en de tomaat. Serveer het met wat gehakte peterselie.

Gevulde kool

Leg een grote kool een paar minuten in kokend water en laat hem uitlekken. Verwijder de dikke nerven en hol het hart van de kool uit, zodat je hem later kunt vullen.

Maak een vulling van 300 g mager rundergehakt, 1 ui, peterselie, zout en peper. Bak de vulling in een koekenpan met antiaanbaklaag en voeg er 2 à 3 eetlepels tomatensaus aan toe. Doe de vulling in de kool, vouw hem dicht en bind alles vast met een touwtje. Bak de gevulde kool in een pan aan alle kanten en laat hem dan op laag vuur zonder deksel gaar worden.

Kip Marengo

Doe 1 gesnipperde ui in een koekenpan en meng er een in water opgelost blokje kippenbouillon door. Laat de ui op laag vuur goudbruin worden en voeg dan een paar in stukken gesneden tomaten, tijm, zout en peper toe.

Leg stukken kip op dit aromatische bedje, voeg een half glas water toe, doe een deksel op de pan en laat alles gaar worden. Voeg een halfuur voor het einde van de bereidingstijd schoongemaakte, gesneden champignons toe. Laat de saus inkoken door de pan even zonder deksel op hoog vuur te zetten.

Witlof met ham

Was en stoom het witlof gaar. Wikkel elke stronk in een plak ham zonder vet en zwoerd.

Maak een dieetbechamelsaus (zie sauzen) met magere melk, maïzena, 1 blokje runderbouillon, enz. Leg de witlofrolletjes tegen elkaar aan in een ovenschaal. Giet de bechamelsaus ertussen en erover. Laat het geheel in een hete oven goudbruin worden.

Een weekmenu voor de aanvalsfase met zuivere eiwitten

Ontbijt

Voor de hele week
Koffie of thee met aspartaam
+ naar keus: 200 g magere yoghurt of kwark
+ naar keus: 1 plakje kalkoen, kipfilet of ham zonder vet
of 1 gekookt ei of 1 pudding of 1 pannenkoek van haverzemelen

Om 10.00-11.00 uur indien nodig
100 g magere yoghurt of kwark

Om 16.00 uur indien nodig
100 g magere yoghurt of een plak kalkoen of beide

Lunch	Avondeten
maandag	
Hardgekookte eieren met mayonaise	Handvol garnalen met mayonaise
Biefstuk tartaar	Soufflé met kip
200 g magere yoghurt of kwark	1 puddinkje of 100 g magere yoghurt

Lunch	Avondeten
dinsdag	
Rundvleessalade met vinai-grette	Gevulde krab
Rauwe zalm op Japanse wijze	Kalfsragout
200 g magere yoghurt of kwark	1 puddinkje of 100 g magere yoghurt
woensdag	
Een surimischotel	Gebakken kippenlever
Kippenpoot	Konijn met mosterd
1 puddinkje of 1 pannenkoek van haverzemelen	Îles flottantes of 200 g magere kwark
donderdag	
1 plak gerookte zalm	Gemarineerde zalm
Gebakken kalfskotelet	Moules marinières
200 g magere kwark	1 puddinkje of 100 g magere yoghurt
vrijdag	
4 plakken runderrookvlees	Eieren en ham in gelei
Half geroosterd haantje	Krab met mayonaise
200 g magere yoghurt of kwark	Îles flottantes of 200 g magere yoghurt
zaterdag	
Eieren gevuld met garnalen	Gemarineerde zalm
Plak gebakken zwaardvis	Rundertong met ravigottesaus
1 puddinkje of 1 pannenkoek van haverzemelen	200 g magere kwark

Lunch

Avondeten

zondag

Gevulde krab
Kalfsragout
Îles flottantes

Salade van rundvlees met vinaigrette
Aan een kant gegrilde zalm
1 puddinkje

Een weekmenu met afwisselend zuivere eiwitten en groenten

Lunch	Avondeten
maandag	
Eieren gevuld met garnalen	Gemarineerde zalm
Salade met vis	Rundertong met ravigottesaus
1 puddinkje of 1 pannenkoek	200 g magere kwark
van haverzemelen	

dinsdag	
Salade van witlof, garnalen	1 plak gerookte zalm
en surimi	Gevulde tomaten
2 plakken paté van zeeduivel	1 puddinkje of 100 g magere
200 g magere yoghurt of	yoghurt
kwark	

woensdag	
Eieren en ham in gelei	Tomaten met nepmozzarella
Salade met kippenlevertjes	en basilicum
1 puddinkje of 1 pannenkoek	Dorade royale
met haverzemelen	Îles flottantes of 200 g magere
	kwark

Lunch	Avondeten

donderdag

Tonijn met mayonaise

Geklutste eieren met garnaal

Koffiecrème of 200 g magere
  kwark

Soep van courgette en wortel

Kip met dragon en gebakken
  champignons

100 g yoghurt of 1 puddinkje

vrijdag

4 plakken runderrookvlees

Koude kipfilet met groene saus

200 g magere yoghurt of
  kwark

1 plak gehaktbrood

Hamrolletjes met witlof

Îles flottantes of 200 g magere
  kwark

zaterdag

1 plak kipterrine

Salade met gemengde vis

1 puddinkje of 1 pannenkoek
  met haverzemelen

Gevulde krab

1 plak gebakken zwaardvis

200 g magere kwark

zondag

Salade met rundvlees en
  vinaigrette

Gevulde kool

Îles flottantes

1 plak gerookte zalm

Terrine van zeeduivel

1 puddinkje

Voor de hele week zijn het ontbijt en de tussendoortjes van 10.00-
11.00 uur en 16.00 uur gelijk aan de opties van de vorige week.

Ernstige zwaarlijvigheid

Het Dukan Dieet dat ik je heb voorgelegd, is bestemd voor iedereen wiens leven wordt verstoord door – een hardnekkig – overgewicht, een zeer diverse groep mensen van zeer uiteenlopende gevallen, maar die schematisch in drie grote categorieën is te verdelen – afhankelijk van de ernst van het overgewicht.

Van simpel overgewicht tot ernstige zwaarlijvigheid

Onverwacht overgewicht

Dit betreft mensen die nooit noemenswaardige last hebben gehad van gewichtsproblemen, wier gewicht altijd normaal en stabiel is geweest, maar die om een specifieke aanwijsbare reden zijn aangekomen. Dit plotselinge overgewicht is vaak verbonden met een abrupt gebrek aan lichaamsbeweging.

Het gaat bijvoorbeeld om vrouwen die net zwanger zijn geweest, meestal van hun eerste kind, een periode waarin de vanzelfsprekende euforie van het moment gekoppeld aan de vermindering van beweging kan leiden tot een ongewone toename van het gewicht. Dat geldt vaak nog meer voor moeilijke zwangerschappen, waarbij de vrouw lange tijd het bed heeft moeten houden, of zwangerschappen die hormonaal zijn opgewekt (IVF en behandeling van steriliteit).

Maar hetzelfde gaat op voor wie door een ongeluk of blessure lange tijd rust moet houden en vaak uit verveling gaat eten.

In dezelfde categorie vinden we ook mensen met reuma en astma die worden behandeld met cortisone, waarvan de effecten op het gewicht welbekend zijn.

Overgewicht door aanleg

Dit betreft mannen en vrouwen die een specifieke aanleg hebben voor het aanleggen van reserves – en dus voor gewichtstoename. Of dit nu komt door erfelijke aanleg of is aangekweekt door een slecht eetpatroon vanaf de prille jeugd, het resultaat is hetzelfde: deze mannen of vrouwen komen makkelijk aan en zullen hun voeding altijd optimaal benutten. Deze aanleg varieert echter sterk per persoon. Meestal, in 90 procent van de gevallen, is de aanleg bescheiden aanwezig en is het rendement van de voeding, hoewel bovenmatig, toch onder controle te houden.

In deze categorie weten sommige mensen die over voldoende wilskracht en motivatie beschikken, zo goed en zo kwaad als het gaat hun gewicht op peil te houden of zelfs te beheersen met een actief leven en weloverwogen voeding. Mijn dieet kan in hun geval nog wat extra zekerheid geven. Het bevrijdt ze voor altijd van een terechte vrees. Verder – en vooral – kan het deze mensen door moeilijke perioden heen helpen, de kritieke momenten wanneer hun wilskracht alleen even niet meer genoeg is.

Anderen, getroffen door een even intensieve aanleg, maar met een zittend leven of niet in staat tot de geringste controle over hun eetgedrag, kunnen geen weerstand bieden aan de langzame maar gestage toename van hun gewicht.

Voor hen werkt mijn plan optimaal. De combinatie van de eiwitdonderdag en de regelmatige consumptie van haverzemelen neutraliseert hun verhoogde opname van calorieën. En hun gebrek aan wilskracht of aan organisatie op eetgebied vindt in deze bijna heroïsche dag de gedroomde kans om met minimale kosten wekelijks een soort boete te doen.

Ernstig overgewicht

Hier gaat het om een sterke, erfelijke aanleg die zorgt voor grote gewichtstoename en het lichaam vervormt: overgewicht in de vorm van obesitas die inmiddels veel voorkomt in de Verenigde Staten, maar (nog) relatief zelden in Europa.

Bij deze zwaarlijvige personen wordt het voedsel zo goed benut dat dit hun omgeving versteld doet staan, de artsen incluis.

Elke diëtist heeft onder zijn patiënten een paar van deze extreme gevallen die lijken aan te komen van lucht en alle elementaire lichamelijke wetten lijken te tarten.

Ik heb patiënten gekend die zich 's avonds voor het slapengaan wogen en die bij het ontwaken, nog voor ze naar de wc gingen, een paar ons bleken te zijn aangekomen. Deze gevallen bestaan en ze brengen artsen uit hun evenwicht, maar gelukkig zijn ze zeldzaam. Meestal is een zeer sterke aanleg de oorzaak van ernstige zwaarlijvigheid. In deze categorie mensen die zwaarlijvigheid in hun systeem hebben zitten, komen we hen tegen die de meeste diëten al geprobeerd hebben, die vrijwel altijd zijn afgevallen, maar de verloren kilo's er steeds weer aangegeten hebben.

Voor hen is de vierde fase van het Dukan Dieet een goede stabilisatiebasis, maar dit kan voor de lastigste gevallen nog ontoereikend blijken.

Om die reden stel ik in het aan hen gewijde hoofdstuk een reeks aanvullende maatregelen voor, bedoeld om hun stabilisatie te ondersteunen.

Ik zal die maatregelen echter niet zoeken in allerlei beperkingen op eetgebied. Wat ik aan het begin van dit boek heb aangekondigd blijft van kracht: zelfs wie zijn voeding tot op de laatste calorie benut, moet na een geslaagd dieet zes op de zeven dagen spontaan kunnen eten.

De drie maatregelen die volgen, zijn bedoeld voor hen die een extreme aanleg hebben voor obesitas en die aan een ernstige, hardnekkige en misvormende zwaarlijvigheid lijden. Deze maatregelen zijn natuurlijk ook interessant voor mensen met minder ernstige gewichtsproblemen. Ze zullen vast en zeker iedereen interesseren die zonder zwaarlijvig te zijn al een 'historie van overgewicht' heeft en op zoek is naar effectiviteit.

Een belangrijke voorwaarde: punt 29

We weten tegenwoordig dat we op de wereld komen met een genetisch bepaalde voorraad aan vetcellen of adipocyten, de beroemde gele cellen die tot taak hebben vet aan te maken en op te slaan. In normale tijden is het aantal cellen vast en varieert het niet. Het is trouwens interessant om te weten dat hoewel het aantal vast is, dit per individu toch varieert. De mensen die er meer hebben, worden dan ook makkelijker dik. Vrouwen beschikken over een groter aantal adipocyten dan de man – dit is genetisch bepaald –, want bij hen speelt vet een meer cruciale rol, zowel bij de uiting van hun vrouwelijkheid als bij het moederschap. Een vrouw die niet over een vetreserve van 10 procent beschikt, heeft geen eisprong meer, zodat er geen zwangerschap kan ontstaan – die ze bij gebrek aan energie toch niet zou kunnen voldragen.

Het aantal adipocyten, dat wordt bepaald bij de geboorte, blijft dus relatief vast tijdens het hele leven... behalve op bepaalde sleutelmomenten waarop ik hier de aandacht wil vestigen.

Als een vrouw – of man – te veel of slecht eet en in gewicht toeneemt, zwellen de adipocyten op.

Wanneer die persoon blijft aankomen, slokken ook zijn adipocyten steeds meer vetten op en zetten verder uit.

Als de gewichtstoename doorgaat, blazen de adipocyten zichzelf op en bereiken ze de grens van hun elasticiteit. Op dat kritische moment zorgt nieuwe gewichtstoename voor een nieuw en uitzonderlijk fenomeen, dat de toekomst en prognose voor overgewicht op zijn kop zet: de adipocyte die niet meer kan opnemen DEELT ZICH in twee dochteradipocyten. Deze simpele deling verdubbelt de capaciteiten om vet te produceren en op te slaan.

Vanaf dat moment wordt de aanleg tot overgewicht groter. Het wordt gewoon makkelijker om aan te komen en moeilijker om af te vallen. Want als je probeert af te vallen, kun je weliswaar de grootte van de adipocyten terugbrengen, maar nooit van de twee dochtercellen weer een moedercel maken.

Voedingsdeskundigen zijn hiervan op de hoogte, maar het grote publiek niet en het is van groot belang dat iedereen dit beseft. De kennis en de verspreiding van deze feiten zijn belangrijk voor iedereen bij wie de gewichtstoename (nog) bescheiden is. Zij moeten koste wat het kost dat *point of no return* vermijden, omdat vanaf dat cruciale punt de strijd moeilijker wordt in een omgeving die zelf ook moeilijker zal worden. Op het moment dat de adipocyten zich delen, verandert het eenvoudige overgewicht door eetgedrag in een metabolisch overgewicht en dat brengt de zekerheid met zich mee dat niets meer zo eenvoudig is als vroeger. Ik schrijf dit niet om zwaarlijvige mensen te verontrusten of te beschuldigen, zij weten donders goed dat ze moeilijker en minder duurzaam afvallen dan vroeger. Ik kan hun echter verzekeren dat mijn methode, rekening houdend met hun beperkingen, hun de middelen in handen geeft om hun resistentie te doorbreken.

Voor alle mannen en vrouwen in de gevarenzone, voor wie deze feiten tellen, is het van belang om op een simpele en concrete manier het punt te bepalen in de geschiedenis van hun gewicht waarop die deling zal plaatsvinden... om het te vermijden!

Daartoe heb ik de tienduizenden patiënten geëvalueerd die me hebben geconsulteerd in mijn praktijk als voedingsdeskundige. Door te zoeken naar een nauwkeurige parameter, de periode waarop de echte en abrupte weerstand tegen diëten en gewichtsverlies intrad, heb ik in de statistieken het moment kunnen lokaliseren waarop de BMI 28 overgaat naar BMI 29.

Allereerst moet je weten wat BMI is en hoe je die berekent. BMI of Body Mass Index bereken je door je gewicht te delen door het kwadraat van je lengte. Bijvoorbeeld, je weegt 70 kilo en je bent 1,60 meter lang. Het kwadraat van je lengte is 1,6 x 1,6 = 2,56. Nu hoef je je lichaamsgewicht in kilo's, dus 70 kilo, alleen nog maar te delen door 2,56 en je krijgt je BMI. 70 gedeeld door 2,56 = 27,34. Je ziet dat deze BMI nog niet 29 is, maar er wel in de buurt komt. Je hebt nog maar 4 kilo nodig om een BMI van 28,9 te krijgen, op een paar ons van het cruciale punt 29. Het gaat er dus om er alles aan te doen dit punt niet te bereiken.

Als je het nog niet kent, bereken dan je eigen BMI, eventueel met behulp van internet. Niets is simpeler. Op basis daarvan houd je de progressie in de gaten. Als je een BMI van 27 nadert, moet je oppassen. Laat je niet verder afzakken, je apidocyten zitten al aardig vol. En als je dicht tegen de 28 aankomt, moet je reageren. Je apidocyten zijn nu verzadigd en kunnen zich elk moment delen, wat het sturen en controleren van je gewicht veel moeilijker zal maken.

Nu ben je op de hoogte en een gewaarschuwd mens telt voor twee. Ik vraag je de boodschap door te geven aan je kinderen, je vrienden. Ik hoop dat een grote verspreiding van dit boek bijdraagt aan de verspreiding van deze kostbare informatie.

Buitengewone ondersteunende maatregelen

De eerste buitengewone maatregel: gebruik van kou bij de controle van het gewicht

In mijn hele plan, dat ik net heb beschreven, hebben we je gewichtsproblemen aangepakt met een dieet en haverzemelen die ervoor zorgen dat er minder calorieën worden opgenomen.

Daarna heb ik me op een ander onderdeel gericht, dat van het verbruik van calorieën met behulp van lichaamsbeweging met een voorkeur voor lopen: de menselijke activiteit bij uitstek.

Nog steeds met het doel om het energieverbruik door het lichaam te verhogen, pak ik nu een derde onderwerp aan, een nog niet eerder vermelde manier om calorieën te verbranden, een uiterst origineel en weinig bekend middel waaraan ik veel waarde hecht: het energieverbruik om het lichaam warm te houden.

Laten we uitgaan van een man van 70 kilo, 1,70 m lang, met een semiactief beroep. Deze man consumeert en verbruikt onder normale omstandigheden dagelijks gemiddeld 2400 calorieën.

Laten we bekijken hoe en in welke sectoren hij deze calorieën binnenkrijgt.

- 300 calorieën zorgen elke dag voor het verplichte functioneren van de organen en vitale functies (het pompen van het hart, de werking van de hersenen, lever, nieren enz.). Dit geringe verbruik bewijst hoe goed onze organen zijn aangepast om te overleven. Er valt hier dus weinig te winnen door het organisme aan te sporen meer te verbranden.

- 700 calorieën dienen ertoe om te kunnen bewegen, voor de motorische activiteiten en lichamelijke bezigheden. Dat verbruik kunnen we natuurlijk verhogen. Ik heb lange tijd de collectieve misvatting gedeeld die eruit bestond alleen de raad te geven meer te gaan bewegen. Deze raad alleen gaf alle hulpverleners, onder wie ikzelf, weliswaar een goed geweten, maar leidde tot niets. Intussen, in mijn dagelijkse strijd tegen overgewicht, heb ik begrepen hoe essentieel lichaamsbeweging is voor gewichtsverlies en nog meer voor de stabilisatie op de lange termijn. In de huidige versie van dit boek, dat je nu leest, heb ik 'lopen' opgenomen in het allerheiligste en de basis van mijn methode. Voortaan geef ik niet meer de 'raad' om te gaan lopen, maar 'schrijf ik het voor' op recept vanuit dezelfde plechtige en diepe overtuiging als ik zou doen met een medicijn. Dat lopen, dat ik uit alle vormen van lichamelijke inspanningen heb geselecteerd, ligt aan de basis van ons mens-zijn en is gegrift in de genen van onze soort.

- 1400 calorieën, de hoofdmoot, worden verbruikt voor de stofwisseling waarvan ruim de helft de basislichaamstemperatuur rond de 37 °C houdt, een temperatuur die nodig is om in leven te blijven. Ook op dat vlak hebben dus we mogelijkheden en de intentie om het verbruik te verhogen.

Daartoe hoeven we alleen kou als vriend en bondgenoot te leren zien.

Sinds de laatste worstelingen in de strijd om het vuur heeft de mens de kou definitief overwonnen en zijn lichaam ontslagen van de taak om warm te blijven, dankzij een eindeloze reeks vormen van externe bescherming (warmte, kleren) waarvan hij maar al te vaak misbruik maakt. Doordat zijn lichaam zich niet meer hoeft aan te passen aan kou is de mens gedwongen zijn cruciale inwendige temperatuur op zeer kostbare wijze te handhaven. Deze slechte aanpassing aan de kou en die verspilling van energie is echter bruikbaar om het gewicht bij grote aanleg voor zwaarlijvigheid stabieler te houden. De techniek die ik mensen met grote aanleg voor obesitas aanreik, bestrijdt het gemak waarmee ze reserves aanleggen door ze meer calorieën te laten verbruiken om warm te blijven.

Het gaat om een reeks simpele maatregelen, zonder beperkingen en niet gericht op voedsel, maar vreselijk effectief, bedoeld om obesitaspatiënten te leren kou te benutten om hun gewicht onder controle te houden.

Voor alles moet je weten dat de lichaamstemperatuur van de mens boven de 35 °C moet blijven. Dit is geen aanbeveling, maar een absoluut vitale voorwaarde.

Eet zo vaak mogelijk een koude maaltijd

Als je een heel warme maaltijd eet, neem je de voedingsstoffen en calorieën op, maar onbewust ook de warmte die erin zit en die warmte vormt een extra dosis calorieën die er ook voor zorgt dat de lichaamstemperatuur rond die onmisbare 37 °C blijft. *Een warme biefstuk bevat dus meer calorieën dan een koude,* want zodra die wordt opgenomen, zal het lichaam korte tijd stoppen zijn eigen calorieën te verbranden om de fysieke warmte die in het eten zit te benutten.

Als je een koude maaltijd gebruikt, wordt eten pas toegelaten tot het bloed als het eerst op de inwendige lichaamstemperatuur is gebracht. Die operatie verbruikt veel calorieën en vertraagt bovendien de vertering en opname – en dus het weer opduiken van honger.

Natuurlijk raad ik je niet aan alleen maar koude maaltijden te eten, maar bij elke gelegenheid die zich voordoet om tussen een warme en een koude maaltijd te kiezen zou je voor de koude moeten gaan.

Koud drinken

Een koude maaltijd nemen is niet altijd makkelijk of aangenaam. Maar koud drinken is niets meer dan gewenning. De meeste mensen drinken overigens altijd koude dranken.

Voor de recalcitrante mens met overgewicht kan deze simpele en vaak aangename handeling zeer rendabel zijn. Als je 2 liter water drinkt dat uit een koelkast van 4 °C komt, zul je dit vocht vroeg of laat uitscheiden als urine van 37 °C. Om deze 2 liter water 33 °C warmer te maken zal het organisme 60 calorieën moeten verbranden. Als dit een gewoonte is geworden, zal dit proces er in een jaar voor zorgen dat je zonder inspanning bijna 22.000 calorieën verbrandt, dus ruim 2,5 kilo per jaar, wat een zegen is voor alle mensen met ernstig overgewicht wier stabiliteit zo vaak bedreigd wordt.

Omgekeerd bevat een kop hete thee die je heel verstandig hebt gezoet met zoetjes, geen enkele calorie, maar hij levert wel een dosis geïntegreerde warmte die berekend kan worden in 'verborgen' calorieën waarvan weinig consumenten zich bewust zijn.

Op ijsklontjes zuigen

Het gezochte effect is nog groter met ijsklontjes die een temperatuur van onder het vriespunt hebben (-10 °C). Op basis van dit principe vraag ik mijn patiënten vaak om ijsklontjes te maken, gezoet met aspartaam en met wat vanille- of citroenaroma. Als ze daarvan vijf of zes per dag opzuigen in het warme seizoen, kunnen ze zonder inspanning bijna 60 calorieën per dag verbruiken.

Afvallen door je te wassen

Doe eens een simpel experiment door onder de douche te gaan met een thermometer in de hand. Draai de kraan open en laat de temperatuur geleidelijk zakken tot 25 °C. Waarmee kun je de temperatuur van dit water vergelijken? Met een aangename duik in de zee op een zomerdag.

Als je 2 minuten onder deze douche blijft staan, dwing je je lichaam om bijna 100 calorieën te verbranden omdat het zich moet verzetten tegen het afkoelen, wat neerkomt op een calorieverbruik dat gelijk is aan dat van 3 kilometer lopen.

Deze verfrissende douches hebben het meeste effect op de lichaamsdelen die het meeste warm bloed toegevoerd krijgen, zoals de oksels, de liezen, de hals en de borst. Daar circuleert het bloed door de grote warme aderen die dicht aan de oppervlakte liggen en kan het meeste warmteverlies plaatsvinden.

De grootste koukleumen kunnen deze manier om calorieën te verbranden toch benutten door deze douche alleen op de minder gevoelige lichaamsdelen te gebruiken, zoals de dijen, de benen en de voeten.

Vermijd warme ruimten
Wie gewichtsproblemen heeft, moet weten dat een kamertemperatuur van 25 °C in de winter zijn aanleg om aan te komen verder zal versterken.

Voor hem en voor iedereen die wil afvallen zal een verlaging van de temperatuur met 3 °C, dus van 25 naar 22 °C, het lichaam dwingen om 100 calorieën extra per dag te verbranden, vergelijkbaar met het rendement van 20 minuten hardlopen.

Kleed je minder warm aan
Deze maatregel werkt op dezelfde manier als de vorige en kan ermee gecombineerd worden.

Als het winter is, en soms zelfs al vanaf de herfst, haal je vaker uit gewoonte dan uit noodzaak dikke truien en ondergoed uit de kast. 's Nachts neemt menigeen een extra dik dekbed zonder dat hij echt behoefte heeft aan de warmte, maar gewoon omdat het prettig aanvoelt.

Kies een van deze drie dingen en zweer de gewoonte af van synthetisch ondergoed, dikke truien of het extra dekbed. Alleen al die maatregel zal je dagelijks 100 nieuwe calorieën kosten.

Bovendien moet iedereen met aanleg voor zwaarlijvigheid weten dat het niet aan te raden is om te strakke kleren te dragen. Een aangekleed lichaam transpireert altijd licht en die verdamping die verfrist en de lichaamstemperatuur laat dalen, moet worden ondersteund door het dragen van lekker wijde kleding.

Conclusie
Als we kijken naar de energiebalans maakt een simpele optelsom van dit extra verbruik het belang duidelijk van het benutten van kou bij een moeizame stabilisatie van het gewicht.

Het drinken van 2 liter water van 10 °C kost het organisme om afkoeling te voorkomen:	60 calorieën
Het zuigen op 6 zoete ijsklontjes:	60 calorieën
2 minuten douchen op 25 °C:	100 calorieën
De kamertemperatuur laten zakken met 3 °C:	100 calorieën
Een dikke trui, dik ondergoed of een deken afzweren:	100 calorieën
Totaal:	420 calorieën

Deze optelsom bewijst duidelijk en simpel de effectiviteit van deze maatregelen.

De lezer die aan de betrouwbaarheid ervan twijfelt, moet begrijpen dat ik hier teruggrijp op een fysiologische realiteit en tegelijk heel logisch denk. Hoe kun je betwijfelen dat het handhaven van een zo hoge constante lichaamstemperatuur van 37 °C calorieën kost, en dat dit verbruik afhangt van de kamertemperatuur en het contact met kou? Iedereen weet uit ervaring hoe hoog de stookkosten zijn in een huis met deuren en ramen die slecht sluiten. Ons lichaam werkt volgens hetzelfde principe en dat maakt het ons mogelijk die energieverspilling te benutten om de uiterst spaarzame aard van de zwaarlijvige mens om te buigen.

En ook al is verkoeling geen afdoende wapen om iemand te laten afvallen, het kan wel heel nuttig zijn in het kader van een problematische stabilisatie waarbij er soms maar iets kleins nodig is om het tij te doen keren. Deze bescheiden maar regelmatig verbruikte calorieën door de kou kunnen net dat zetje geven dat succes mogelijk maakt.

Tot slot is er nog een argument dat alle andere ver achter zich laat: test deze techniek in de praktijk. Iedereen die zo slim is geweest om de omvang en de weerstand van zijn zwaarlijvigheid te evalueren, die heel serieus mijn plan voor definitieve stabilisatie toepast en die desondanks de weegschaal ziet aarzelen om op het streefgewicht te blijven staan, moet de effecten van afkoeling zeker een paar weken uitproberen. Na dat korte experiment zal hij niemand meer nodig hebben om de beslissing voor hem te nemen.

Voor mensen met een minder sterke aanleg tot overgewicht is deze techniek niet noodzakelijk. Toch kunnen ze er af en toe gebruik van maken, in perioden waarin de dreiging groter is (vakantie, feestjes, enz.), of een à twee elementen uit het programma kiezen die hen aanspreken.

De confrontatie met kou kan trouwens een heel nuttige oefening zijn voor iedereen die zich op bepaalde vlakken wel eens weerloos en slapjes voelt en die zin heeft om zijn wilskracht aan te scherpen op andere vlakken waarop hij beter gewapend is. Zelfbevestiging tegenover kou kan helpen om een zekere zwakte op eetgebied te overwinnen.

Ik sluit dit hoofdstuk af door te zeggen dat warmte en comfort ons zwak maken, en kou ons dynamischer maakt, oproept tot het gebruiken van onze spieren en onze intelligentie en de schildklier beter laat functioneren. Zo heb ik heel wat mismoedige mensen uiteindelijk horen zingen onder een koudere douche.

Tweede buitengewone maatregel: het uitoefenen van nuttige fysieke handelingen

De meeste theorieën over vermagering schrijven voor dat je om af te vallen alles in kleine doses moet gaan eten en tegelijk het calorieverbruik door lichamelijke beweging moet verhogen. Dit lijkt een logische en rationele benadering, maar wordt niet bevestigd door de praktijk. Volgens de Amerikaanse beroepsvereniging van obesitasspecialisten valt 12 procent van de mensen met overgewicht effectief af door een dieet te volgen, maar lukt het slechts 2 procent om dat nieuwe gewicht stabiel te houden.

Nooit sporten in de intensieve vermageringsfasen

In de aanvalsfase en zolang het versnelde afvallen duurt, raad ik patiënten die lijden aan ernstige zwaarlijvigheid elke sport of intensieve activiteit af. Maar ik geef hun wel de opdracht om te gaan LOPEN.

En wel om drie redenen.

- Ten eerste wordt de wilskracht al zwaar genoeg beproefd door het vermageringsdieet. Door er nog een extra zware inspanning bovenop te leggen, bestaat het gevaar dat het hele bouwwerk instort.

- Ten tweede is de zwaarlijvige die veel afvalt gauw moe en heeft hij rust en slaap nodig om te herstellen. Afgezien van lopen zal elke fysieke inspanning hem vaak nog meer vermoeien en zijn vastberadenheid kunnen aantasten.

- Ten derde is de zwaarlijvige per definitie veel te zwaar voor zijn lichaamsbouw en zou het opleggen van een ongewone fysieke inspanning gewoon te gevaarlijk zijn.

Bovendien vraag je, als je hem tot sportieve activiteit dwingt, hem ook zijn weerzin te negeren om zijn lichaam in het openbaar te tonen.

Drie minimale activiteiten ter ondersteuning

Ook al is intensieve lichamelijke activiteit uitgesloten tijdens het vermageren, het is juist van belang in de stabilisatiefase, wanneer de patiënt zijn extra kilo's is kwijtgeraakt, zowel om een gewichtstoename te voorkomen als om de verzwakte spieren te sterken en de verslapte huid steviger te maken. Toch blijkt uit ervaring dat het heel lastig is om zwaarlijvige mensen tot regelmatige lichaamsbeweging aan te sporen. Vaak hebben ze een hekel aan beweging en inspanning, een afkeer die deels verantwoordelijk was voor het ontstaan van overgewicht.

Toch zal ik de patiënt met grote aanleg voor zwaarlijvigheid en moeite om stabiel te blijven vragen om drie essentiële regels op te nemen in zijn basisplan. Deze zijn door iedereen te volgen, zelfs de grootste tegenstanders van lichamelijke inspanning.

- **Het afzweren van de lift.** Deze regel heb ik al beschreven in de volhardingsfase. Hij is bedoeld voor iedereen die stabiel wil blijven. De zwaarlijvige mens die zijn doel heeft bereikt – maar die ook weet dat zijn persoonlijkheidsstructuur kwetsbaarder is dan die van iemand met een klein overgewicht – moet deze fysieke inspanning integraal in zijn nieuwe manier van leven opnemen. Hij mag de tijd nemen, stoppen om even op adem te komen, precies doen waar hij zin in heeft tussen de eerste en de zesde etage, maar hij moet erop gespitst zijn die zesde etage te bereiken. Ik zeg het nog maar eens: elk mens met overgewicht die is afgeslankt, is een sterk mens, vele malen sterker dan iemand met een normaal gewicht, want leven met voortdurend 120 of 150 kilo op je benen is een constante oefening, op zichzelf al een vorm van sport. Daarom zal hij wanneer hij is afgevallen een spiermassa overhouden en een kracht die de paar etages die ik hem voorschrijf tot een makkie maken.

- **Ga zo vaak mogelijk staan.** Bij elke gelegenheid waarin een zittende of liggende positie niet verplicht is, moet je gaan staan. Ga goed staan en verdeel je gewicht evenredig over beide voeten. Leun niet op één been, omdat je dan je lichaamsgewicht naar één kant brengt en de last niet met je spieren draagt, maar met je banden, die geen enkele calorie verbruiken als ze worden belast.

  Verwaarloos deze op het oog zo onbelangrijke regel niet. De staande houding zorgt voor een statisch aanspannen van alle grote lichaamsspieren: de bilspieren, de voorste dijbeenspieren en de hamstrings.

  Rechtop staan, goed stevig op beide voeten, is een activiteit die, als je er een gewoonte van maakt, een niet te verwaarlozen dosis energie kost.

- **Nuttig lopen.** Dit is opnieuw een goede gelegenheid om terug te komen op lopen. Je weet nu hoe belangrijk lopen is voor de balans in de strijd tegen overgewicht. Je weet dat ik een dosis van 20 minuten per dag voorschrijf in de aanvalsfase, 30 minuten in de cruisefase met pieken van 60 minuten gedurende 4 dagen om een stagnatieplafond te doorbreken. En dan weer 25 minuten ter stabilisatie om tot slot te eindigen met een minimum van 20 minuten per dag in de volhardingsfase.

Maar bij de succesvol afgevallen mens met overgewicht volstaan die 20 minuten niet. Hij moet aan het 'lopen puur om het lopen', de immense bijdrage van het nuttige lopen toevoegen, wat niet altijd makkelijk is: te voet naar huis gaan, de boodschappen doen en op visite gaan geeft het lichaam nieuwe richting.

De succesvol afgevallen zwaarlijvige moet weer leren zijn lichaam te gebruiken, dat hij terecht beschouwde als een onvervoerbare last en een beperking van zijn vrijheid. Het achterlaten van zwaarlijvigheid gaat niet zomaar. Het is een heropvoeding die moet plaatsvinden tussen de oren en die gewenst moet zijn. Maar dat werken aan jezelf schenkt zo veel voldoening dat het alle concessies rechtvaardigt. Een dag zuivere eiwitten per week, 3 eetlepels haverzemelen per dag, de kou opzoeken, gaan staan, lopen zodra het kan en de trap nemen, zijn in de stabilisatiefase kleine concessies vergeleken bij de hervonden bewegingsvrijheid, waardigheid en een normaal leven.

Psychische ondersteuning van de stabilisatie: drie aanpassingen op het eetgedrag

Eet langzaam en kauw al het voedsel volledig fijn

Het is nu wetenschappelijk bewezen dat je dik wordt als je te snel eet. Bij een Engels onderzoek werden twee groepen vrouwen gefilmd, een bestaand uit zwaarlijvige vrouwen en de andere uit vrouwen met een normaal gewicht. De films tonen aan dat de vrouwen met een normaal gewicht twee keer langer kauwden dan hun dikke zusters, sneller verzadigd waren en minder zetmeel en suiker nodig hadden in de uren na de maaltijd.

Er zijn twee soorten verzadiging: de mechanische verzadiging door het vullen van de maag en de werkelijke verzadiging die optreedt wanneer de voedingsstoffen na vertering in het bloed en vervolgens in de hersenen komen. Mensen die te snel eten, kunnen niet rekenen op het uitzetten van de maag om hun gulzigheid te temperen. Dit kan een groot verschil maken en het verklaart dat iemand vaak slaperig is aan het eind van de maaltijd en een opgezwollen gevoel heeft, wat bewijst dat er te veel gegeten is.

Omgekeerd nemen mensen die langzaam eten en kauwen de tijd, zodat calorieën en voedingsstoffen rustig de hersenen kunnen bereiken, waardoor het gevoel van verzadiging sneller optreedt. Halverwege de maaltijd zullen ze al moeite krijgen met dooreten en vervolgens het dessert afslaan.

Ik weet dat deze sterk verankerde gewoonte nooit helemaal afgeleerd kan worden en ik weet ook dat er weinig zo vervelend is als lunchen met deze 'tafelschildpadden' wanneer je een flinke eetlust hebt.

Toch mag de succesvol afgevallen zwaarlijvige die moeite heeft stabiel te blijven deze regel niet licht opnemen. Hij moet het idee accepteren dat deze simpele handeling hem zeer kan helpen. Hij moet ook weten dat de gewoonte om snel te eten psychisch veel makkelijker om te buigen is dan het lijkt. Je hoeft maar een paar dagen goed op te letten en langzamer eten zal al snel een automatisme en op de lange duur een gewoonte worden.

Ik wil hier besluiten met een leuke anekdote van een van mijn ex-zwaarlijvige Indiase patiënten, die genezen en gestabiliseerd is door een goeroe uit een ashram in New Delhi met als enige behandeling de volgende raad: 'Bij elke maaltijd eet en kauw je zoals altijd, maar voor het inslikken werk je de hap met de tong weer voor in de mond en kauw je een tweede keer. In twee jaar zul je weer op een normaal gewicht zijn.'

Veel drinken tijdens de maaltijd

Een oorspronkelijk verkeerd geduid maar in het collectieve onderbewustzijn verankerd verbod stelt dat wie wil afvallen niet mag drinken tijdens het eten.

Dit cliché is niet alleen absurd en ongerechtvaardigd, maar doet de waarheid geweld aan. Drinken tijdens de maaltijd is goed voor zwaarlijvige mensen en wel om drie redenen:

- Ten eerste werkt water als vulmiddel, dat in combinatie met het eten de maag vult en heel snel een vol en verzadigd gevoel geeft. Een spons vol water neemt meer plaats in dan een droge spons.

- Drinken tijdens het eten onderbreekt ook even het opnemen van vast voedsel. Die pauze, waarbij ook de smaakpapillen worden gespoeld, vertraagt de gang van de maaltijd en geeft de chemische melders de tijd om door het bloed en hersenen te reizen om het sein van bevrediging af te geven.

- Tot slot zorgt water, als het koud of fris is, ervoor dat de totale temperatuur van het eten in de maag daalt en dat moet dan weer worden opgewarmd voor het in het bloed kan worden opgenomen: tijd- en calorieënwinst.

Om de drie redenen om te drinken ten volle te benutten, is het in de praktijk wenselijk om voor de maaltijd een glas water te drinken ter grootte van een bierglas, een tweede in een aantal slokken tijdens de maaltijd en een derde glas voor je van tafel opstaat.

Niet twee keer opscheppen van hetzelfde gerecht

In de stabilisatiefase, de overgangsfase tussen de zuiver op vermagering gerichte periode en de definitieve consolidatie, mag je weer een bepaald aantal noodzakelijke levensmiddelen eten en twee feestmaaltijden gebruiken, maar wel voorzien van een verstandige raad: schep nooit twee keer op van hetzelfde gerecht.

De diëter die succesvol afgevallen is, maar met een onzekere stabilisatie, heeft er alle belang bij deze regel aan te houden die mensen met een slanke lichaamsbouw al uit zichzelf volgen.

Bedien jezelf goed in de wetenschap dat je niet nog een keer mag opscheppen. Je zult er lekkerder door eten en je kunt er beter de tijd voor nemen.

Als je in verleiding komt om je bord nog een keer te vullen, moet je je realiseren dat je op een gevaarlijke drempel staat. Zet je bord weer neer en wacht op de volgende gang.

Conclusie

Wat is er simpeler dan drinken tijdens de maaltijd, het eten goed kauwen, je concentreren op de sensaties die het geeft en nooit tweemaal van hetzelfde gerecht opscheppen? Simpel, maar effectief want deze regels spelen allemaal een rol aan tafel en op juist die plekken waar risicovol eetgedrag woekert – dat deels verantwoordelijk was voor de aanvankelijke zwaarlijvigheid.

Al deze regels leggen de zwaarlijvige mens, die tot dusver elke duurzame stabiliteit moest missen, nog enkele beperkingen op naast die van de andere buitengewone maatregelen ter ondersteuning, zoals het benutten van kou en beweging. Ze zijn echter van grote praktische waarde.

De succesvol afgevallen obesitaspatiënt moet weten dat hij nooit op duurzame stabiliteit mag rekenen als hij niet een deel van zichzelf achterlaat, dat deel dat hem door het eetgedrag en gewoonten verankert in instabiliteit en onvermijdelijk falen.

Dit netwerk van regels waarop hij kan vertrouwen werkt als een baken op weg naar stabilisatie. De regels zekeren voortdurend de reikwijdte, het belang en de duurzaamheid van een grote uitdaging: aangenaam leven en net zo lekker eten als iedereen gedurende zes dagen van de week.

Mijn plan, van jeugd tot menopauze

Mijn plan berust op het basisprincipe dat het in onze tijd moeilijk is geworden om een normaal gewicht te bereiken en te behouden zonder een specifieke methode.

Terwijl ik deze regels schrijf, werken op onderzoeksafdelingen en in laboratoria van grote levensmiddelenfabrikanten marketinggenieën en professoren in de psychologie – experts op het gebied van de dieperliggende motivatie voor menselijk gedrag – koortsachtig aan de ontwikkeling van complete programma's voor snacks en knabbels die qua vorm, kleur, argumenten en verspreidingswijze zo verfijnd zijn dat het een ware krachtmeting vergt om er weerstand aan te bieden.

Tegelijk zijn in andere centra even deskundige onderzoekers en technici verbeten op zoek naar manieren en producten waarvan de innovatie bijdraagt aan het beperken van de beweging van de menselijke machine. Op deze manier zijn, sinds de uitvinding van de eerste stoommachine, de auto, elektriciteit, telefoon, wasmachine, wegwerpzakdoeken en -luiers, afstandsbediening en de elektrische tandenborstel aan hun opmerkelijke opmars begonnen. Al die producten zijn voorgesteld als innovaties maar bevrijden of beroven ons, afhankelijk van het ingenomen standpunt, van een groot aantal nuttige bewegingen – en de calorieën die het kost om ze uit te voeren.

Dit alles noem ik om te zeggen dat, afgezien van diegenen die (zwaar) lichamelijk werk doen en profsporters, elk menselijk wezen in onze consumptiemaatschappij grote problemen zal ondervinden om zijn gewicht onder controle te houden, ook al is het om gezondheidsredenen en maatschappelijke normen sociaal en cultureel incorrect geworden om overgewicht te hebben.

Ik heb dit plan gesmeed om deze structurele denkfout in onze moderne maatschappij te corrigeren en een oplossing aan te dragen waarmee je deze nieuwe beschavingsziekte te lijf kunt gaan.

Tot op heden heb ik het Dukan Dieet voorgesteld in een algemene vorm om de structuur inzichtelijk te maken door alleen de parameters van tijdsduur en te verliezen gewicht erbij te betrekken. Nu gaan we kijken hoe het door mensen van verschillende leeftijden en bestaansniveaus gebruikt kan worden.

Het Dukan Dieet aangepast aan de jeugd

De combinatie van een overvloed aan eten en een vermindering van lichamelijke activiteiten treft vooral het kind. Binnen een enkele generatie hebben televisie, computerspelletjes en het internet hun intrede gedaan, die ieder kind elke dag lange tijd aan het beeldscherm kluisteren. Daarbij komen nog de repen, snoepjes, chips, koekjes en frisdrank met hun verleidelijke smaken en onweerstaanbare reclame-uitingen.

De epidemie van zwaarlijvigheid in Amerika is begonnen in de jaren zestig toen ze vaste voet kreeg onder de jeugdige bevolking. De dikke kinderen van toen zijn de zwaarlijvige volwassenen van nu, van wie het percentage in de Verenigde Staten het hoogste ter wereld is.

Franse kinderartsen proberen zich met de povere middelen waarover ze beschikken te verzetten tegen deze culturele invasie, met een reikwijdte die op elk punt vergelijkbaar is met die van de Amerikaanse politieseries. Fastfood, pizza's, enorme bakken ijs, frisdrank, repen, popcorn en cornflakes, gekoppeld aan een 'elektronische onbeweeglijkheid', laten het percentage dikke kinderen steeds verder stijgen.

Wat betreft overgewicht bij kinderen moeten we onderscheid maken tussen de preventieve aanpak van kinderen die al heel vroeg blijk geven van een aanleg om dik te worden en de curatieve methode die een al ingetreden jeugdobesitas behandelt.

Vergeet nooit dat op het specifieke terrein van overgewicht bij kinderen de preventieve methode verreweg de interessantste is – en de meest rendabele – want iemand die als kind al last heeft van overgewicht zal zijn leven lang problemen hebben om op gewicht te blijven. Probeer dus altijd consequent en alert te zijn om gewichtstoename bij een kind te voorkomen. Hij zal dit (extra) gewicht als volwassene meeslepen in een eindeloos en frustrerend gevecht.

Het risicokind

Hierbij gaat het meestal om een kind dat dol is op snoep en weinig beweegt, van wie de ouders ook kampen met overgewicht, dat al heel vroeg blijk geeft van grote eetlust en een neiging om mollig te worden.

Op deze leeftijd is er zeker geen sprake van het opleggen van diëten en nog minder van een zo effectief en gestructureerd dieet als het Dukan Dieet. Wel moet er hulp geboden worden aan de ouders, die vaak niet weten hoe ze deze neiging moeten indammen.

Die hulp is helder en eenvoudig in de vorm van drie regels:

- Haal geen zoete levensmiddelen in huis, behalve die gezoet met aspartaam;
- Vermijd echt chips, friet en vette nootjes (pinda's, pistachenootjes);
- Verminder het gebruik van vet (olie, boter, room) in sauzen en bereidingen met de helft of twee derde.

Met deze drie basisregels, die op de lange termijn zeer effectief zijn, kan het grootste gevaar worden ontweken. Deze regels zijn echter dwingend, want het gaat om de toekomstige gezondheid, zowel fysiek als psychisch, van deze kinderen.

Verstandige ouders moeten dus vermijden allerlei soorten snoep, koek, chocolade, chocopasta of ijs in huis te halen: geef deze uitsluitend bij feestelijke gelegenheden of als beloning. Er is tegenwoordig een groeiend aantal vervangende producten op de markt dat minder vet en suiker bevat, zoals jam zonder suiker, dieetkauwgum, gearomatiseerde zuivel met 0 procent vet, lichtgezoete chocolade, vla zonder suiker en 0 procent vet, yoghurtijs, enz.

Ook doe ik hier een beroep op de creativiteit van ouders om het vetgehalte in slasaus, boter in de pasta en diverse sauzen bij de bereiding van vlees, vis of gevogelte te verminderen (zie recepten en aanbevolen sauzen).

Het zwaarlijvige kind

- Voor het tiende levensjaar gaat het erom een zachte strategie te kiezen met als doel het gewicht te stabiliseren en ervoor te zorgen dat de groei met bijbehorende gewichtstoename de lichte molligheid kan opvangen. Begin met een periode van drie maanden waarin je de drie bovengenoemde regels volgt voor een betere suiker- en vetbalans in de voeding dat het kind.

  Als het kind blijft aankomen, ondanks deze eerste maatregelen, ga je over op de derde fase van mijn plan, de zogenoemde stabilisatiefase met zijn twee feestmaaltijden, maar zonder de eiwitdonderdag, die nog te agressief is voor deze leeftijd.

- Ook na het tiende levensjaar en bij gevestigde zwaarlijvigheid kun je proberen dit overgewicht op milde wijze af te bouwen. De aanpak begint op dezelfde manier als de vorige, met een stabilisatiefase maar nu met een balansdag van eiwitten SAMEN MET groenten. Het doel is hier af te vallen zonder het risico te lopen het kind overdreven te frustreren. Je weet immers dat de groei een grote troef is die het mogelijk zal maken het overtollige gewicht te verbruiken.

Het Dukan Dieet aangepast aan de adolescentie

De adolescentie was lange tijd, onder normale levensomstandigheden, voor jongens de periode waarin ze het minst bedreigd werden door overgewicht, een periode van groei en grote activiteit met een groot energieverbruik die elke gewichtstoename compenseerde.

Hetzelfde geldt niet voor meisjes. De puberteit betekent voor hen een periode van hormonale instabiliteit met een onregelmatige menstruatie en een sterk door hormonen bepaalde gewichtstoename op de meest vrouwelijke lichaamsdelen, zoals de dijen, heupen en knieën. Deze stormachtige periode gaat vaak gepaard met hypergevoeligheid, emotionaliteit en een groot verlangen naar slankheid die in deze leeftijdscategorie ongenuanceerd toeslaat.

Het pubermeisje met risico

- Bij een simpele aanleg voor molligheid en een onregelmatige menstruatie met een duidelijk premenstrueel syndroom, is het goed de huisarts te laten bekijken hoever het skelet al volgroeid is om te bepalen hoeveel groei er nog verwacht kan worden.

- Zolang het meisje nog in de groei is, is mijn stabilisatiedieet het best geschikt om deze (nog) bescheiden aanleg voor overgewicht in te dammen, mits het in zijn geheel gevolgd wordt, inclusief de eiwitdonderdag.

- Als het meisje volgroeid is of de neiging tot aankomen onvoldoende onder controle is met voorgaand dieet, ga je over op de tweede fase van het Dukan Dieet, de cruisefase, maar dan aangepast aan de kwetsbare situatie van het pubermeisje. In deze fase die voor volwassenen bestaat uit de afwisseling van zuivere eiwitten en eiwitten + groenten, geldt voor het pubermeisje de unieke modus van eiwitten + groenten in een doorgaande lijn zonder afwisseling.

- Als de gewichtstoename erger wordt, en vanaf de leeftijd van zeventien jaar, is de volledige cruisefase nodig, in een afwisselend ritme van 1 om 1, dus een dag zuivere eiwitten gevolgd door een dag eiwitten + groenten tot het Juiste Gewicht is bereikt, rekening houdend met de leeftijd van het meisje en vooral niet met een zelfgekozen 'Ideaal Gewicht'. Dat laatste, vaak onrealistisch, brengt het risico met zich mee dat het organisme te spaarzaam wordt en het pubermeisje dwingt tot een te beperkte voeding.

Het zwaarlijvige pubermeisje

Na het zestiende levensjaar, in geval van echte zwaarlijvigheid, bij een regelmatige menstruatie en zonder boulemische eetstoornissen of dwangmatig eetgedrag is het wenselijk om het Dukan Dieet volgens het normale verloop te toe te passen: te beginnen bij de aanvalsfase van 3 à 5 dagen, waarna overgegaan wordt op de cruisefase waarbij

1 dag zuivere eiwitten wordt afgewisseld met 1 dag eiwitten + groenten.

Bij meisjes in de puberteit is het cruciaal om het gewicht dat wordt bereikt met het dieet te stabiliseren met het stabilisatiedieet en dan over te gaan op de definitieve consolidatie met de eiwitdonderdag, de totale uitbanning van liften en de drie lepels haverzemelen. En dat alles des te langduriger naarmate er meer gewicht is verloren en er zwaarlijvigheid in de familie lijkt te zitten.

Mijn dieet en vrouwen die de anticonceptiepil slikken

De generatie minipillen met een zwakke dosis hormonen heeft het risico om aan te komen sterk teruggebracht vergeleken met de oude, zwaardere pil.

Toch, en ongeacht de dosering, vormen de eerste maanden waarin de pil wordt geslikt nog steeds een periode waarin de vrouw kan aankomen, pondjes die vaak lastig zijn weg te werken voor wie nog nooit op haar eetgewoonten heeft hoeven letten. Dit aankomen manifesteert zich vooral aan het begin en neemt na drie tot vier maanden geleidelijk af, een korte periode waarin het van belang is enkele voorzorgmaatregelen te treffen.

Ter preventie

Als er een persoonlijke of erfelijke aanleg bestaat of als er een pil met hoge dosering wordt gebruikt, is een simpele en effectieve methode het volgen van de definitieve volhardingsfase met de eiwitdonderdag, het traplopen en de 3 eetlepels haverzemelen.

In geval van een blijvende gewichtstoename

- Bij een matige gewichtstoename begin je met mijn cruisedieet, de versie van 1 om 1 (1 dag eiwitten/1 dag eiwitten + groenten) tot je weer op je begingewicht bent. Volg dan beslist de stabilisatiefase en zijn tien dagen dieet per afgevallen kilo en tot slot de definitieve volhardingsfase gedurende minstens vier maanden om niet het risico te lopen onmiddellijk weer aan te komen.

- Bij grote gewichtstoename doorloop je het volledige Dukan Dieet en houd je een jaar lang de donderdag van zuivere eiwitten aan.

Het Dukan Dieet en zwangerschap

In het ideale geval mag je tijdens de zwangerschap (het uiteindelijke gewicht voor de bevalling) tussen de 8 en 12 kilo aankomen afhankelijk van lengte, leeftijd en aantal zwangerschappen. Deze gewichtstoename kan veel groter zijn bij vrouwen met aanleg voor zwaarlijvigheid.

Alle mogelijkheden zijn echter makkelijk onder controle te houden dankzij de talrijke facetten en invalshoeken van het Dukan Dieet.

Tijdens de zwangerschap

- **Bewaking en eenvoudige preventie.** Bij risico op gewichtstoename bij vrouwen die al sterk zijn aangekomen tijdens eerdere zwangerschappen of bij vrouwen met diabetes (ook in de familie) of domweg uit zorg om de slanke lijn, is de beste preventieve strategie zo vroeg mogelijk en gedurende de hele zwangerschap de stabilisatiefase van mijn plan te volgen, maar dan specifiek aangepast aan de zwangerschap in de vorm van drie ontheffingen:
  - je mag twee porties fruit per dag in plaats van één;
  - je mag halfvolle melk en zuivelproducten (yoghurt en kwark) met 20 procent vet gebruiken in plaats magere met 0 procent vet;
  - je mag de donderdag van zuivere eiwitten overslaan.

- **Reeds bestaand overgewicht.** Het betreft vrouwen die al overgewicht hebben en geen tijd hebben gehad om voor de zwangerschap af te vallen.

  In het zorgwekkende geval waarin het al bestaande overgewicht sterk toeneemt, is mijn stabilisatiedieet – waaruit bovendien de zetmeelproducten en de twee feestmaaltijden worden weggelaten maar wel de eiwitdonderdag wordt gevolgd – de beste optie.

  Bij echte obesitas, wanneer er een groot risico bestaat op complicaties bij de moeder of de foetus tijdens de zwangerschap of de bevalling, is het mogelijk om (vooral in het prille begin van de zwangerschap) de cruisefase van mijn plan te volgen, maar alleen met toestemming van de arts en onder diens toezicht. In deze uitzonderlijke gevallen moeten de voor- en nadelen voor moeder en foetus van dit zeer ingrijpende dieet zorgvuldig worden afgewogen.

Na de zwangerschap

Je bevindt je in de klassieke situatie waarin er een bescheiden tot groot aantal kilo's is blijven zitten en die wil je kwijtraken om weer op je oude gewicht te komen.

Toch moet iedere vrouw weten dat het niet altijd makkelijk noch wenselijk is om systematisch te proberen weer op het gewicht van voor de zwangerschap uit te komen. Dit zou namelijk betekenen dat je eeuwig je gewicht als jonge vrouw zou kunnen handhaven – wat een illusie is.

Op basis van mijn praktijkervaring hanteer ik een persoonlijke regel om de ontwikkeling van het gewicht op basis van leeftijd en het aantal zwangerschappen te berekenen. Uitgaande van het gewicht van een jonge vrouw van twintig jaar kan ik stellen dat tussen het twintigste en het vijftigste levensjaar de gemiddelde gewichtstoename rond de kilo per tien jaar ligt en rond de 2 kilo per kind. Een vrouw van vijftig die 50 kilo woog op haar twintigste, mag dus 54 kilo wegen op haar 25e na twee zwangerschappen, en 55 kilo op haar dertigste, 56 kilo op haar veertigste en 57 kilo op haar vijftigste.

- **Bij borstvoeding.** Hoeveel een vrouw ook is aangekomen, het is ongewenst om in deze periode een te streng dieet te volgen, dat gevolgen kan hebben voor de groei van de baby.

  De aanbevolen insteek lijkt op die van het controlerende dieet bij een gewone zwangerschap, in de vorm van een op drie punten versoepeld stabilisatiedieet:
  - een tweede portie fruit extra, in plaats van één;
  - halfvolle melk en zuivelproducten (20 procent vet) in plaats van magere (0 procent vet);
  - geen donderdag van zuivere eiwitten.

- **Zonder borstvoeding.** Het afvallen kan beginnen zodra je weer thuis bent, als je in het ziekenhuis bevallen bent.

  Als de gewichtstoename normaal was en er een week na de bevalling een overtollig gewicht is van tussen de 5 en 7 kilo, kun je weer op gewicht komen met behulp van het cruisedieet, in een afwisseling van 1 om 1, dus een dag van zuivere eiwitten, gevolgd door een dag van eiwitten + groenten. Je volgt dit dieet zonder onderbreking tot je op het gewenste gewicht bent en vergeet vervolgens niet de stabilisatiefase te volgen van tien dagen per afgevallen kilo, en tot slot de volhardingsfase en zijn drie maatregelen: vier maanden lang eiwitdonderdag + traplopen + haverzemelen.

  Als de gewichtstoename groter was en er een week na de bevalling een overtollig gewicht is van tussen de 10 en 20 kilo, moet mijn dieet van a-z gevolgd worden met een flitsende start van vijf dagen zuivere eiwitten in de aanvalsfase, gevolgd door de afwisseling van het cruisedieet, de overstap op het stabilisatiedieet en tot slot een langdurige volhardingsfase met zijn drie niet-onderhandelbare regels: eiwitdonderdag + nooit meer met de lift + 3 eetlepels haverzemelen gedurende minstens twaalf maanden of langer voor mensen die ook in het verleden al met gewichtsproblemen hebben gekampt.

Het Dukan Dieet en de premenopauze en menopauze

De gevaren van de menopauze

De premenopauze en de zes eerste maanden van de menopauze vormen een hormonaal keerpunt waarin groot risico dreigt: het is de periode in het leven van veel vrouwen waarbij de grootste kans bestaat om aan te komen.

Door het gecombineerde effect van leeftijd, afname van spiermassa en vaak een verminderde afscheiding van de schildklier, neemt het calorieverbruik van het organisme geleidelijk af.

Tegelijkertijd staken de eierstokken de productie van een van zijn hormonen, progesteron, waardoor een onbalans ontstaat die verantwoordelijk is voor onregelmatige menstruatie met grote tussenpozen of het helemaal wegblijven van de ongesteldheid.

Deze factoren bundelen hun krachten en zorgen voor een gewichtstoename die niet meer te verhelpen is met de gebruikelijke aanpak om anders te gaan eten, waarmee de meeste vrouwen zo goed als het gaat hun gewicht onder controle houden.

Wanneer de eierstokken ook de productie van het tweede hormoon, oestrogeen, staken, krijgt de vrouw door gebrek aan dit hormoon opvliegers. Dan is zij echt in de menopauze.

Dit tekort aan bepaalde hormonen zorgt er ook voor dat sommige vrouwen hun eetlust minder goed in bedwang lijken te hebben, terwijl tegelijkertijd het lichaam door dit tekort minder calorieën verbrandt.

Verder kan een tekort aan testosteron tot verlies van spiermassa leiden, waardoor het lichaam eveneens minder calorieën verbrandt. Testosteron is een mannelijk geslachtshormoon dat in de eierstokken in kleine hoeveelheden wordt aangemaakt en waarvan de productie daalt in de menopauze.

Uiteindelijk zal de balans van deze moeilijke periode die twee tot vijf jaar kan duren een gewichtstoename zijn die statistisch varieert van 3 tot 5 kilo, maar deze gewichtstoename kan bij vrouwen die aanleg hebben en niet gewaarschuwd zijn oplopen tot wel 10 tot 20 kilo.

Plantaardige hormonen, een origineel en natuurlijk alternatief voor vrouwen die risico lopen

De talrijke discussies over de risico's verbonden aan hormoonbehandeling in de menopauze hebben gezorgd voor een angst om vrouwelijke hormonen te gebruiken.

Om de nadelen van een turbulente menopauze, hevige opvliegers en een zorgwekkende gewichtstoename te onderdrukken, wordt er een zuiver plantaardige behandeling voor de menopauze voorgesteld, die ons hier bijzonder interesseert.

Deze plantaardige en natuurlijke stoffen hebben een structuur die zo sterk lijkt op die van vrouwelijke hormonen dat ze de receptoren kunnen bedienen en deels vervangen.

Hoewel minder actief dan de vrouwelijke hormonen, is klinisch bewezen dat ze bescherming bieden tegen opvliegers.

Regelmatig gebruik van fyto-oestrogenen uit soja lijkt, in voldoende dosis, niet alleen opvliegers te voorkomen maar ook, vooral bij vrouwen die al te zwaar zijn of dreigen te worden, de onvermijdelijke gewichtstoename tijdens de menopauze tegen te gaan.

Blijft echter het probleem van onvoldoende werking. Omdat fyto-oestrogenen 1000 tot 2000 keer minder actief zijn dan vrouwelijke oestrogenen, lijken de doseringen die tegenwoordig in de vorm van tabletten of capsules gegeven worden ontoereikend om gewichtstoename te voorkomen. Volgens Japans onderzoek verklaart de regelmatige consumptie van 200 g tofoe per dag het ontbreken van opvliegers bij de Japanse vrouw en de stabiliteit van haar gewicht tijdens de premenopauze en menopauze. Verder bevat 200 g tofoe ook nog eens een dagelijkse dosis van 100 mg soja-isoflavonen, een dosis die de juiste lijkt te zijn om het gewicht zo veel mogelijk onder controle te houden.

Alle onderzoekers die de voedingseigenschappen van soja hebben bestudeerd, benadrukken het feit dat soja weliswaar vrij snel bescherming biedt tegen bepaalde manifestaties van de menopauze, zoals opvliegers of huidveroudering, maar dat zijn preventieve werking op borstkanker, osteoporose of overgewicht een zeer lange inwerktijd vergt. Dit kan de verbluffende immuniteit voor deze kwalen verklaren bij Aziatische vrouwen die veel soja eten.

Ik raad jonge vrouwen dan ook aan om er een gewoonte van te maken regelmatig soja te eten en dan niet taugé, die deze werking ontbeert, maar de boon zelf, of nog beter sojamelk of tofoe.

Preventieve maatregelen

- **Gewone menopauze.** Wie nooit gewichtsproblemen of overgewicht heeft gehad of diëten heeft gevolgd, maar gewoon uit voorzorg elke afwijking van zijn gewicht wil voorkomen, raad ik aan zodra de eerste langere tussenpozen of onregelmatigheden van de premenopauze optreden fase vier van mijn dieet te volgen. Je blijft dan eten en leven zoals altijd, maar onder controle van mijn definitieve stabilisatie met zijn eiwitdonderdag, traplopen en 3 eetlepels

haverzemelen. In de meeste gevallen volstaat dit om de gebruikelijke gewichtstoename in te dammen. Deze verdedigende houding
raad ik je aan te blijven volgen gedurende de hele, meestal chaotische periode van de premenopauze tot en met de volmaakte aanpassing aan de menopauze.

- **Menopauze met risico's.** Dit is het geval bij veel vrouwen die altijd
problemen hebben gehad om op het juiste gewicht te blijven, die
zelfstandig of met hulp van een arts de aanleg om aan te komen
trachten te beheersen of zelfs terug te dringen. Deze vrouwen hebben alle reden om te vrezen voor de gebruikelijke onevenwichtig-
heid die zich aandient met de eerste tekenen van de menopauze.

  Als de eenvoudige toepassing van fase vier van mijn stabilisatie
ontoereikend blijkt, moeten zij een tandje hoger schakelen en overgaan op fase drie van de stabilisatie, met zijn basis van eiwitten en
groenten, zijn fruit, zijn portie volkorenbrood en kaas, zijn twee
porties zetmeelproducten per week en de twee feestmaaltijden – en
de drijvende kracht achter dit alles: de eiwitdonderdag.

  Op bepaalde kritieke momenten in de premenopauze, bij min of
meer langdurig uitblijven van de ongesteldheid, perioden waarin
een vrouw veel vocht vasthoudt en overal aan lijkt te komen, een
opgezette buik krijgt en zware benen, last heeft van dikke vingers
waar de ringen niet meer afgaan en van hoofdpijn, moet je onvermijdelijk nog iets meer doen en overgaan op de cruisefase, waarin
je een dag zuivere eiwitten afwisselt met een dag eiwitten + groenten en dat volhouden zolang een sterke gewichtstoename dreigt.

Bij blijvende gewichtstoename
- **Recente gewichtstoename.** Zonder voorzorgsmaatregelen en bij een
recente of zich ontwikkelende gewichtstoename, die echter niet
bedreigend is, raad ik aan te starten met drie dagen aanvalsfase en dan
over te gaan op fase twee, de cruisefase, waarin je een dag zuivere
eiwitten afwisselt met een dag eiwitten + groenten, en zodra je weer
op gewicht bent de route te volgen van de definitieve stabilisatie.

- **Al langer bestaand overgewicht.** Als een vrouw die al overgewicht heeft of zwaarlijvig is er aanleg voor heeft, kan de gewichtstoename explosief stijgen in de menopauze. In dat geval raad ik aan om de aanvalsfase in volle hevigheid en integraal te volgen, te beginnen met 5 dagen zuivere eiwitten, soms zelfs 7 als de schade groot is. Ga daarna over op de cruisefase van 5 om 5, dus 5 dagen zuivere eiwitten gevolgd door 5 dagen eiwitten + groenten of de 1 om 1 versie als je minder bent aangekomen of makkelijk afvalt. Als je weer op het gewenste gewicht bent, ga je over op fase drie van de stabilisatie en houd je die net zo lang vol als de regel van 10 dagen per verloren kilo voorschrijft om ten slotte naar fase vier te gaan, de definitieve stabilisatie die je de rest van je leven moet aanhouden.

Het Dukan Dieet en stoppen met roken

Stoppen met roken en gewichtstoename

Veel mannen en vrouwen aarzelen om te stoppen met roken omdat ze terecht bang zijn dat ze dan zullen aankomen. Evenveel mensen hebben met succes geprobeerd om te stoppen, maar beginnen weer met roken omdat ze tijdens dat proces zijn aangekomen en ze denken dat deze gewichtstoename omkeerbaar is. Dat is echter niet zo. Door weer te gaan roken, doen ze alle voordelen van hun inspanningen teniet en stapelen hun problemen zich weer op.

Je moet weten dat aankomen wanneer je niet meer rookt een gevolg is van twee onlosmakelijk met elkaar verbonden factoren.

Een compensatiebehoefte brengt de gestopte roker ertoe andere sensaties uit hetzelfde register te zoeken, zogenoemde analoge sensaties, geuren, smaken en gebaren. Kinderartsen en psychoanalytici vatten ze samen onder de term 'orale behoeften', als verwijzing naar het orale stadium van de eerste momenten in het leven van een baby die zo goed zijn beschreven door Freud en zijn opvolgers. Uit die behoefte om te compenseren komt de drang voort om buiten de maaltijden om allerlei levensmiddelen te snoepen met een aangename en intense smaak – die de calorierekening echter doen oplopen.

Bij de aanvoer van calorieën veroorzaakt door deze zintuiglijke behoefte, komen bovendien alle calorieën die eerder verbruikt werden door de nicotine.

De combinatie van deze twee factoren, zintuiglijk en metabolisch, zorgt gemiddeld voor 4 kilo extra, maar kan oplopen tot 10 of wel 15 kilo bij mensen met aanleg om dik te worden en zwaar verslaafde kettingrokers.

Je moet je realiseren dat gewicht dat is opgebouwd tijdens het proces van stoppen met roken blijvend is en niet spontaan verdwijnt als je weer gaat roken. Daarom moet je per se de enorme winst beschermen die je hebt bereikt door het afzweren van de zo gevaarlijke tabaksverslaving.

Je moet ook in het achterhoofd houden dat de dreiging om aan te komen door het stoppen met roken alleen geldt gedurende een heel nauwkeurig af te perken periode van zes maanden en dat de inspanning om gewichtstoename tegen te gaan dus ook tot dit halve jaar beperkt blijft. Na die periode zal het op hol geslagen metabolisme tot rust komen, de drang om compensatie te zoeken afnemen en het gewicht makkelijker onder controle te houden zijn.

Preventie van overgewicht bij een roker met een gewoon gewicht
Dit is het eenvoudige geval van de roker die geen persoonlijke of erfelijke aanleg heeft tot overgewicht, een normaal gewicht heeft en nooit een vermageringsdieet heeft gevolgd.

Voor een bescheiden roker, die minder dan tien sigaretten per dag rookt of niet inhaleert, is de beste oplossing gedurende zes maanden de volhardingsfase te volgen met zijn donderdag van zuivere eiwitten en zijn 3 eetlepels haverzemelen.

Een zware roker, die meer dan twintig sigaretten per dag rookt, moet de eerste vier maanden na het stoppen het stabilisatiedieet volgen en dan overgaan op fase vier van definitieve stabilisatie gedurende nog eens vier maanden.

Preventie bij een roker die aanleg heeft voor overgewicht

Als de kans groot is dat een zware roker, die ook andere risicofactoren kent (diabetes, ademhalings- of hartklachten), zal aankomen, dan wordt aangeraden zodra hij gestopt is te beginnen met fase twee van het Dukan Dieet, de cruisefase, in een afwisseling van 1 om 1, dus een dag zuivere eiwitten gevolgd door een dag eiwitten + groenten gedurende de eerste maand waarin de kans om aan te komen het grootst is, en dan naar de stabilisatiefase te gaan gedurende vijf maanden, gevolgd door een volhardingsfase van ten minste zes maanden.

Stoppen met roken bij zwaarlijvigheid

Hier is het risico van gewichtstoename en verergering van al aanwezige zwaarlijvigheid extra groot. De situatie is lastig want het al bestaande overgewicht getuigt van een organisme dat heel makkelijk extra kilo's aankweekt en dat bovendien weerstand heeft geboden aan een forse consumptie van tabak, wat normaal gesproken een gewichtstoename tegengaat. Deze persoon moet dus rekenen op een explosie van de stofwisseling en een verdubbelde behoefte aan 'orale behoeften'.

Het voordeel is echter zeker alle moeite waard. Stoppen met roken en het terugdringen van zwaarlijvigheid bevrijden het organisme van een dubbel risico op hart- en vaatziekten en longkanker.

Voor zo'n zware onderneming zijn een zeer sterke motivatie en een psychische leidraad nodig en ondersteuning van een arts. Deze laatste zal vaak gedwongen zijn om kalmerende middelen of zelfs antidepressiva voor te schrijven om de shock te dempen van twee enorme gedragsaanpassingen.

In dergelijke gevallen schrijf ik mijn plan voor in de meest strikte versie, te beginnen met een aanvalsfase van vijf à zeven dagen met zuivere eiwitten, gevolgd door een cruisefase van een dag zuivere eiwitten afgewisseld met een dag eiwitten + groenten. Bij het bereiken van het Juiste Gewicht is het de beurt aan de stabilisatiefase voor de duur van tien dagen per verloren kilo. Tot slot en bovenal mag de laatste fase van mijn plan niet vergeten worden: de definitieve stabilisatie en het trio preventieve maatregelen: de eiwitdonderdag + het afzweren van liften + 3 eetlepels haverzemelen voor de rest van het leven.

Kuur bij een gewichtstoename nadat iemand is gestopt met roken

Hier is het kwaad al geschied en was het niet op tijd te voorkomen. Het gaat dus om een restovergewicht bij een roker die met succes is gestopt met roken en die tot elke prijs moet vermijden dat hij weer wordt verleid om een sigaret op te steken.

Dit geval is vergelijkbaar met een geval van klassieke zwaarlijvigheid en moet worden bestreden met het integrale plan in de strengste versie. Een aanvalsfase van vijf dagen zuivere eiwitten gevolgd door een cruisefase waarin een dag zuivere eiwitten wordt afgewisseld met een dag eiwitten + groenten. Dan volgt de stabilisatiefase voor een duur van tien dagen per verloren kilo. En tot slot volgt onontkoombaar de laatste fase van het Dukan Dieet, de definitieve volhardingsfase met zijn drie preventieve maatregelen: de eiwitdonderdag + het afzweren van de lift + 3 eetlepels haverzemelen gedurende minimaal acht maanden en levenslang indien het overgewicht groot is (meer dan 15 kilo) en als er meer dan twintig sigaretten per dag werden gerookt.

Bewegen: de verplichte katalysator om af te vallen

Beste lezeres, beste lezer,
als je ECHT wilt afvallen,
als je ECHT nooit meer aan wilt komen,
moet je lichaamsbeweging ABSOLUUT anders gaan
benaderen.

Het boek dat je in handen hebt, is de geschiedenis van mijn leven als arts, mijn loopbaan.

In 1970 legde ik de basis voor mijn dieet. Destijds, toen alleen afvallen telde, reikte het 72 eiwitrijke levensmiddelen aan, een aanvalsdieet met schitterende, maar helaas tijdelijke resultaten.

Al heel snel heb ik er 28 groenten aan toegevoegd voor het stabielere cruisedieet, wat mijn basis aan toegestane levensmiddelen in totaal op 100 bracht.

In de jaren tachtig heb ik de stabilisatiefase opgenomen om de bereikte resultaten te beschermen wanneer er weer gewoon gegeten werd.

In de jaren negentig heb ik de meest vernieuwende pijler aan dit dieet toegevoegd: de definitieve stabilisatie van het gewicht om de resultaten op de zeer lange termijn te garanderen.

In 2000 beschouwde ik het Dukan Dieet als een compleet en voltooid instrument. Het werd zo afgeleverd aan mijn lezers en mijn medeartsen zonder vermoeden van het succes dat het zou hebben. Vandaag de dag hebben 1,2 miljoen mensen mijn boek gelezen, staat mijn dieet op talrijke sites, fora en blogs, is het vertaald in vele landen, heeft het zo veel enthousiasme gewekt, hebben zo veel vrouwen en mannen mij de eer bewezen dit boek en zijn methode te gebruiken, dat ze niet meer uitsluitend van mij zijn. In feite, en dat meen ik oprecht, is dit boek evenzeer van jullie als van mij. Zo veel vrijwilligers, anoniem en onbetaald, hebben mij inmiddels en geven mijn boodschap door, dat ik mij verantwoordelijk voel tegenover de lezers.

Daarom heb ik mijn uitgever opnieuw om 'de microfoon' gevraagd. Ik moest iets essentieels, iets wezenlijks zeggen en schrijven. Dat is de reden van dit hoofdstuk dat, op zichzelf, de middelen moet aanreiken om de effecten van de methode en de duurzaamheid van de resultaten van de methode te verdubbelen.

Er zijn tien jaar verstreken sinds de eerste editie van dit boek en de wereld verhardt zich sneller dan de remedies voor de problemen die dit veroorzaakt zich ontwikkelen. Overgewicht is in mijn ogen een van de meest steekhoudende bewijzen voor de problemen van de mens om zich staande te houden in de moderne wereld; een wereld die zorgt voor een even rijke als stimulerende manier van leven maar het instinct en de natuur verloren doet gaan.

Deze wereld hebben wij gemaakt, het is onze wereld, een wereld waaraan we gewend zijn en die we niet meer kunnen missen, maar ook een wereld die slecht voor ons is. Wie dit boek leest, behoort tot de mensen die van dat *slechte* getuigen door te eten om zich er *goed* bij te voelen!

In tien jaar is de opmars van overgewicht steeds sneller gegaan. Begrijp me goed, ik bedoel hier niet te zeggen dat er elk jaar gewoon wat meer mensen zijn met overgewicht, maar dat het aantal dat erbij komt elk jaar groter is, dat we elk jaar een treetje hoger staan op de trap van overgewicht. Dat betekent niet alleen dat we niet de goede keuzes maken MAAR DAT WE DE VERKEERDE KEUZES MAKEN.

Het is dus essentieel om een oplossing te vinden die voldoende kracht heeft om de mensen te overtuigen en een consensus te scheppen waardoor ervaringen, deskundigheid, middelen en financiering gebundeld kunnen worden, nodig om beter de strijd te kunnen aanbinden met dit maatschappelijke probleem dat de wereldgezondheidsorganisatie heeft geclassificeerd als de op vijf na ergste plaag van de mensheid.

En dat is de reden van dit hoofdstuk.

De beperkingen van een dieet alleen

In de huidige versie van dit boek dat je in je handen hebt, vinden lezers mijn dieet en de vier fasen, de ontleding ervan met alle levensmiddelen, de ontwikkeling en het verloop van hun routeplanning, de 100 producten waarvan 78 van dierlijke en 28 van plantaardige origine en het 101e, haverzemelen.

Je weet het, ik heb het je al verteld: tot nu toe hebben 1,2 miljoen mensen dit boek gekocht. Mijn uitgever verzekert me dat een verkocht boek gemiddeld door drie mensen wordt gelezen, wat betekent dat bijna 3,6 miljoen vrouwen en mannen dit werk hebben gelezen.

Ik weet niet hoeveel mensen die mijn boek gekocht hebben het aangereikte dieet ook daadwerkelijk hebben gevolgd. Ik weet evenmin hoeveel van hen door het dieet hun Juiste Gewicht bereikt hebben. En nog minder, en dat zou ik het allerliefst willen weten, hoeveel mannen en vrouwen erin geslaagd zijn dat Juiste Gewicht ook daadwerkelijk te stabiliseren. Wel weet ik twee zaken, waarvan ik overtuigd ben en die ik kan garanderen:

Ten eerste ken ik niemand die dit dieet heeft gevolgd zoals voorgeschreven en die niet is afgevallen. Er kunnen verschillende resultaten geboekt zijn afhankelijk van geslacht, leeftijd, duur van het overgewicht, erfelijkheid en het aantal eerder gevolgde diëten. Maar wie het heeft gedaan, is afgevallen. In zijn eigen tempo, maar wel afgevallen.

Ik weet ook dat een deel van mijn lezers, dat ik niet kan berekenen maar dat wel aanzienlijk is, die mijn methode hebben gebruikt hun gewicht voor de lange termijn hebben gestabiliseerd. Dat maak ik op uit de berichten die ik regelmatig ontvang van lezers waarin ze dit vertellen en die getuigen van een dankbaarheid en genegenheid die me diep raken.

Ik krijg echter ook brieven en mails van mensen die, nadat ze zijn afgevallen, hun stabilisatiefase hebben gevolgd en naar de volhardingsfase zijn gegaan, maar na enige tijd toch de draad zijn kwijtgeraakt en weer een deel van de verloren kilo's zijn aangekomen. Waarom? Waarom zijn ze, aangekomen bij de ultieme stabilisatie, het kloppende en strategische hart van mijn methode, gestruikeld? Redenen voor mislukking ken ik maar al te goed. Ik kom ze tegen tijdens de consulten en ik heb ze geanalyseerd en geïnventariseerd. Dit zijn ze.

- Sommige mensen hebben niet de motivatie of de drang of zelfs ook maar zin om dit boek te gaan lezen en in actie te komen. Het boek staat op de plank te wachten tot de zin vanzelf komt.

- Anderen hebben het boek gelezen en zijn met het dieet begonnen, maar onderweg gestopt door gebrek aan motivatie en voldoende energie om hun Juiste Gewicht te bereiken.

- Weer anderen, in een periode van gevoelige keerpunten in het leven, zoals de premenopauze en menopauze, moesten opboksen tegen de weerstand van hun lichaam, hormonen, schildklier of eierstokken, of een depressie overwinnen met behulp van medicijnen die het gewicht beïnvloeden. Al die factoren zorgen voor stagnatieplafonds die kort of lang duren en die, zonder begeleiding, de weerstand ondermijnen en mensen ertoe brengen te zondigen en op te geven.

- Hetzelfde geldt voor vrouwen en mannen die te vaak op dieet zijn geweest zonder succes of stabilisatie, ineffectieve of slecht gevolgde diëten, te beperkend, vermoeiend en tekorten veroorzakend, onthoofde diëten, die zelfs leiden tot gewichtstoename en een jojo-effect. Kortom slechte diëten. Hier vinden we ook mensen die de erfelijke aanleg hebben om hun voedsel optimaal te benutten. Voor al die mensen is de strijd veel zwaarder en is de weerstand groter.

- Tot slot, en dit is de grootste groep, zijn er altijd mensen die, terwijl ze aan het afvallen zijn, op enig moment met 'tegenslagen en problemen' te maken krijgen. Een emotionele ontgoocheling, rouw, een scheiding, overbelasting, pesterij op het werk en heel veel andere pijnlijke gebeurtenissen. Maar weinig mannen en vrouwen kunnen dan weerstand bieden aan eten, zeker als het gaat om mensen die ook nog eens heel ontvankelijk zijn voor overgewicht en een 'vluchtweg' zoeken in eten. Velen hebben zich deze natuurlijke verdediging tegen stress, ongemak en onveiligheid al in hun prille jeugd eigengemaakt.

Al deze lastige gevallen, risicoprofielen en slechte ervaringen die mijn methode kunnen ondermijnen, hebben me ertoe gebracht me niet meer op een enkel dieet te concentreren maar mijn oude vijand ook op een tweede front aan te vallen en in de houdgreep te nemen, omdat hij zal ontsnappen en sterker worden zodra hij de kans krijgt.

Wie dit boek leest, komt nu bij een hoofdstuk dat is geschreven voor de editie uit 2010. In de voorgaande hoofdstukken heb ik het dieet beschreven zoals ik dat jaar na jaar heb bijgeschaafd, eerst alleen voor mijn patiënten, daarna voor mijn lezers met de gedachte dat dit de definitieve versie was. Ik had nooit kunnen denken dat zoveel mensen het zouden lezen en dat zij vrienden en vurige supporters van mijn methode zouden worden. Deze lezers hebben me er met hun vragen, suggesties, opmerkingen en behoeften toe gebracht mijn methode verder te ontwikkelen op een zeer groot aantal punten, waarvan enkele essentieel zijn. Mijn dagelijkse *chat* op internet is een cruciaal ontmoetingspunt geworden, waarmee ik direct kan peilen wat mannen en vrouwen die de methode toepassen voelen, zodat ik regelmatig verbeteringen kan aanbrengen.

Voor ik tot de kern van dit hoofdstuk kom, wil ik beginnen met de balans opmaken van wat tot aan dit jaar de kern van mijn methode vormde: het voedingsaspect, het dieet. In een terugblik van tien jaar volgt hier hoe het de tijd heeft doorstaan, hoe het methodisch in elkaar zit en hoe het op dit moment door zijn gebruikers wordt gezien.

Het succes is gebaseerd op een bundeling van tien troeven, plus één:

1. De effectiviteit van eiwitten.
2. De vliegende start van de aanvalsfase.
3. Geen beperking ten aanzien van hoeveelheden, zodat de knagende frustratie van honger vermeden kan worden.
4. De eenvoud van de regels, 100 levensmiddelen, 78 van dierlijke en 28 van plantaardige oorsprong.
5. Een sterk en sturend kader, de opbouw en signalering van de vier fasen, van de strengste naar de soepelste, die elk hun eigen functie hebben, de afwisseling, de bakens, het houvast.
6. De didactische vorm die leert om af te vallen door af te vallen. De volgorde waarin de producten worden geïntroduceerd, grift hun graad van belangrijkheid in het geheugen van het lichaam: achtereenvolgens het vitale (eiwitten), het essentiële (groenten), het noodzakelijke (fruit) en het belangrijke (volkorenbrood), het nuttige (zetmeelproducten), de beloning (kaas) en het genot (feestmaaltijden).
7. De stabilisatie en het dwingende belang die aan deze altijd verwaarloosde of genegeerde fase gehecht moet worden. Het ontbreken ervan kan de strijd tegen overgewicht doen mislukken. Twee fasen van de vier (stabilisatie en volharding), waarvan de laatste voor het leven is, hebben als doel niet alleen mensen te laten afvallen, maar 'overgewicht te genezen'.
8. De benadering met een menselijk gezicht om plezier en onbehagen te beheersen, en empathie en de actieve ondersteuning van geest en motivatie te bieden.

Aan deze methode ontbraken drie elementen om er een echte oorlogsmachine van te maken, die 'de strijd zou aanbinden met overgewicht' en de onrustbarende opmars ervan op snelheid zou inhalen.

1. De persoonlijke benadering. Dit is een belangrijke pijler bij de behandeling van overgewicht. Voor wie afvalt, is het de zekerheid dat hij er niet alleen voor staat. Het gaat om persoonlijke afstem-

ming via een 'projectleider' die de middelen heeft te analyseren hoe iemand tegenover 'zijn' eten staat, wat zijn zwakke punten en zijn troeven zijn. Een in het licht van deze beoordeling opgesteld actieplan, dat is aangepast aan de persoonlijkheid, is echt effectief. Vooral moet de projectleider echter weten hoe hij iemand moet helpen veranderen door de zwakke punten te corrigeren en de sterke te benutten, zodat een persoon die is afgevallen niet weer in een situatie belandt waarin hij aankomt.

2. Dagelijkse begeleiding. Dit is de eenvoudigste en effectiefste manier om de lasten van een dieet en de logische frustratie die het veroorzaakt te verlichten. De deelnemer krijgt nauwkeurige opdrachten van iemand met gezag, iemand die hij vertrouwt. Daardoor is hij beter bewapend tegen verleidingen en zal hij betere keuzes maken.

Wie begeleid wordt, weet dat hij afwijkingen van het dieet, problemen, twijfels en zwakke momenten moet verantwoorden. Wie begeleid wordt, staat niet alleen voor een van de gevaarlijkste valstrikken van een dieet: het onvermijdelijke moment waarop het gewicht stagneert zonder duidelijke oorzaak. Dit moment wordt ervaren als onrechtvaardig, zaait twijfel en kan wanhopig maken. Het is de rol van de projectleider om de normale en hoegenaamd onvermijdelijke kant ervan te duiden, gerust te stellen en de middelen aan te reiken om 'dit stagnatieplafond te doorbreken'. Zo zal de deelnemer een invoelende persoon naast zich voelen die klaarstaat om te troosten, een nuchtere kijk te geven, die echter ook beslist NEE kan zeggen, en bovenal, die helpt om weer op adem te komen als hij op het punt staat op te geven en om alle kansen op succes te benutten. Dat alles is gerealiseerd in het coachen via internet.

3. **Tot slot, EN DIT IS HET DOEL VAN DIT HOOFDSTUK, een laatste punt, dat wezenlijker is dan alle andere: LICHAAMSBEWEGING.**

LICHAAMSBEWEGING, de tweede generaal in het leger tegen overgewicht, staat gelijk in rang aan het dieet in de strijd tegen het overgewicht.

Net als ieder ander heb ik altijd geweten dat lichaamsbeweging van groot belang was voor een gezond leven en gewichtsbeheersing. Ik behoor echter tot een generatie voor wie bewegen zo natuurlijk was, zo vanzelfsprekend dat ik nooit de sterke verplichting voelde om dat aan te tonen.

Toen ik jong was, bestond aids niet en kanker was een onverklaarbare manier van sterven. Destijds was alle aandacht gefixeerd op verlamming. Alle moeders leefden in angst voor kinderverlamming en de 'rolstoel'. Mijn moeder hield voldoende van me om me deze zorg mee te geven en ze stimuleerde me dan ook om veel te bewegen. Lopen, rennen, zwemmen, dansen, springen van vreugde, zingen uit volle borst zijn in mijn affectieve geheugen gegrift als de vanzelfsprekende ingrediënten van het leven.

Toen ik student was, viel ik voor het eerst in voor een arts in het oude Montparnasse (een wijk in Parijs), een levendige en kleurrijke wijk waar ik de meeste van mijn huisbezoeken in gebouwen moest brengen die geen lift hadden, maar waar ik de trappen lichtvoetig besteeg. Beweging heeft altijd deel uitgemaakt van mijn aard en mijn cultuur. Ik geef toe dat ik daardoor pas laat ben gaan begrijpen hoezeer nietsdoen en afschuw van inspanning zorgwekkende obstakels konden vormen in het proces om snel, effectief, duurzaam en met weinig frustraties af te vallen.

Het moment waarop dit feit tot me doordrong is anekdotisch. Ik stond in de rij bij een Spaans reisbureau waar drie medewerkers de vragen van de klanten beantwoordden. Ze zaten alle drie op comfortabele stoelen op wieltjes, waardoor ze zich konden bewegen zonder op te staan. Twee van hen leken het leuk te vinden om zich naar kaartenbakken en kasten voort te stuwen die soms maar een paar meter verderop stonden, op de manier waarop mensen met een dwarslaesie in hun rolstoel dat doen. De derde stond systematisch op. Door toeval of om thermodynamische redenen was alleen deze derde slank. De twee anderen, hoe jong ook, waren gezet en dik.

Op die dag, heel precies, veranderde dit banale tafereel gegrepen uit het moderne leven mijn benadering van de strijd tegen het overgewicht. Ik realiseerde me opeens hoe cruciaal het was om beweging in mijn programma op te nemen, en dan niet in de vorm van simpelweg een verstandige raad, zoals die wordt gegeven door alle hulpverleners, maar met kracht en door het recept even gestructureerd voor te schrijven als het dieet. Ik zag in dat als ik, een gedreven arts die zijn carrière had gewijd aan de strijd tegen overgewicht, niet had begrepen hoezeer het lichaam tegenwoordig wordt vergeten, mijn lezers dit belang nog meer moeten hebben onderschat.

Natuurlijk zal niemand kunnen ontkennen dat beweging calorieën verbrandt. Deze kennis is echter zuiver intellectueel en reikt niet tot de harde kern van onze instinctieve overtuiging. In feite weten we het allemaal, maar gelooft niemand erin. In elk geval gelooft niemand er voldoende in om het even belangrijk te achten als de beperking van voedsel. Op dieet gaan, zich voedsel ontzeggen, zelfs vasten, in extreme gevallen braken, oké! Maar lopen, zwemmen, dansen? Nee!

Daarom ben ik gestopt met lichaamsbeweging domweg aan te bevelen zoals ik steeds deed **MAAR BEN IK HET GAAN VOORSCHRIJVEN, als medicijn, op recept!**

In de praktijk stuitte iets wat zo simpel leek echter juist op die overmaat aan eenvoud, een beetje alsof ik voorschreef om adem te halen! Maar bekijk het eens zo: allereerst krijg ik op een simpele vraag als: 'Doe je aan lichaamsbeweging?' vage en ontwijkende antwoorden: 'Ik loop een beetje, zoals iedereen.' Of: 'Met kinderen ben je wel verplicht om te bewegen.'

Maar als ik dan wat doorvraag, komt er vaak een duidelijke scheidingslijn naar voren tussen twee vormen van lichaamsbeweging: de praktische lichaamsbeweging, dat wil zeggen de inspanning en verplaatsing die nodig zijn om dagelijkse bezigheden te verrichten, en 'het bewegen om het bewegen' opgelegd door het heersende culturele klimaat om mooi te blijven, stevig, slank en gezond, een verwijtend klimaat dat ons dwingt ons in te schrijven bij de sportschool terwijl we toch de lift nemen in plaats van de trap om er te komen. Een paradox als we weten dat we betalen om een stepapparaat te kunnen gebruiken dat in feite niets anders is dan een gecomprimeerde trap!

De kwestie lichaamsbeweging brengt een maatschappelijk probleem aan het licht, want ons economische model gebaseerd op vooruitgang en technologie bevordert juist de eliminatie van inspanning. Hoe kunnen we geloven dat dagelijkse praktische beweging goed is als de helft van alle nieuwe producten beoogt inspanning te verminderen en tijd te winnen – twee ingrediënten die overgewicht en stress in de hand werken.

Bovendien is lopen als handeling bijna even basaal als ademhalen, zo inherent aan de aard en de bouw van de mens, dat we moeite hebben om de 'therapeutische' waarde ervan te begrijpen en nog minder de afslankende werking.

Tot slot ondernemen artsen weinig in deze richting, die onvoldoende beschaafd of technisch is. En als ik het heb over artsen, reken ik ook mezelf daartoe. Jarenlang heb ik me beperkt tot goede raad, vooral ten aanzien van lopen, maar zonder het risico te nemen een lachertje te worden door het formeel boven aan mijn recepten te schrijven! Ik dacht dat een bezoek aan de dokter niet bedoeld was om een recept te krijgen om te gaan lopen of bewegen. Ik had het mis, helemaal mis!

Nu we samen dit stadium hebben bereikt, zal ik proberen je ervan te doordringen hoe cruciaal het is dat je dit nieuwe concept van het 'fundamentele bewegen' – L.B.O.R., LichaamsBeweging Op Recept – oppakt. Daartoe zou ik twee eenvoudige en concrete vragen willen stellen en er ondubbelzinnig op willen antwoorden:
- Word je van lichaamsbeweging slanker?
- Is lichaamsbeweging onmisbaar om je gewicht te stabiliseren als je bent afgevallen?

Het antwoord is JA, zonder meer.

Nu zullen we een en ander gaan bewijzen.

1. Van lichaamsbeweging word je slank

Als je je ogen sluit en ze weer opent, zal dit simpele knipperen je al energie doen verbranden. Natuurlijk maar een beetje, maar deze energie valt wel te berekenen in microcalorieën. Hetzelfde gaat op wanneer je nadenkt of iets uit het hoofd leert. En nog meer wanneer je denkt, nadenkt en nog meer als je probeert een probleem op te lossen. En nog weer meer als je een arm optilt en het dubbele als je ze allebei omhoog brengt.

Als je gaat staan, verhoog je onmiddellijk de verbranding van calorieën want je dwingt je drie grootste spiergroepen (buik-, bil- en bovenbeenspieren) om zich samen te trekken. Alles wat je doet, kost calorieën. Lezers, zijn jullie het tot dusver met me eens? Dan gaan we een stap verder. Ga de deur uit. Stel dat je op de vierde verdieping woont. Door niet met de lift te gaan, zul je als je op straat staat 6 calorieën verbrand hebben. Je bent je sleutels vergeten en rent de trap op met twee treden tegelijk want je hebt haast. Dat kost je 14 calorieën en nog eens 6 om naar beneden te gaan. Dat zijn al met al dus 26 calorieën die in rook zijn opgegaan.

We gaan weer wat verder. Het is 13.00 uur. Je hebt vier uur achter je computer gezeten. Je hebt geleefd, dat wil zeggen ademgehaald, je hart heeft geklopt, je bloed heeft gecirculeerd. Het simpele feit dat je in leven blijft, dat je je afschermt voor de wereld om je structuur te beschermen, om gewoon te vermijden dat je smelt als een ijsklontje in een glas water, kost je al een calorie per minuut. Bovendien heb je in die vier uur je werkzaamheden verricht en een paar been- en armbewegingen gedaan. Dat heeft je 15 calorieën gekost. Je benen en armen voelen stijf en je hebt behoefte om op te staan en wat te lopen. Je gaat naar buiten.

En dan vraag ik je, tot je grote verbazing, om EEN UUR te gaan lopen! O, ik weet dat dit niet makkelijk is. En waarom zou je lopen als je het ook kunt laten? En vooral, je onttrekt een uur aan je werkzame leven. Stel dat je het toch doet. In een uur, als je doorloopt zonder je te haasten maar ook zonder te treuzelen, zul je 300 calorieën verbranden. Al met al heb je dan sinds je vanmorgen de deur uit ging tot op dit moment 340 calorieën verbrand! Dit zijn objectieve en nauwkeurige getallen, maar tegelijk voor jou abstract en zonder verband met de intuïtieve perceptie van het leven. Dat klopt.

Lezer, lezeres, als jullie in een andere primitieve wereld zouden leven, die van de jagerverzamelaar met zijn leven vol gebrek en in direct contact met de natuurlijke omgeving, zou het anders zijn. In zo'n omgeving waarin voedsel bevochten moet worden door te jagen, waarvoor je energie en je lichaam nodig hebt, zouden deze simpele 60 minuten gratis lopen of het 'lopen om het lopen' een risico vormen. Je zou immers onnodig putten uit kostbare strategische, vitale reserves. Dat risico is beperkt als het een eenmalige gebeurtenis is, maar het wordt groot wanneer je zo dwaas bent het elke dag te herhalen. Dit is het grote belang van lichaamsbeweging in het beheren van de energiereserves van de mens. Die reserves zijn precies wat je probeert kwijt te raken en wat de eerste mensen beschouwden als hun overlevingskapitaal. Hier raak je een cruciaal punt: waarom is het zo moeilijk af te vallen en hoeveel en hoe kan lichaamsbeweging een bijdrage leveren?

Nu richten we ons weer op jou. Als je dit boek leest, behoor je waarschijnlijk tot die helft van de volwassen bevolking die te zwaar is. Als dat klopt, zal elke kilo reservevet die je op je heupen en je dijen meezeult, als je een vrouw bent met vrouwelijke vormen, of op je borst en buik als je een man bent, elke gehate kilo, iets meer dan 8.000 calorieën bevatten. Wetenschappelijk gezien zou je dan alleen maar 1 uur per dag, gedurende 5 dagen per week en 26 dagen per maand moeten lopen om die kilo kwijt te raken. Demonstratie: 300 calorieën x 26 dagen = 8.000 calorieën = 1 kilo lichaamsvet. En dat zonder iets aan je eetpatroon te veranderen. Dat uur lopen kan op zich al je gewichtsproblemen oplossen, je 12 kilo laten afvallen in een jaar. Te mooi om waar te zijn? O, ik hoor alle bezwaren al aankomen: wie heeft er nu 26 dagen per maand een uur per dag over? Hoe kun je dit inpassen in een druk werkend bestaan? Verplichtingen, kinderen, vermoeidheid, luiheid.

Dat klopt allemaal, ik geef het toe, en dit is zeker niet wat ik van je vraag. Als lichaamsbeweging voortaan moeiteloos moet gaan meespelen in de strijd tegen overgewicht, is dat niet om dezelfde fout te maken als we met diëten hebben gedaan, namelijk de strijd hiertoe te beperken. Met dit nieuwe hoofdstuk probeer ik de indrukwekkende kracht van lichaamsbeweging eruit te lichten, een kracht die we altijd binnen handbereik hebben. Beter nog, een kracht die we in en bij ons dragen. Waarom hebben we deze enorme hulpbron dan niet eerder aangeboord, anders dan in de vorm van simpele raad vanuit het gezonde verstand die het fenomeen feitelijk alle effectiviteit ontnam? Als je alle erkende methoden kent die gebruikmaken van de beperking van voedsel en de bijbehorende hoge faalpercentages – en ik beweeg me al dertig jaar op dit terrein – begrijp je dat communicatie en voorlichting over de effectiviteit van lichaamsbeweging of verkeerd gewaarborgd of verkeerd begrepen zijn.

Is het vervelender of moeilijker om te bewegen dan om een dieet te volgen? Het antwoord is NEE! Maar wel op voorwaarde dat je ervan overtuigd bent dat het werkt en het lijkt er sterk op dat tot nu toe voor de zeer grote meerderheid van hulpverleners en diëters alleen dieet en beperking van voeding een afslankende werking kunnen garanderen. Lichaamsbeweging lijkt er alleen te zijn om het geweten te sussen, spiermassa te beschermen en het lichaam stevig te houden.

Daarom heb ik besloten te investeren in communicatie, te beginnen door het op te nemen in mijn eigen methode. Zoals alle andere hulpverleners heb ik mijn methode opgebouwd rondom een voedingskundig plan. En juist omdat die methode succesvol is, wil ik er iets aan toevoegen wat ik beschouw als een tweede motor: niets meer en niets minder! Want afvallen, zelfs voor vrouwen en mannen die hierin prima slagen, eist een fysieke tol. De confrontatie met jezelf is hard, het is een verrijkende ervaring, die bij succes zorgt voor zin, zelfachting en het hervinden van je eigenwaarde. MAAR het is ook een verbintenis en een strijd die voorbereiding nodig hebben, een kader, een ondersteunende structuur, een betrouwbare en geborgde methode, aandacht en waakzaamheid op elk moment. Het is een strijd tegen jezelf maar ook tegen anderen, tegen mensen die zelf ook wel zouden willen afvallen maar nog niet de motivatie hebben en tegen de mensen die de spreuk 'één keertje maar' hebben uitgevonden. Je kent ze wel. En het is een strijd tegen de heersende cultuur die consumptie promoot, tegen fabrikanten die liever vette, zoete en belonende producten verkopen dan deugdelijke, tegen reclamemensen die de woorden, slogans en beelden vinden die je letterlijk en figuurlijk in het hart raken.

Gezien de vele aanhangers die mijn methode heeft gevonden, mensen die er baat bij hebben gehad, er een erezaak van maken haar door te geven, te verdedigen en te promoten, acht ik het bovendien mijn plicht om wat ik noem een tweede bruggenhoofd te slaan in de strijd tegen overgewicht. En dat voor alle vrouwen en mannen die niet de energie of de moed hebben om de strijd met zichzelf aan te binden, omdat ik weet hoezeer het begeerde gewichtsverlies hen moreel en fysiek zal helpen.

Ik heb dus besloten kenbaar te maken wat ik sinds enige jaren ben gaan zien als de zwakke schakel of het gemis in de strijd tegen overgewicht: ik wil mensen bewust maken van de niet relatieve maar absolute effectiviteit van bewegen en lichamelijke inspanning, en daarmee breken met de heersende culturele, even wazige als onzekere redenering die in theorie de rol van lichamelijke inspanning verklaart maar niet in de praktijk bevestigt.

Deze aarzelende wals lijkt typerend voor samenlevingen waarin we leven en die twee tegenstrijdige geboden promoten.

Enerzijds 'Gij zult niet bewegen': er worden allerlei apparaten of robots bedacht om elke nutteloze inspanning te vermijden tot aan de elektrische tandenborstels toe! Het economische model van onze samenleving promoot alle technologieën die toegespitst zijn op comfort en vermindering van inspanning. Mechanica, robots, transportmiddelen verlichten al lange tijd de arbeid en nutteloze inspanningen, en dringen elke dag een beetje verder door op het terrein van gebaren en expressieve bewegingen die wij mensen van nature uitvoeren.

Anderzijds het 'Gij zult bewegen': een cultuur van sport, gezondheid, antiveroudering, sportschool en de paradoxale toevlucht tot mechanica om 'bewegingsapparaten' te maken, loopbanden, hometrainers...

Tussen deze twee geboden bestaan er, zoals je zult zien, allerlei activiteiten die elkaar niet tegenspreken.

2. Lichaamsbeweging speelt een rol bij het beheersen van plezier en onbehagen

Lezeres, lezer, ik vraag jullie me te volgen naar een verrassend domein, in de ingewanden van het leven, daar waar de eerste celdelingen plaatsvinden, daar waar redenen wortelen waarom je wilt leven en niet wilt sterven. Hoewel dit ver af lijkt te staan van het prozaïsche probleem van overgewicht, zul je zien dat het er in feite het kloppende hart van is. Ga met me mee. Je zult er geen spijt van krijgen.

Als je te zwaar bent, weet je waarschijnlijk dat je niet bent aangekomen omdat je at uit honger. Tegenwoordig zijn er in ons land weinig mensen die echt weten wat honger is. We krijgen tegenwoordig alleen maar last van gewichtsproblemen, omdat we meer eten dan we biologisch nodig hebben, meer dan we honger hebben. De vrouw die te veel eet en toch haar overgewicht vervloekt, is niet op zoek naar voeding. Ze eet gedreven door een behoefte die groter is dan haar angst om dik te worden. 'Het is sterker dan ik', hoor ik dan. Wat zoekt deze vrouw dan? Wat ze onhandig probeert, en vaak zonder het te weten, is zichzelf plezier te verschaffen met wat ze onder handbereik heeft als compensatie voor hetgeen wat ze onvoldoende vindt in haar dagelijks leven. Of om verdriet te neutraliseren of grote stress die haar toekomstbeeld somber maakt. Dat is vrijwel altijd zo wanneer iemand gewichtsproblemen krijgt.

Het probleem is dat je om af te vallen de omgekeerde weg moet volgen. Je moet niet alleen stoppen via eten het gemis te compenseren dat uit een ander register voortkomt, maar je moet jezelf ook je spontane manier van eten ontzeggen, terzijde schuiven, in feite een onbehagen produceren, frustratie, het exacte tegendeel van wat we zoeken als we te veel eten.

Hoe kan het dan mogelijk zijn om af te vallen en vooral duurzaam af te vallen, als we tegen alles ingaan wat we juist proberen te vinden door te eten, dat plezier dat de motor van het leven is en zo vitaal en essentieel dat we er onze lijn, silhouet, schoonheid, verleidelijkheid en soms zelfs gezondheid voor opofferen! Hoe kan een vrouw, die dag na dag plezier zoekt door te eten, deze zoektocht afbreken en een vermageringsdieet volgen? Deze tegenstrijdigheid verklaart waarom afvallen zo moeilijk en aankomen zo makkelijk is.

Toch kan het. Er is een weg, die echter niet of nauwelijks gebruikt wordt. De weg die ik bedoel, leidt over een heuvelkam tussen twee ravijnen in: enerzijds kun je niets doen en lijden, anderzijds kun je het slecht aanpakken en falen! Het pad over de bergkam, waarlangs je kunt afvallen en niet weer aankomen, noem ik 'genezen van overgewicht'. Om dit te begrijpen en ontdekken, zullen we samen de motorkap van de 'levensmotor' openen.

Rond de vijfde week van de zwangerschap, in de buik van de toekomstige moeder, verschijnt er in het tere embryo dat uit de bevruchte eicel is gegroeid, een hersenkern die de eerste puls van autonoom leven uitzendt en dit zal blijven doen tot het moment van de dood. Wat is die levenspuls? Dat is een programmering, een energie die in elk levend wezen zit, een vanzelfsprekendheid die het krijgt opgelegd zonder dat het dit hoeft te willen of zelfs weten. Laten we deze geheimzinnige en pulserende kern de 'pulsar van het leven' noemen. Als hij goed functioneert, voelen we een sterke behoefte om te leven, om alle handelingen en gedragingen te vertonen die het leven beschermen en stimuleren. Drinken, eten, slapen, voortplanten, spelen, jagen, je lichaam laten functioneren, de veiligheid opzoeken, bij een groep behoren, handelen om erin te blijven en er de optimale plek vinden aangepast aan je talenten.

Elke levende soort bezit een specifieke gebruiksaanwijzing die zorgt voor overleving. Jij en ik, mensen, hebben de onze. De evolutie heeft ons deze ingeprent en in onze genen opgeslagen vanwege de effectiviteit waarmee deze handleiding ons helpt te overleven in een menselijke omgeving. Als we spontaan en natuurlijk deze gedragsregels volgen, verbeteren we onze kansen om te overleven en worden we beloond door een aangename en verwarmende sensatie die we Plezier noemen. Dat verklaart waarom drinken als het lichaam is uitgedroogd en eten als de cellen van het organisme geen brandstof meer hebben plezier geven. Alles wat het overleven bevordert, zorgt voor plezier en alles wat het fnuikt levert onbehagen op. Alles wat we doen, doen we om plezier te oogsten of onbehagen te vermijden.

Maar dat is niet alles. Er is meer, eindeloos veel verrassender, ik zou zelfs durven zeggen van enorm belang, en ik nodig je uit me te volgen, want deze informatie zal je helpen je leven beter in te richten. Achter de aangename sensatie van plezier gaat een onzichtbare partner schuil, een andere maar even onmisbare soort voedsel. Deze volgt samen met voeding de neurologische paden in de hersenen, waar plezier tot een aangename sensatie wordt. Deze andere reiziger gaat door tot aan de pulsar van het leven en speelt een fundamentele rol. Zijn missie is de pulsar van het leven bereiken om die op te laden, om de drang om te leven in stand te houden en te versterken.

Samengevat zendt de levenspulsar de drang en de behoefte om te leven uit. Het gegenereerde leven uit zich in handelingen en gedragingen die erop gericht zijn plezier te oogsten. Samen met de sensatie van plezier bereikt een specifiek voedsel de pulsar, zodat deze kan blijven pulseren. Het gaat in feite om een terugkoppelingsprincipe of feedback, zoals we die bij zo veel manifestaties van het leven zien, maar deze bevindt zich op het hoogste niveau in de hiërarchie van de instandhouding van het leven.

Deze neurologische voeding is van groot belang. Vreemd genoeg heeft deze stof voor zover ik weet geen naam. Ik heb hem 'weldoening' genoemd om onder een noemer de dubbele notie van weldaad en voldoening te vangen.

Je zult je wel afvragen vanwaar deze hele omweg om lichaamsbeweging te wettigen in de strijd tegen overgewicht. Allereerst om je te laten begrijpen dat 'eten', een op het oog banale handeling en makkelijk te bevredigen drang, naast drinken en ademhalen een van de meest noodzakelijke factoren blijft om te kunnen leven en daardoor een van de effectiefste leveranciers is van 'weldoening'.

Het is niet moeilijk te begrijpen dat heel veel mannen en vrouwen, geconfronteerd met de problemen van een zwaar leven dat onvoldoende bevrediging biedt, kwelt, gehaast en stressvol is, er niet in slagen voldoende van deze weldoening te oogsten. Daardoor vertraagt de levenspulsar en daalt de kwaliteit van het leven. Op dat punt laten zich de gillende sirenes van het overleven horen, oorverdovend om de oogst af te dwingen. En dan, wanneer de oogst magertjes blijft, houdt de pulsar ermee op, de zin om te leven dooft langzaam. Dan treedt de tegenwoordig in onze samenleving zo vaak voorkomende depressie in, een breuk met de vanzelfsprekendheid van een primair aspect van het bewustzijn, het verlies van het contact met het leven.

In deze vaak onbewuste, soms dringende zoektocht is eten de simpelste remedie, makkelijk en direct onder handbereik. Eten in de mond stoppen, inslikken, opnemen om je ermee te voeden en om er een tevredenheid mee te produceren, iets geruststellends en aangenaams dat we tot nu toe verwarren met plezier. Met moderne technieken kunnen we de reactie in de hersenen op willekeurig menselijk gedrag visualiseren. Van al die handelingen, gedragingen of stemmingen is **het feit dat we lekker voedsel eten** het meest beladen met emoties. Het zorgt voor het grootste intercerebrale vuurwerk. Eten is op het niveau van neurologische weerklank en de productie van plezier bijna even intens als een orgasme maar heeft als voordeel dat het veel langer duurt. Dat verklaart waarom het zo makkelijk is om in gewicht toe te nemen in een frustrerende omgeving en zo moeilijk om af te vallen door minder toevlucht te zoeken in eten, de eerste leverancier van weldoening en beloning om het leven in stand te kunnen houden.

Een pakkende anekdote betreft een experiment dat keer op keer is herhaald in laboratoria voor onderzoek naar de dierfysiologie. Doe een doorsnee rat in een klassieke kooi. De rat heeft rust en zijn voerbak is altijd vol. Hij eet als hij honger heeft en stopt als hij verzadigd is. Bevestig een knijper die geen pijn doet aan het puntje van zijn staart. Voortaan sleept hij die mee als een vervelende last en binnen zes weken, je leest het goed, is hij dik. Hij compenseert, hij beschermt zich tegen onbehagen door er plezier tegenover te zetten. Hij creëert iets positiefs om het negatieve te neutraliseren.

Nu komen we terug op lichaamsbeweging en de rol hiervan bij het beheersen van plezier en weldoening. Ik heb deze omweg gemaakt en deze lange argumentatie gehouden, omdat lichaamsbeweging tegenwoordig volledig ondergewaardeerd wordt. Het is voor de meesten van ons een last geworden, een verplichting, een inspanning die we willen vermijden. Voor iedereen die wil afvallen, zou precies het omgekeerde moeten gelden. Lichaamsbeweging kan en moet je eerste en sterkste bondgenoot worden, een vriend dus. Vrouwen en mannen met overgewicht eten te veel en weten dat ze er dik van worden. Ze doen dit echter om weldoening te bereiken. Gebrek daaraan doet immers hun levensmotor vastlopen. Omdat het meestal gaat om vrouwen en mannen die heel makkelijk compensatie vinden in eten, hebben zij er meer dan anderen belang bij om in lichaamsbeweging een sterk wapen te vinden dat in staat is hun relatie tot plezier en ongenoegen te veranderen. Wat ik van jullie, lezers, vraag is het idee dat je hebt van lichaamsbeweging om te gooien. Lichamelijke activiteit, hoe eenvoudig, natuurlijk en vanzelfsprekend die ook lijkt, is hét element dat de invalshoek van de strijd tegen het overgewicht kan verschuiven. Wees zo goed mij te vertrouwen. Ik beloof jullie dat jullie er geen spijt van krijgen.

Laten we kijken hoe lichaamsbeweging je 'fundamenteel' kan helpen eerst af te vallen en dan duurzaam je Juiste Gewicht te behouden en 'overgewicht te genezen'.

1. Lichaamsbeweging versterkt de effectiviteit van het dieet enorm

Om geleidelijk het volume en gewicht van een wasbak of een gootsteen terug te brengen, beschik je over twee middelen: of je gaat langzamer vullen of je versnelt het leeglopen. Om de voorraden van een winkel terug te brengen, heb je de keus om minder in te kopen of meer te verkopen. Om af te vallen pas je dezelfde logica toe. Je beschikt over twee middelen van 'gelijk' belang: of je brengt de toevoer terug – je eet minder of minder rijk – of je verhoogt het verbruik – je beweegt meer, je verbrandt meer. Bij een gelijk dieet zul je meer afvallen naarmate je meer beweegt.

2. Lichaamsbeweging vermindert de frustratie over het dieet

Hoe meer je beweegt en calorieën verbrandt, hoe minder je jezelf hoeft te beperken, hoe minder je lijdt. Je moet koste wat het kost in je manier van denken als feit opnemen dat er een logisch verband is tussen voeding en lichaamsbeweging. Ik denk dan aan een van mijn patiënten, een liefhebber van goede wijn, een kunstenaar voor wie het genot van een mooie wijn een van zijn levensvreugden was. Hij vertelde me: 'Dokter, uw dieet bevalt me prima, maar ik heb PER SE elke avond een glas wijn nodig.' Ik heb hem toen geantwoord dat als hij er zozeer aan hechtte, hij het moest verdienen! En omdat hij er niets van begreep, legde ik hem uit: 'De prijs is 20 minuten. Als u een glas wijn drinkt, gaat u na de maaltijd 20 minuten lopen en dan is het alsof u dat glas nooit hebt gedronken. U hebt het geneutraliseerd. U hebt het uitgewist.' En omdat hij de waarheid wat geweld had aangedaan en in feite eerder drie glazen dan één glas wijn dronk, paste hij de oplossing aan de gedronken hoeveelheid aan en ontdekte hij naast het immense plezier dat zijn kostbare nectar hem schonk, nog een plezier dat hij net zozeer is gaan waarderen en zoeken, eerst lopen en dan joggen! En natuurlijk is hij afgevallen en heeft hij zijn nieuwe gewicht gestabiliseerd. Hij komt niet meer bij me op het spreekuur, maar omdat hij een tv-persoonlijkheid is, kan ik dat zien als hij op de buis komt en hij zijn slanke figuur aan het hele land laat zien.

3. Lichaamsbeweging schenkt plezier

Een voldoende mate van lichaamsbeweging met opgewarmde spieren zorgt voor de afscheiding van endorfine, een in het centrale zenuwstelsel geproduceerde neurotransmitter die voor geluk zorgt. Om er voldoende van te produceren is een minimale spiertraining nodig, maar wanneer het stadium van de productie van endorfine is bereikt, wanneer het lichaam dat beweegt plezier produceert, is overgewicht geen duurzaam probleem meer. Het te zware lichaam heeft zin gekregen om de extra ballast kwijt te raken! Een van mijn patiënten wees me erop dat ze nooit van het dieet was gaan houden, maar dat ze wel was gaan houden van haar lichaamsbeweging, er zelfs 'verslaafd' aan was geworden' zoals ze zei om het feit te benadrukken. In haar geval ben ik er praktisch zeker van dat ze geen enkele moeite zal hebben om op gewicht te blijven. Want, en dat is een van mijn deviezen die op elke activiteit, beweging of gedrag van toepassing is, maar nog meer op alles wat met overgewicht en afslanken te maken heeft: 'Alles wat je zonder plezier doet, moet je laten. Alles wat je met ongenoegen doet, moet je vergeten.'

4. Lichaamsbeweging, anders dan een dieet, laat je afvallen zonder dat je weerstand opbouwt

Hier raken we een van de kritieke punten in de strijd tegen overgewicht. Iedereen weet dat hoe meer diëten je volgt, hoe meer resistent je wordt voor diëten en hoe lastiger het wordt om af te vallen. Onze soort is ontstaan in een tijd waarin we moesten vechten om aan voedsel te komen. Vetreserves waren toen de beste garantie om te overleven en we zijn geprogrammeerd om verspilling van calorieën te vermijden en onze vetreserves te beschermen. Tegenwoordig leven we in overvloed en luxe, maar onze genen en onze programmering zijn geen steek veranderd. Ons lichaam is nog steeds even diep gehecht aan zijn vetreserves.

Elke vermagering wordt dan ook door het lichaam ervaren als een beroving en een gevaar waartegen het geprogrammeerd is zich te verdedigen.

Hoe kan het lichaam verzet bieden? Daartoe beschikt het over twee middelen: enerzijds minder verbruiken, spaarzaam leven 'op de laagste stand' en anderzijds door optimaal de ingenomen levensmiddelen te benutten en er het maximale aan calorieën uit te peuteren. Hoe meer diëten je volgt, hoe meer je lichaam dan ook zal leren om zich te verzetten. Die weerstand vertaalt zich in het feit dat je steeds langzamer afvalt en hoe langzamer je afvalt, hoe groter de kans is op ontmoediging, lusteloosheid en mislukking.

In dit soort situaties komt het gevaarlijkste moment voor een dieet: het stagnatieplafond, een periode waarin het dieet, dat altijd netjes is gevolgd, niet meer tot gewichtsverlies leidt. Als er geen beloning meer is en geen stimulans, is er geen grotere beproeving dan een weegschaal die niet meer de verwachte beloning geeft. Deze onverdiende en langdurige stagnatie van het gewicht zorgt voor de meeste teleurstellingen en mislukkingen.

Maar waar je lichaam zich goed kan aanpassen aan minder toevoer en aan diëten, heeft het niet de middelen om calorieverbruik te weerstaan veroorzaakt door lichaamsbeweging. Je kunt 350 calorieën verbranden door een uur hard te lopen en ook al doe je dit dagelijks gedurende maanden, je zult steeds evenveel calorieën verliezen. Als je echter 350 calorieën bespaart op je voeding, zal je lichaam zich daar in enkele weken aan aanpassen en zul je niet meer afvallen. Je moet dan naar 500 calorieën minder gaan of het systeem van calorieën tellen opgeven.

Dat maakt van de combinatie van lichaamsbeweging en dieet de beste manier om de rampzalige effecten van weerstand door eerder gevolgde diëten weg te nemen.

5. Door lichaamsbeweging afvallen zonder slap te worden

Zelfs bij zware mensen wier huid gespannen is door onderliggend vet, zorgen goed onderhouden spieren voor een zichtbaar stevig uiterlijk. Bij gelijk gewicht lijkt een getraind en gespierd lichaam jonger, steviger, stralender en mooier. Zo'n lichaam wordt een aangename behuizing waarop je trots op mag zijn, zowel voor de buitenwereld als voor jezelf.

6. Lichaamsbeweging is onmisbaar voor de stabilisatie op de lange termijn

Bewegen maakt je minder afhankelijk van de eetbeperkingen, die op de lange duur frustrerend worden. Door 20 minuten te lopen neutraliseer je bijvoorbeeld een glas wijn of drie blokjes chocolade. Neutraliseren betekent dat alles zich afspeelt alsof je deze producten nooit in je mond hebt gestopt. Iedereen weet dat we alleen bereid zijn ons in te spannen om af te vallen als de duur beperkt, nauwkeurig en afgebakend is.

Als het Juiste Gewicht is bereikt, is het tijd om over te gaan op de stabilisatie- en dan de volhardingsfase, waarbij je weer van alles mag eten en het leven spontaner en minder ingekaderd is.

We weten dat de wisselvalligheden van het leven, stress en tegenslagen ons van een uitgestippelde route kunnen doen afdwalen, zeker omdat we op deze momenten van kwetsbaarheid de warmte van de meest belonende levensmiddelen zoeken.

Door voldoende lichamelijk actief te blijven kun je door het calorieverbruik en vaak door het plezier dat je eraan beleeft, meer producten gaan eten, in grotere hoeveelheden en er ook echt van genieten.

Door beweging kun je beter 'misstappen' en 'dwaze eetbuien' opvangen en 'even de teugels helemaal laten vieren'. Door te verbranden 'in het vuur van de actie' verminder je de gevolgen en je schuldgevoel.

Bovendien zorgt lichaamsbeweging voor een vast ritme, gemoedsrust en een gevoel van trots op jezelf en je lichaam. Dat alles beschermt je tegen afdwalen.

Door de productie van endorfine, die in grote doses vrijkomt bij getrainde mensen, door het neurologische plezier waarvoor ze zorgt, vermindert lichaamsbeweging de al even neurologisch bepaalde behoefte om toevlucht te zoeken in het kunstmatige plezier, 'gefabriceerd' door te eten. Het voorbeeld van vrouwen die gedeprimeerd zijn en vurig wensen af te vallen is verhelderend. Ze kunnen korte tijd een dieet volgen mits het perfect gestructureerd is en er voldoende begeleiding is. Maar het is onmogelijk deze inspanning voort te zetten als het resultaat eenmaal bereikt is. Zolang de depressiviteit duurt en ze 'onvoldoende gelukkig' zijn, grijpen ze automatisch terug op een belonende voeding, hun tegengif tegen ongelukkig zijn. Voor hen en zeker voor alle niet-gedeprimeerde mensen onder ons is het scheppen van plezier in beweging en het verbranden van calorieën DE bescherming van het gewenste gewicht.

7. Door lichaamsbeweging kun je stagnatieplafonds doorbreken

Ik geef al dertig jaar voedingsadviezen. Ik heb gezien hoe zich een generatie vrouwen en mannen ontwikkelde die geconfronteerd werd met overgewicht. Zeker, er zijn steeds meer mensen met overgewicht, dat is welbekend, helaas! Maar ik heb vooral moeten constateren dat het percentage patiënten dat ik als 'moeilijke gevallen' met weerstand tegen diëten beschouw nog sneller groeit dan die van de 'simpele gevallen'. Wie zijn deze mensen? Hoofdzakelijk vrouwen van boven de veertig die in een of meer onderstaande categorieën vallen.

- Dat kunnen vrouwen zijn voor wie overgewicht een **bekend verhaal** is. Ik smelt als ze bij mij op het spreekuur komen en met een samenzweerderig lachje zeggen: 'Dokter, ik moet u zeggen dat ik al *alle* diëten heb geprobeerd!'

- Vaak zijn het ook vrouwen die **sterk erfelijk belast** zijn, moeders met kinderen die al corpulent zijn, die zelf een moeder, vader, ooms en tantes met overgewicht en vaak ook diabetes hebben.

- En dan heb je natuurlijk de gevallen van heel zware mensen met **obesitas**, bij wie het overgewicht zo groot is dat het proces nooit meer geheel terug te draaien valt. Verrassend genoeg laten deze mensen zich niet het sterkst uit het lood slaan door hun gewicht. Ik vind hen vaak minder verbeten dan de 'bijna volmaakten' die wanhopig vechten, zichzelf bijna martelen, om een paar kilo's eraf te krijgen.

- Tot slot zijn het vrijwel altijd mensen met een zittend bestaan, die een modern bestaan leiden, met tijd moeten woekeren en die door de opeenstapeling van plichten en vermoeidheid allergisch worden voor elke extra inspanning.

Deze vrouwen, die resistent zijn geworden voor diëten, weten bij elk nieuw dieet dat ze beginnen dat ze kwetsbaar zijn. Ze storten zich blind in de strijd en raken vrij snel de makkelijke kilo's kwijt, zeker bij flink overgewicht. Langzaam treedt dan de weerstand op, het afvallen vertraagt en er komt een dag dat het lichaam zich wat meer dan anders verzet en het afvallen stopt. Dan is het fameuze 'stagnatieplafond' bereikt, met alle risico's van dien. Het dieet wordt nog even nauwgezet gevolgd, maar de weegschaal beweegt niet meer. Het gevaar dreigt. De motivatie neemt af, de verleiding duikt weer op, er worden kleine overtredingen gepleegd. Dat alles bevordert alleen maar de stagnatie. Een groot aantal van deze 'gestagneerde vrouwen' geeft op, begint opnieuw en vervalt in een onregelmatigheid die vroeg of laat tot het opgeven leidt.

In deze gevallen is het allereerst van belang om een hormonaal bepaalde ontregeling of een slecht functionerende schildklier uit te sluiten en om te bekijken of er niet te veel vocht wordt vastgehouden.

Als dit niet het geval is, mag het dieet niet versoepeld worden, maar moet het juist strenger worden.

In gevallen waarin de kans op opgeven groot is, wordt de rol van lichaamsbeweging *cruciaal*.

Een lichaam dat weerstand biedt, dat zijn verbruik terugdringt en vooral dat alle levensmiddelen optimaal benut, kan vermagering voldoende lang blokkeren om tot een mislukking te leiden. **Maar** als tijdens deze blokkade, waarin de aanwezige krachten zich in evenwicht houden, een dosis 'lichaamsbeweging op recept' opduikt, dan krijgt het lichaam een duwtje in de goede richting en wordt het evenwicht verbroken. De weerstand verdwijnt, de schaal zakt, de wijzer van de balans komt in beweging, de strijd is gewonnen, het gewicht zakt, de moraal keert terug, het dieet wordt weer gevolgd, en de vicieuze cirkel wordt een opwaartse spiraal.

Natuurlijk zal voor mannen en vrouwen die sterk genoeg zijn om het dieet toch vol te houden, uiteindelijk het resultaat hetzelfde zijn, maar ze lopen veel risico, want het is moeilijk te voorspellen hoelang de stagnatiefase duurt.

In deze gevallen en om deze motivatieondermijnende wachttijd te verkorten, schrijf ik voor wat ik **operatie vuistslag** noem, een soort commandoaanval waarin het volgende wordt gedaan gedurende zeer korte tijd:

- weer teruggaan naar vier dagen zuivere eiwitten, het aanvalsdieet zonder onderbreking;

- twee liter mineraalarm water per dag drinken;
- zo min mogelijk zout eten;
- zo vroeg mogelijk naar bed gaan, omdat je van slaap voor middernacht veel beter herstelt dan van die erna;
- een plantaardige vochtafdrijvende stof bij het water doen om verborgen vastgehouden water uit te drijven;
- EN BOVENAL 60 MINUTEN LOPEN PER DAG GEDURENDE DEZE VIER DAGEN.

Deze zes elementen vormen een shockrecept tegen stagnatie. Vaak is het de fase die het verschil maakt. Dus als het jou op een dag gebeurt dat je gewicht stagneert, denk dan aan dit recept en weet dat je er bij een dieet bijna op kunt wachten in een stagnatieplafond terecht te komen. Belangrijk is dat je het doorbreekt en lichaamsbeweging is daarbij noodzakelijk.

Omdat je door lichaamsbeweging beter, sneller en meer afvalt, en een steviger mooier lichaam krijgt, draagt dit enorm bij aan de verwezenlijking van een persoonlijk project en HET BEHALEN VAN SUCCES. En niemand kan ontkennen dat succes een van de grootste bronnen is van vreugde en zelfverwezenlijking, een vorm van plezier en beloning die het meest verbonden is met zelfwaardering, met bloei en met geluk.

Dit bewijst hoe groot de rol is van lichaamsbeweging bij het afvallen.

Doordat ik dagelijks de uitzonderlijke effectiviteit van eenvoudige, maar voorgeschreven lichaamsbeweging heb gezien, sturend en nauwkeurig, besloot ik dit nieuwe hulpmiddel van LICHAAMSBEWEGING OP RECEPT, 'L.B.O.R.', op te nemen in het actieplan en in dit boek dat er de essentie van bevat.

Na tien jaar, sinds de eerste editie van mijn boek, had ik kunnen constateren op basis van de reacties, de vele bedankjes, de vele aanhangers en vrijwilligers die wilden bemiddelen, bij het zien en lezen van alle post die ik ontving, dat de methode die ik stukje bij beetje had ontwikkeld zijn ultieme vorm had gekregen en voltooid was, het ruime sop kon kiezen en geleidelijk een standaarddieet kon worden in de strijd tegen de plaag van het overgewicht. Niets is minder waar: tegenwoordig moet ik constateren dat het fysieke protocol geen simpele toevoeging of een marginale verbetering is. Het is een toevoeging die er radicaal de aard en de resultaten van verandert.

Ik weet zeker dat als vrouwen en mannen die proberen af te vallen ECHT de reikwijdte, het grote, essentiële, onmisbare, ABSOLUTE belang kennen van lichaamsbeweging in de zoektocht naar gewichtsverlies, ze er evenveel moeite in zullen steken als in het dieet. Sinds ik lichaamsbeweging 'voorschrijf' als medicijn, met dosering en frequentie, en ik het belang ervan aantoon met tastbaar bewijs – door de resultaten van het dieet alleen naast die van het dieet plus lichaamsbeweging te leggen – merk ik dat zelfs de meest onwillige, luie, drukke mensen, en vooral zij met een grote weerstand tegen diëten, er volledig achter gaan staan, verbluft over de resultaten en vooral bevestigend dat ze het altijd wel geweten hadden maar zonder er echt in te geloven. En het is het recept dat dit verschil tussen weten en geloven maakt.

Daarom vraag ik jullie, lezers, lezeressen, om lichaamsbeweging met andere ogen te gaan bekijken. Het is een geducht wapen dat nog nooit echt is ingezet.

Ik kan en moet jullie garanderen dat als jullie mijn plan in vier etappes volgen – van de aanvalsfase tot en met de volhardingsfase – samen met mijn plan voor voorgeschreven lichaamsbeweging, jullie op je Juiste Gewicht zullen komen en het zullen behouden, ongeacht de weerstand die je hebt opgebouwd tegen diëten. Jullie zullen niet alleen afvallen, jullie zullen genezen zijn van overgewicht!

L.B.O.R. in de dagelijkse praktijk: lichaamsbeweging op recept

Het gebrek aan effectiviteit in de aansporing tot bewegen vloeit voort uit het feit dat niemand erin gelooft, noch de artsen die vermageringskuren voorschrijven noch de mensen die ze volgen. Tot op heden hebben de hulpverleners zich ermee tevredengesteld de politiek correcte, verstandige raad te herhalen: 'Probeer wat meer te bewegen, neem de tijd, doe wat moeite.' Zo geformuleerd heeft deze raad GEEN ENKELE KANS te worden opgevolgd, omdat zelfs de persoon die hem uitspreekt er niet in lijkt te geloven. Toch is er voldoende bewijs voor het calorieverbruik door en de talrijke voordelen van lichaamsbeweging, maar het economische model en de manier van leven in onze moderne maatschappij zijn gericht op de commercialisering van de talrijke robots die de mens bijstaan en elke inspanning overnemen. Al ruim vijftig jaar doen we alsof we vechten tegen overgewicht en schrikken we van de groei ervan. Tegenwoordig is in veel landen meer dan de helft van de bevolking te zwaar en nadert ook Nederland langzaam deze statistische grens. Tegenover deze ontwikkeling dringt zich een zeer beladen vraag op aan de mensheid: moeten we accepteren dat onze soort afstevent op een model van overgewicht, een soort die vetzuchtig is geworden omdat ze te veel eet om de problemen van deze wereld aan te kunnen? Als de walvissen die ons zijn voorgegaan en zich hebben aangepast aan de kou van de oceanen? Of moeten we obesitas afwijzen en hebben we daartoe de middelen? Om eerlijk te zijn, geloof ik dat de maatschappij, zonder zich bewust de vraag te stellen, bij gebrek aan beter geneigd is een algemeen overgewicht te tolereren. Natuurlijk waarschuwen ministers en bestuurders tegen de overvloed aan levensmiddelen en het zittende bestaan, maar niemand doet er daadwerkelijk iets aan. Het is de eeuwige kwestie van de bijenkorf en de bij, van de maatschappij en het individu.

Jullie weten hoe ik ertegenover sta, aangezien je een boek leest dat overgewicht afwijst en de middelen aanreikt om je ertegen te verzetten. Ik steun volledig de bij die er plezier in schept langs de bloemen te vliegen en in hun kelk de pollen te ruiken, en plaats de honing en de was die zijn opgeslagen in de korf op het tweede plan. Het zal je niet verbazen dat ik tracht de methode te optimaliseren waaraan ik al mijn energie hebt gewijd sinds de dag dat ik door mijn allereerste patiënt op dit spoor werd gezet. Ik zie in lichaamsbeweging het strategische element dat, in combinatie met mijn dieet, het middel kan zijn om persoonlijk te kiezen voor je lichaam en je zelfbeeld en te weigeren de wereld van de corpulentie te betreden. Om die reden vraag ik je het vage concept van meer bewegen en minder eten los te laten, dat in combinatie met het concept 'twee stuks fruit en twee ons groenten per dag' als alibi dient om ons geweten te sussen. Als je echt wilt afvallen met een maximum aan effect en duurzaamheid en een minimum aan frustratie, moet je de regels van beweging volgen die ik heb teruggebracht tot een beknopte formulering en die ik in de vier fasen van mijn dieet heb opgenomen.

Het argument tijdgebrek, dat tot op heden het vaakst wordt aangevoerd om lichaamsbeweging te vermijden of omzeilen en alleen het dieet te volgen is een slecht excuus. Uit ervaring blijkt dat de zorg die vrouwen en mannen die willen afvallen aan hun lichaam besteden veel meer beperkend is en meer tijd kost dan lichaamsbeweging. Ook hier staat of valt alles met de diepe overtuiging dat lichaamsbeweging een echt concrete rol kan spelen bij het afvallen, dat het niet zomaar een toevoeging is aan het dieet, maar er een coalitie mee vormt die de kans op slagen van de vermagering verdubbelt op de korte, middellange en, nog meer, de lange termijn.

De primus van lichaamsbeweging: lopen

Als er maar één vorm van beweging voorgeschreven kon worden, zou het lopen zijn. Waarom?

1. Lopen is de natuurlijkste vorm van bewegen voor de mens.
Voor antropologen onderscheidt de mens zich van de mensaap doordat hij zich heeft opgericht en op twee benen is gaan lopen. Vanaf dat cruciale moment zijn al zijn handelingen diepgaand veranderd, zijn manier van verplaatsen, zijn verdediging, zijn manier van jagen. De interactie tussen het vrije gebruik van de handen en de hersenen heeft de laatste complexer gemaakt en de weg gebaand voor intelligentie, bewustzijn, taal en cultuur. Dat bewijst hoezeer lopen is gegrift in de basisstructuur van onze hersenen, van onze eerste gedragingen.

In onze onnatuurlijke en gestreste maatschappij is lopen zonde van de tijd geworden, een schadepost voor fabrikanten van transportmiddelen en in de huidige economische context een activiteit die vermeden moet worden, minderwaardig is. Waarom zou je te voet gaan als er liften, roltrappen, fietsen, scooters, auto's en elektrische steppen zijn?

Ik heb juist lopen gekozen als mijn grootste bondgenoot in de strijd tegen overgewicht, omdat onze programmering als mens lopen niet alleen mogelijk maakt, maar zelfs van ons verwacht. Lopen is, als echt eerbetoon onze wortels en gegrift in onze aard en genen, een van de efficiëntste manieren om te strijden tegen de kunstmatigheid van het moderne leven. Lopen dwingt ons mens te blijven, ons lichaam te gebruiken om ons te verplaatsen en beloont ons daarvoor met de productie van endorfine. Het is de plezierige beloning voor het tevredenstellen van het lichaam. Zo doe je door te lopen jezelf goed en zul je er steeds meer plezier in krijgen tot je er uiteindelijk niet meer buiten kunt.

2. Lopen is de eenvoudigste vorm van lichaamsbeweging.

Elk mensje herhaalt als embryo in de buik van zijn moeder, in versneld tempo de lange evolutie van de dierenwereld, van vis tot zoogdier en dan tot aap. Als het mensje geboren wordt, blijft het zijn programmering afspelen en leert het om te gaan staan en dan te lopen. Vanaf zijn eerste pasjes lijkt het kind tegen zijn ouders te zeggen: 'Ik ben een van jullie.' Vanaf dat moment loopt een mens, net als hij ademt, heel vanzelfsprekend: 'Je hoeft alleen de ene voet voor de andere te zetten en dan andersom.' Deze vanzelfsprekendheid is een grote troef, want ze vermindert het gevoel van inspanning aanzienlijk waarmee we ons verplaatsen in de ruimte die openligt voor ontdekking en ontmoeting. In feite is lopen zo simpel en automatisch dat je het met vrijwel elke andere activiteit kunt combineren. Onder het lopen kun je denken, je dag indelen, communiceren, met iemand praten of bellen. Het leven stopt niet als je loopt.

3. Lopen is de minst vermoeiende activiteit en is voor de meeste mensen te doen.

Je kunt uren lopen zonder moe te worden. De inspanning wordt verdeeld over heel grote delen van het spier- en botstelsel. Voor een wandeling heb je alleen maar goede schoenen nodig, maar voor het dagelijkse wandelingetje met de bedoeling om af te vallen is elke soort schoenen geschikt, ook schoenen met hakken. Bovendien ga je van lopen niet transpireren en je kunt het doen wanneer je maar wilt en in een willekeurige outfit. Je hebt geen sportkleding nodig, geen douche en je hoeft je naderhand niet om te kleden.

4. Lopen is de activiteit waarbij de mens de meeste spieren tegelijk mobiliseert.

Het is moeilijk te begrijpen hoe complex deze natuurlijke en spontane beweging is. Het heeft cyberneticaspecialisten een kolossale investering gekost om de bewegingen te analyseren en te reproduceren bij sciencefictionrobots of om motorisch gehandicapten van apparaten te voorzien. Bovendien behoren de spieren die betrokken zijn bij het

lopen tot de 'grote dragers' van het lichaam, dat wil zeggen de grootste calorieverbruikers.

De meest betrokken spieren zijn:

- De quadricepsen. Ze liggen aan de voorkant van de dij en zijn verreweg de dikste spieren van het lichaam. Ze brengen de dij omhoog
en duwen dij en been naar voren.
- De hamstrings, die de achterkant van de dij vormen. Zij brengen
de benen naar achteren.
- De bilspieren, heel sterke en grote spieren die tot taak hebben de
achterwaartse beweging van de pas af te maken. Het gebruikelijke
inzakken van deze spiermassa's maakt wreed zichtbaar dat we deze
spieren onvoldoende gebruiken, en zeker onvoldoende voor hun
voornaamste functie: lopen.
- De buikspieren, die actief deelnemen aan het lopen; ze trekken zich
bij elke pas naar voren samen.
- De tweelingspieren, in de kuit, minder dik en meer gebundeld.
Deze behoren tot de meest gemobiliseerde spieren bij het zetten van
een pas.

De secundair betrokken spieren zijn:

- De bekkenstabilisatoren. Deze vormen een spiergordel rondom het
bekken die voorkomt dat je in elkaar zakt als je staat. Abductoren
aan de buitenkant en adductoren aan de binnenkant, buikspieren
van voren en rugspieren van achteren.
- De voorste symmetrische scheenbeenspieren. Ze tillen de voet
omhoog om te voorkomen dat hij over de grond sleept tijdens de
pas. Lopen ontwikkelt deze spieren heel sterk.
- De spieren van armen en schouders, die minder meedoen dan de
andere bij gewoon lopen, maar behoorlijk kunnen worden aangesproken bij sportief lopen, zoals nordic walking.
  De bundeling en het gelijktijdig aanspreken van al deze spieren
verklaren het calorieverbruik van een beweging die zoveel zeer op
calorieën beluste spieren laat meedoen.

5. Van alle vormen van lichaambeweging is lopen de vorm waarvan je het meest afvalt.

Het mag raar klinken, maar lopen verbrandt evenveel calorieën als tennissen en veel andere sporten. Die optimale verbranding dankt de beweging aan het feit dat ze een vloeiend en ononderbroken karakter heeft, terwijl tijdens een partijtje tennis de helft van de tijd bestaat uit spelonderbrekingen en het wachten tot de bal weer terugkomt.

Ook wordt dit optimale verbruik veroorzaakt door het feit dat lopen zo verweven is in het dagelijks leven en zonder meer kan worden gedaan zodra je er even de tijd voor hebt of om de tijd te doden, op elke plaats en op elk tijdstip van de dag en van de nacht. Lopen kun je op elk terrein; je hebt er geen piste of een voetbalveld voor nodig.

6. Lopen is de nuttigste lichaamsbeweging in de volhardingsfase.

Het is de enige vorm van beweging die niet alleen van belang is tijdens het afslanken, maar ook kan worden opgenomen in de kern van nieuwe gewoonten die eerst tijdens de stabilisatiefase en dan nog veel effectiever in de zo cruciale volhardingsfase kunnen worden aangewend. Om alle eerder genoemde redenen – makkelijk, simpel, natuurlijk, gezond en ongevaarlijk – is het makkelijker de moed te vinden om regelmatig te lopen omdat het, zoals reeds gezegd, even vanzelfsprekend is als ademhalen!

7. Lopen is de enige vorm van lichaamsbeweging die ook mensen met overgewicht zonder risico kunnen beoefenen.

En dat met resultaten en een effectiviteit die in verhouding staan tot het overgewicht dat ze meedragen en vooral zonder risico op blessures of gevaar voor hart- en bloedvaten. We mogen nooit vergeten dat het gewicht van een zwaarlijvige of zelfs iemand met overgewicht een last is. Het meedragen van 15 kilo te veel is een sport op zich, mits je ze meedraagt terwijl je loopt. Dan gebeurt er precies het omgekeerde van wat er gebeurt bij fysieke activiteiten, zoals zwemmen of fietsen, waarbij het gewicht niet wordt gedragen of de beweging hoegenaamd in gewichtloosheid plaatsvindt. Hoe dikker iemand is, hoe meer belang hij heeft om te gaan lopen.

8. Tot slot is lopen een activiteit die het best beschermt tegen veroudering.

Lopen, zo nauw verweven met de aard van de mens, wordt niet ondergaan door het lichaam, maar **verwacht**. Door te lopen, train je op een optimale manier de belangrijkste functies van het organisme: de bloedsomloop, ademhaling, beenderen, hormonen, spieren, geest. Bij gebrek aan lopen zullen al deze belangrijke functies minder goed worden verzorgd en wordt het lichaam sneller oud. Dus door 30 minuten per dag te lopen gaan niet alleen het afslanken en stabiliseren van het gewicht makkelijker, maar je kunt langer in een goede conditie leven. Bovendien speelt lopen een grote rol bij de geestelijke gezondheid. Het is de vorm van bewegen die, bij een even grote inspanning, de hersenen het meest stimuleert om neurotransmitters vrij te geven. Dat geldt voor endorfine, de neurotransmitter van plezier, en ook voor serotonine, 'het gelukshormoon', waarvan een gebrek bijdraagt tot het ontstaan van depressiviteit.

Lopen in elk van de vier fasen van het dieet

Door het lezen van voorgaande bladzijden zul je begrepen hebben waarom ik je aanspoor te gaan lopen en deze natuurlijke vorm van bewegen te koesteren. Als je niet loopt, vergeet je een deel van je menszijn, waardoor je vroeg of laat je mogelijkheden beperkt om tot bloei te komen.

Tijdens het dieet moet lopen worden afgestemd op het eetpatroon door rekening te houden met de specifieke eigenschappen en het doel van elke fase.

In de aanvalsfase, waarvan de duur varieert van twee tot zeven, soms zelfs tien dagen, is lopen vrijwel de enige voorgeschreven vorm van beweging die mogelijk is. Het geeft je de kans maximaal resultaat te bereiken zonder vermoeid te raken of meer eetlust te krijgen.

In de aanvalsfase is het doel een vliegende start te maken en voldoende gewicht te verliezen om de motivatie te zekeren. In deze belastende context **schrijf ik een dosis van 20 minuten lopen per dag voor**. Met uitzondering van specifieke gewoonten en vroegere voorkeuren is het niet aan te raden meer te lopen maar ook niet minder.

Meestal leveren twee dagen zuivere eiwitten een gewichtsverlies van 800 g tot 1,2 kilo op als er daarnaast gelopen wordt. Voor zwaarlijvige mensen, vooral als ze zwakke heupen, knieën of enkels hebben, raad ik aan dit te verdelen in twee keer 10 minuten.

In de cruisefase is het doel te blijven afvallen, ondanks alle hobbels, met een lichaam dat verrast door de aanval probeert alles weer terug te pakken en zich te verzetten. Om dat risico te bestrijden **schrijf ik een dosis van 30 minuten lopen per dag voor**. In deze fase is lopen extreem belangrijk. Ook al is het buiten koud, ook al heb je zogenaamd geen tijd, ga naar buiten en ga lopen. Ik kan je verzekeren dat het uiteindelijke effect je verwachtingen mijlenver zal overtreffen.

In deze fase zullen er ongetwijfeld momenten zijn waarop je lichaam bij hetzelfde dieet aan de noodrem trekt en erin slaagt het gewichtsverlies te remmen en dan te stoppen. Dat is wat diëters 'stagnatie' noemen. Iedereen die de geruststellende boodschap van de weegschaal nodig heeft om gemotiveerd te blijven en tegenzin en frustratie te verbergen, zal van deze onderbreking schrikken, gaan twijfelen, dan uit balans raken en soms gaan zondigen en zelfs opgeven. Bij een onverdiende stagnatie die niet door een duidelijke oorzaak te verklaren is, zoals het vasthouden van vocht, een slecht werkende schildklier, hormoonschommelingen of het slikken van dikmakende medicijnen, zoals cortisone of antidepressiva, is het goed om gedurende vier dagen van 30 naar 60 minuten lopen per dag te gaan. Dit uur kun je ook opsplitsen in twee delen van 30 minuten.

In de stabilisatiefase is het doel een overgang te maken tussen het volledige dieet en geen dieet. Sommigen wachten vol ongeduld op dit moment, maar de meesten vrezen een verandering van eetpatroon en de herintroductie van levensmiddelen waarvan ze denken dat deze het bereikte resultaat teniet zullen doen. Ik sta altijd versteld als vrouwen en mannen die altijd grote of slordige eters waren, mij vragen waarom ze dat geruststellende kader van eiwitten en groenten moeten verlaten, waarin ze op een beperkt maar uiterst duidelijk en heel veilig terrein leefden en niet te lijden hadden onder verleiding. Mijn antwoord is dan dat ze weer moeten leren spontaan te eten, maar ook volwassen moeten worden op eetgebied.

In de stabilisatiefase schrijf ik een verplichte dosis van 25 minuten lopen per dag voor. Dit is een heel belangrijke periode, aan het eind waarvan niet alleen het streefgewicht zal zijn bereikt, maar het ook is gestabiliseerd. Nu is lopen van het grootste belang. Dus: geen smoesjes!

In de volhardingsfase is het doel het gewone leven weer op te pakken zonder ooit weer aan te komen. Dat 'zonder ooit' maakt een minimaal voorschrift nodig, maar dat is ook definitief. Zeker, het woord 'definitief' kan afschrikken, maar ik kan je verzekeren dat iedereen die zijn aanleg voor overgewicht ontkent, weer snel op dat oude gewicht zal terugkomen. Afvallen verandert niets aan het lichaam, al is dat slanker. Om het verworven gewicht te beschermen moet je dat willen. Je moet in het volhardingsdieet een eetpatroon zien dat je een basisveiligheid geeft, een groepering van bakens bestaande uit een gezonde voeding, genoeg maar heel veilig. Vanuit die basis mag je alles eten wat je wilt met uitzondering van drie regels die een veiligheidsbuffer vormen en terugval voorkomen. Je kent ze al, maar het kan nooit kwaad ze nog eens te herhalen: de eiwitdonderdag, het afzweren van de lift en 3 eetlepels haverzemelen per dag.

Voor deze fase die ik als verreweg DE BELANGRIJKSTE beschouw, **schrijf ik een dosis van 20 minuten lopen per dag voor.** Dat is weinig, heel weinig, want het is de drempel van het lichamelijke mens-zijn. Loop je nog minder, dan verlies je je mens-zijn. Dat klinkt zwaar, maar het is een realiteit die zich vertaalt in indirecte en toekomstige, maar ernstige reacties, omdat ze een bedreiging vormen voor de bereikbaarheid van ontplooiing en geluk.

1. In de aanvalsfase 20 minuten lopen per dag.
2. In de cruisefase 30 minuten lopen per dag.
3. Als je gewicht meer dan 7 dagen stagneert: gedurende 4 dagen 60 minuten lopen per dag.
4. In de stabilisatiefase 25 minuten lopen per dag.
5. In de volhardingsfase 20 minuten per dag blijven lopen.

De beste manier om te lopen

Lopen in combinatie met mijn dieet en om optimaal resultaat te bereiken, is geen speciale vorm van lopen, zoals nordic walking, maar ook
geen slenteren. Het is actief voortstappen zoals je doet als je nog naar
de post moet voor werktijd en je niet al te veel tijd hebt. Je hoeft niet
sneller en niet langzamer te gaan.

Je kunt lopen echter wel optimaliseren door de tijdstippen aan te
passen en er enkele specifieke aanvullingen op te doen.

Lopen om te verteren

Lopen net na de maaltijd vergroot het calorieverbruik met 30 procent.
Als je binnen een halfuur na de maaltijd in de benen komt voor een
wandeling, zul je niet alleen verbranden wat nodig is om te lopen,
maar tegelijk het thermische effect van de spijsvertering en lichaamstemperatuur verhogen, wat ook weer het rendement van de maaltijd
verlaagt. Ook als de maaltijd overvloedig was, een feestmaal of een
'slechte' maaltijd, zal de verbranding nog hoger zijn. Dit is een, zij het
klein, middel om eventueel zondigen tegen je dieet te herstellen.

De pas achteruit

Je hoeft hiervoor niet achteruit te lopen, maar het gaat er hier om de
achterwaartse beweging van je been bewust te benutten om het calorieverbruik te verhogen en 'vergeten' spieren te trainen.

Mensen die gewend zijn te lopen kijken tijdens het lopen vooruit
en zoeken instinctief steun naar voren, in de voorwaartse stand van het
been. De voet wordt naar voren gebracht en de dij volgt, terwijl het
andere been passief naar achteren verdwijnt. Deze voorwaartse beweging spreekt vooral de beroemde quadriceps aan, de spier aan de voor-

kant van de dij, die verreweg de dikste spier van het lichaam is. Ook worden buikspieren en de voorste scheenbeenspier aangesproken. De laatste trekt bij elke pas de voet omhoog om te voorkomen dat hij over de grond 'schraapt'.

Om het lopen te verbeteren, het calorieverbruik te verhogen en vaak vergeten spieren stevig te maken, moet je de spieren laten werken die de achterwaartse beweging van de pas sturen. Als de voet de pas naar voren heeft voltooid, het been weer verticaal komt te staan en passief doorgaat naar het achterwaartse deel van de pas, maak je ook dat deel actief. Laat je hak niet weer omhoogkomen als een schommel, maar houd de voetzool op de grond door je bilspier en de achterste kuitspier aan te spannen. Zo verdubbelt het calorieverbruik van de betrokken spieren en maak je bij het lopen evenveel gebruik van de achterkant als van de voorkant van het lichaam, terwijl de tijdsduur van de inspanning gelijk blijft.

Blijf mooi rechtop lopen

Dit is een fantastische aanvulling die op alle leeftijden van nut is. 'Ga eens rechtop staan of zitten.' Dat heb je vast gehoord toen je kind was en misschien is het zelfs nog een herinnering aan school. Vergeet dat maar gauw, want het gaat niet om een oefening, maar om de manier waarop je in het leven staat. Laten we eens kijken. Ten eerste, wat is dat precies: rechtop staan? Dat is heel simpel: houd je hoofd op één lijn met je borst, je hals mooi lang, de schouders los naar achteren en naar beneden.

Bij sommige jonge vrouwen en pubers is lopen in deze houding aangeboren, verleent het raffinement, natuurlijke elegantie en klasse. Onnodig te zeggen dat deze zeldzame eigenschappen heel verleidelijk en gewild zijn – en dat zonder mee te rekenen dat rechtop staan of zitten veel energie kost, want deze houding vergt de inspanning van een indrukwekkend aantal spieren.

Rechtop zitten en nog meer rechtop lopen maakt een man of vrouw van boven de vijftig jonger! Hoe? Doe eens een simpel experiment. Kijk om je heen. Een van de eerste tekenen van ouder worden

is, na rimpels, verkleuring van het haar en verzakking van de onderkant van het gezicht, een voorovergebogen houding en gebogen nek.
Ik vind dat een gebogen houding de gestalte nog ouder maakt dan
overgewicht.

Dus slank af door het dieet te volgen en ga lopen, maar doe dat met
deze fraaie en elegante houding die oneindig veel zeldzamer is dan een
slank figuur. Je hoeft alleen maar je borst te openen door je schouders
naar buiten te brengen en ze naar beneden te duwen, terwijl je je hoofd
omhoogbrengt om de hals lang te maken.

De vier sleuteloefeningen van de methode tegen verslapping op vier punten van het lichaam dat afvalt

Door de bomen het bos niet meer zien
Wie uiteindelijk heeft besloten om te gaan afvallen, moet wanneer hij of zij zich op dit project stort het ene extreme verruilen voor het andere. We weten allemaal dat de vastberadenheid die ons in beweging brengt maar tijdelijk is en dat we moeten proberen haar vast te houden en te versterken. Daarom zoeken veel mensen met een zittend bestaan tovermiddelen om hun fysieke verbruik te verhogen. En ze vinden een eindeloze reeks oefeningen, een lawine van voorstellen waarvan het aantal hun vermogen om te kiezen verlamt.

Gedurende mijn loopbaan als arts, geconfronteerd met patiënten met overgewicht, heb ik, vanuit mijn diepste wezen en mijn karakter, een handigheid ontwikkeld om hen onder mijn hoede te nemen en hun een sturend kader te bieden. Ik doe dat niet uit een soort geldingsdrang, want ik geef beslist de voorkeur aan empathie en hulp, maar vanuit de overtuiging dat ik hen met simpele, ondubbelzinnige, concrete, betrouwbare en sturende opdrachten beter kan begeleiden en zij zich beter aan de opdrachten houden. Daarom heb ik vier bewegingen geselecteerd die zich het beste lenen voor twee doelen: ten eerste gewicht te verliezen door zo breed mogelijk gebruik te maken van de spiergroepen en van de intensiteit van hun calorieverbranding. Ten tweede om een oplossing te bieden aan patiënten bij wie het gewichtsverlies zorgt voor verslapping en een 'te ruim vel' op vier zones waar de huid het meest te lijden heeft: buik, armen, billen en dijen.

De vier zones waar het lichaam dat afvalt verslapt

Buik
slap en bol

Armen
slap en hangend

Billen
slap en afgezakt

Dijen
uitgerekt

De vier kwetsbare zones van een lichaam als het afvalt
Bij een gewichtsverlies van meer dan 8 kilo ontketent zich een race tussen het vet dat verdwijnt en de huid die zich samentrekt. In feite verdwijnt het vet sneller dan de huid strakker kan worden. Het omhulsel is niet elastisch genoeg voor de inhoud. En dat verschil wordt nog duidelijker in zones waar de huid dunner of het meest opgerekt is.

Zo zijn er vier zones waar de meeste vrouwen last hebben van verminderde elasticiteit en te veel vel.

- Een slappe bolle buik. Als je afvalt, heeft verlies van gewicht en vetweefsel in- en uitwendige gevolgen, zowel voor de vetlaag die over de buikspieren ligt als voor het inwendige vet dat de ingewanden omhult. Wanneer het inwendige vet verdwijnt, staan de spieren minder strak en lijkt de buik slap. Wanneer het uitwendige vet verdwijnt, wordt ook de huid minder strak. Na vermagering zal de huid wel weer samentrekken, maar zo langzaam dat het wel zes maanden duurt voor de optimale stevigheid is bereikt. Daarna hoef je niet meer te hopen op verbetering, maar voor die tijd moet je geen radicale maatregelen treffen. Een uitpuilende buik is te wijten aan het verslappen van de buikwand. Om deze te verstevigen en weer een platte en gespierde buik te krijgen, moet je aan de buikspiergordel werken met de klassieke buikspieroefeningen. Er zijn er heel veel, te veel voor wie niet gewaarschuwd is. Ik heb er ook een ontwikkeld. Ik reik er slechts één aan, die volstaat, maar wel per se elke dag gedaan moet worden.

- De achterkant van de armen. Het zijn overwegend vrouwen die dikke armen hadden voor ze afvielen, die klagen over slappe armen. Na vermagering hebben de armen minder volume, maar de huid is nog steeds ruim en gaat aan de achterkant van de armen hangen. Ook daarvoor gebruik ik een enkele oefening om de opdracht te vereenvoudigen en verduidelijken.

- Slappe en afhangende billen. De billen van de vrouw worden van nature voor de helft gevormd door de grote draagspieren en voor de helft door een vetkussen dat zowel dient om de vrouwelijke vormen te accentueren als om gemakkelijk te zitten. De vrouw met een zittend bestaan verzwakt haar bilspieren en als ze afvalt, verliest ze heel snel haar vetkussens. Dan blijft ze zitten met slappe hangende billen die voor een groot deel hun sexappeal kwijt zijn. Voor dit veelvoorkomende probleem gebruik ik een enkele oefening, die echter compleet is en volstaat.

- Uitgerekte dijen. Deze verslapping treedt vooral op bij uitgesproken feminiene vrouwen die het meeste aankomen op hun onderlichaam, heupen, dijen en knieën. Wanneer het gewichtsverlies groot is, zijn de afgeslankte dijen minder stevig en is de huid eromheen minder strak. Ook hier schrijf ik een enkele oefening voor die op zich in staat is de massa van de quadriceps, de grootste spier van het lichaam, te ontwikkelen en de welving van de dij weer diepgaand te verstevigen.

1. De Dukan Dieet special

Deze oefening is mijn padvindersmes, een oefening die ik heb ontwikkeld en die ik al twintig jaar doe. Ik schrijf haar nu bijna drie jaar voor aan mijn patiënten van wie een groot aantal haar heeft overgenomen. Ik noem deze oefening universeel omdat ze de beste verhouding biedt tussen effectiviteit, gemak en aantal aangesproken spiergroepen. Als je naast lopen maar een enkele bewegingsvorm of oefening wilt behouden, vraag ik je voor deze te kiezen. Waarom? Omdat ze simpel en makkelijk te volgen is. Ze kan heel makkelijk in het dagelijks leven worden geïntegreerd. Je kunt haar doen in bed, één keer 's morgens bij het wakker worden, één keer 's avonds bij het slapengaan. Ze is uitzonderlijke effectief. En tot slot kun je er een heel groot aantal spiergroepen mee mobiliseren: buikspieren, dijen en armen. Kijk maar.

Leg bij het wakker worden of na het ontbijt op je bed een opgerolde deken en een kussen neer waarop je met je rug en hoofd kunt steunen. Buig je knieën en strek je armen. Pak je knieën vast zoals dat het prettigst voelt, door je handen erop te leggen of ze vanbinnen of vanbuiten vast te pakken. In deze halfgestrekte houding richt je je bovenlijf op tot het verticaal is, alleen vanuit je buikspieren, zonder je armen te gebruiken. Laat je dan weer zakken tot je weer op het kussen en de opgerolde deken steunt. Probeer dit 15 keer te doen zonder je armen te gebruiken.

Als je 15 keer overeind bent gekomen, begin je weer opnieuw. Richt je nu echter niet meer op met de buikspieren maar met de armen. Trek je bovenlijf in verticale stand uitsluitend op kracht van je bicepsen. Deze zijn veel minder sterk dan de buikspieren. Probeer dit ook 15 keer te doen, wat het totaal 's morgens op 30 brengt en een heel goed begin is.

's Avonds voor het slapengaan doe je precies dezelfde serie. Zo kom je in totaal op 60 bewegingen en leg je vanaf de eerste dag een basis voor een stevige buikwand en biceps. Deze dubbele beweging, die ook de dijspieren aanspreekt, duurt amper een minuut 's morgens en een minuut 's avonds.

Probeer het elke dag een beetje beter te doen, een keer extra strekken op de buikspieren en nog een keer extra met de armen, 's morgens en 's avonds, dus 31 + 31 de tweede dag, 32 + 32 de derde dag en 36

+ 36 aan het einde van de eerste week. Het doel is om aan het einde van de maand 70 + 70 te doen en mettertijd tot 100 's morgens en 100 's avonds te komen. Wanneer je zover bent, zullen de 200 oefeningen je maar 3 minuten kosten, tijd die je nauwelijks zult missen.

Je zult dan constateren dat dankzij deze amper tijdrovende, maar onwaarschijnlijk effectieve oefeningen de buik die je zo slap en bol vond, weer strak en plat is geworden.

2. Bilspieroefening

Deze oefening is een andere beweging die ik elke dag doe, meteen na de eerste, ook in mijn bed, bij het wakker worden en slapengaan. Ze is de logische aanvulling op en het logische directe vervolg van de eerste oefening en uiterst effectief. Omdat ik haar al heel lang elke ochtend en elke avond doe, merk ik meteen effect. Billen, de achterkant van armen en dijen worden heel snel warm en ik voel ze strakker worden. Bovendien heeft de oefening in mijn ogen het grote voordeel dat ze ludiek is. Zoals je zult zien, geeft ze hetzelfde gevoel als wanneer je op een trampoline springt. Tot slot spreekt ze net als de eerste oefening niet alleen de bilspieren aan, maar ook de quadricepsen, de hamstrings en de spieren aan de achterzijde van de armen. Doe maar mee.

Haal eerst de opgerolde deken en het kussen weg. Je doet de oefening horizontaal. Ga op je rug liggen en leg je armen gestrekt langs je lichaam. Trek je knieën op zodat je dijen en onderbenen een rechte hoek vormen.

Vanuit deze positie steun je je enerzijds op je gestrekte armen en anderzijds op je voeten en achterste dijspieren. Maak een bruggetje door je billen van het bed te tillen tot borst en bovenbenen op een volmaakt rechte lijn staan. Zodra dat is gelukt, laat je je billen op de matras stuiteren en weer omhooggaan om de brug te maken. Dat is het trampoline-effect dat de oefening wat makkelijker maakt en waardoor je haar vaker kunt herhalen tot je voelt hoe warmte en spanning door het grote gebied van achterzijde armen, billen en achterzijde dijen trekt. Een heel grote beweging.

Ook nu begin je met 30 bewegingen en herhaal je de oefening
's avonds voor het slapengaan. Dat is 60 bewegingen per dag die samen
niet meer dan 1,5 minuut kosten, want de bewegingen volgen elkaar
heel snel op. Als het je niet lukt dit 30 keer te doen, betekent dit dat
je bekken en billen heel zwaar zijn en vooral de spierbasis ontoereikend
of verzwakt is door een zittend bestaan. Maak je echter geen zorgen.
Begin met minder en weet dat spieren een formidabel aanpassingsvermogen hebben en het je op den duur wel zal lukken. Probeer de beweging echter niet minder dan 10 keer 's morgens en 10 keer 's avonds te
doen, want dit probleem bewijst dat je de oefening echt nodig hebt.

Probeer net als bij de vorige oefening er elke dag een extra te doen
om uiteindelijk op een totaal van 100 's morgens en 100 's avonds te
komen. In dat stadium zullen je buste en bekken weer slank zijn door
het gewichtsverlies en gespierd door de training met deze twee uitzonderlijke oefeningen.

3. De dijspieroefening

Deze oefening heeft twee voordelen. Het is de oefening die de meeste
calorieën verbruikt want ze mobiliseert de dikste spieren van het
lichaam, de quadricepsen, die, zoals de naam al zegt, bestaan uit vier
spierbundels. Ten tweede werkt ze in een zone die het vaakst te lijden
heeft van cellulitis en waar het gewichtsverlies en de verslapping die dit
veroorzaakt de cellulitis slap kunnen maken, het ergste scenario.

Het met deze beweging beoogde doel is dus zowel calorieën te verbranden als tegelijkertijd de plaats die is vrijgekomen door het verdwenen vet weer te vullen met een stevige en gecomprimeerde spier. Er zijn
veel oefeningen gericht op het werk van de dijspieren, maar deze is
zowel de eenvoudigste als de effectiefste en voldoet daarmee aan mijn
criterium als enige oefening.

Voor deze oefening ga je indien mogelijk voor een spiegel staan. Zet
je voeten wat uit elkaar om stevig te staan en steun met je handen op
een tafel of een wasbak. Zak langzaam door je knieën tot je billen je
hakken raken. Dan kom je weer omhoog tot in de beginpositie.

Deze oefening is zwaar maar uiterst effectief. Ze hangt per definitie af van je gewicht, de begrenzing en van je trainingsniveau. Als je zwaar bent – meer dan 100 kilo – zul je moeite hebben haar zelfs maar één keer te doen. In dat geval voer je de beweging niet volledig uit. Zak zover je kunt en naarmate je verder komt, zal dat bewijzen hoeveel je bent afgevallen en welke gevolgen dat heeft voor je fysieke prestaties. Na verloop van dagen en weken, waarin je afvalt en traint, zal het moment aanbreken dat je je eerste volledige beweging kunt uitvoeren. De tweede zal weldra volgen en dan ligt de weg open naar het ideale aantal voor mensen met overgewicht, een serie van 15 die erop wijst dat je niet ver meer van je Juiste Gewicht af bent.

Als je beperkt overgewicht hebt of al in staat bent vanaf de eerste dag de oefening minstens één keer te doen, zul je binnen twee weken bij de 15 zijn door er elke dag een keer aan toe te voegen, zodra dat mogelijk is, en jezelf te verbieden naar minder terug te gaan. Stop om de spieren wat op krachten te laten komen en ga door tot het niveau van de vorige dag. Zodra je de eerste serie van 15 hebt volbracht, richt je je op de 30, maar daarvoor heb je de tijd. Een keer extra per week vind ik prima. Als de 30 keer je lukken, bezit je een kleine schat, strakke en gewelfde dijen en 8 kleine monsters, 4 per quadriceps, die dag en nacht calorieën verslinden. Ik maak van de gelegenheid gebruik om je goed nieuws te brengen over je spieren. Wanneer je een fysieke oefening doet, verbrandt het samentrekken van de spieren calorieën, dat weet je al. Maar wat je wellicht niet weet, is dat wanneer de oefening klaar is, de spier calorieën blijft verbruiken. Weliswaar minder dan tijdens de inspanning, maar zonder onderbreking, dag en nacht gedurende 62 uur, en dan stopt alles. Vandaar het belang om oefeningen aaneen te schakelen en op elkaar af te stemmen. Het is natuurlijk ideaal om elke dag te bewegen.

4. Oefening voor slappe armen

Een vrouwenarm is een heel nauwkeurige maatstaf voor haar geschiedenis van overgewicht, van de dikte en kwaliteit van haar huid en van haar morfologische type. Er bestaat symmetrie tussen de verdeling van cellulitis op de dijen en de armen. De meeste vrouwen die cellulitis op de dijen hebben, hebben ook dikke armen. Als deze vrouwen afvallen, slanken ze makkelijker af op de armen dan op de benen. Heel vaak worden dikke armen na vermagering slap en gaan ze hangen, wat vrouwen als heel onaangenaam ervaren. Er zijn weinig oplossingen voor dit veelvoorkomende probleem. Crèmes werken niet en plastische chirurgie geeft te veel littekens. Ook hier kun je kiezen voor een oplopende training van de armspieren. Ik heb deze oefening gekozen en stel er maar één voor, want alles wat te ingewikkeld is, verstoort de opdracht en het effect ervan. Dit is mijn favoriete oefening, want ze is simpel, algemeen en effectief als de verslapping niet al te ernstig is en zelfs dan doe je haar niet voor niets.

Deze oefening heeft het voordeel dat ze in dezelfde beweging twee antagonistische spieren laat werken: de biceps aan de voorkant van de arm en de triceps aan de achterkant, zodat het hele vlezige gedeelte van de arm sterke spieren krijgt om het verslapte huidomhulsel van de arm weer strakker te trekken.

Ga rechtop staan met een fles met anderhalve liter water of een halter met hetzelfde gewicht in elke hand. Begin de beweging met de armen langs het lichaam naar beneden gestrekt. Buig dan de onderarm naar de arm totdat de fles je schouder raakt. Strek de arm dan weer naar de verticale beginpositie en verder zodat je je gestrekte arm zo hoog mogelijk naar achteren brengt, horizontaal of zelfs hoger. Het eerste deel van de beweging trekt de biceps aan, de tweede de triceps. Het geheel zorgt voor stevigheid en traint de spiermassa van de arm en spant de huid eromheen aan.

Deze beweging moet je 15 keer doen om de spiermassa voldoende te laten toenemen om de huid strakker te maken. Probeer zover te gaan als je kunt en als je voelt dat je meer kunt, doe dat dan. Een spier wordt alleen groter als je hem maximaal belast. Wanneer je deze 15 bewegingen elke dag gedurende een week hebt gedaan, probeer je naar de 20 te gaan, en dan van week tot week naar de 25 om aan het eind van de eerste maand 30 bewegingen aaneengesloten te kunnen doen. Daarna moet je zelf aanvoelen hoeveel je wilt doen, maar je bent in elk geval al zover dat je armen steviger en voller zijn.

Je mag echter niet vergeten dat een opgerekte huid na vermagering zes maanden nodig heeft om zich naar vermogen maximaal te kunnen samentrekken. Na die periode hoef je niet meer op een spontane verbetering te rekenen.

Dus voor deze vier oefeningen is het parool: train je spieren, span de huid van binnenuit en wacht tot deze helemaal is samengetrokken.

100 voedingsmiddelen die je gezond houden

Eet hiervan zo veel als je wilt, mits toegestaan door de dieetfase

Zeer rijk aan eiwitten

Vlees en gevogelte
1. Biefstuk
2. Runderfilet
3. Lendenbiefstuk (entrecote)
4. Rosbief
5. Biefstuk van de dikke lende
6. Rundertong
7. Bresaola (gezouten en gedroogd runderstaartstuk)
8. Kalfsschnitzel
9. Kalfskotelet
10. Niertjes
11. Kalfslever
12. Hamblokjes (zonder vetrandjes)
13. Kip- en kalkoenreepjes (zonder vetrandjes)
14. Magere bacon
15. Wild
16. Konijn

Vis
17. Zeebaars
18. Kabeljauw
19. Krab of surimi
20. Schar
21. Tong
22. Harder

23. Schelvis
24. Heek
25. Heilbot
26. Haring
27. Makreel
28. Zeeduivel
29. Schol
30. Koolvis
31. Regenboogzalm/zalmforel
32. Rode mul
33. Zalm
34. Gerookte zalm
35. Sardines
36. Zeebrasem
37. Rog
38. Zwaardvis
39. Tonijn
40. Tarbot
41. Wijting
42. Viskuit (kabeljauw, zalm, haring, mul)

Zeevruchten
43. Calamaris/inktvis
44. Clams
45. Kokkels
46. Krab
47. Rivierkreeft
48. Hollandse garnalen
49. Kreeft
50. Grote garnalen/gamba's
51. Mosselen
52. Oesters
53. Steurgarnalen
54. Sint-jakobsschelpen

55. Noorse garnalen
56. Wulken

Gevogelte
57. Kip
58. Piepkuiken
59. Kippenlever
60. Parelhoen
61. Struisvogel
62. Duif
63. Kwartel
64. Kalkoen

Eieren
65. Kippeneieren
66. Kwarteleieren

Magere zuivelproducten
67. Cottage cheese
68. Fromage frais
69. Griekse yoghurt
70. Magere kwark/yoghurt
71. Magere melk

Plantaardige eiwitten
72. Tofoe

Groenten
73. Artisjokken
74. Asperges
75. Aubergine
76. Rode bieten
77. Broccoli

78. Kool: wittekool/rodekool/savoiekool/bloemkool/
    Chinese kool/koolrabi/boerenkool/spruitjes, enz.
79. Wortels
80. Bleekselderij/Knolselderij
81. Witlof
82. Courgette
83. Komkommer
84. Venkel
85. Sperziebonen/haricots verts/kousenband
86. Prei
87. Paddenstoelen
88. Uien
89. Palmhart
90. Paprika's
91. Pompoen
92. Radijs
93. Rabarber
94. Sla (alle soorten sla, waterkers, alfalfa, andijvie enz.)
95. Sojabonen
96. Spinazie
97. Koolraap
98. Snijbiet
99. Tomaten
100. Knolraap

Het Dukan Dieet

Recepten

verschijnt najaar 2010

Om mijn dieet ook het jouwe te maken

Op het moment dat ik mijn uitgever het manuscript overhandigde van mijn boek *Het Dukan Dieet*, dacht ik dat ik de allerlaatste hand had gelegd aan mijn levenswerk, dat ik mezelf, mijn patiënten en mijn toekomstige lezers een in de loop van dertig jaar praktijkervaring ontwikkelde methode had gegeven om te vechten tegen overgewicht.

Mijn debuut op dieetgebied was een vernieuwing waarmee ik destijds mijn collega's tegen me in het harnas jaagde, want zij waren initiatiefnemers en adepten van caloriearm eten, oftewel van afgewogen en minimale porties. Ik kwam daarentegen met een dieet dat gebaseerd was op proteïnen in levensmiddelen.

Jong als ik was, had ik me makkelijk kunnen laten ontmoedigen, ware het niet dat effectiviteit, eenvoud en perfecte aanpassing van dit dieet aan de psychologie van wie graag eet, me in mijn overtuiging sterkten en me motiveerden.

Ik ben vindingrijk, nieuwsgierig en creatief van aard, en heb die eigenschappen ingezet op een terrein dat ik ken en waarin ik goed ben: de relatie van de mens met zijn gewicht. In de loop der jaren heb ik in dagelijks contact met patiënten dit dieet bedacht en steeds verder verfijnd. Het was een voortdurend aftasten en uitwisselen van maatregelen waarvan ik alleen behield wat zorgde voor betere resultaten en meer tolerantie op de korte, middellange en lange termijn.

Zo is mijn huidige methode ontstaan, die grote weerklank vond en een enorme verspreiding kende. Via de sympathiebetuigingen van mijn lezers gaf ze mijn leven richting. Ik had nooit kunnen denken, wat ik ook tijdens het schrijven had gehoopt en geambieerd, hoe onwaarschijnlijk groot mijn publiek zou worden, dat het boek vertaald zou worden in verre landen zoals Korea, Thailand of Bulgarije.

De verspreiding van dit werk is niet het gevolg van media-interesse en al helemaal niet van een grootse pr-campagne.

Vreemd genoeg heeft het boek zichzelf verkocht, is het van hand tot hand gegaan, van forum tot forum en sinds kort van arts tot arts.

Daaruit heb ik geconcludeerd dat het onbedoeld een mooi element bevatte: naast de zuiver voedingstechnische werking liet het mijn betrokkenheid als therapeut doorschemeren, met al mijn empathie, energie en medeleven.

Sinds de eerste editie heb ik heel veel post gekregen, vellen vol bereikte resultaten, woorden van sympathie en dankbaarheid, maar ook brieven met kritiek en tot slot met constructieve suggesties. In de laatste werd erop aangedrongen dat ik aan mijn methode een extra deel toevoegde over lichaamsbeweging en een nieuwe bundel recepten. Dit boek is geschreven om aan die tweede vraag tegemoet te komen en meteen daarna zal ik me op het eerste verzoek richten.

In dit boek gewijd aan recepten volgens de regels van het Dukan Dieet heb ik gebruikgemaakt van de inventiviteit en de inzet van alle mannen en vrouwen die mijn dieet volgen en mijn recepten hebben aangevuld en verbeterd. Ik kan in dit boek niet alle auteurs van deze recepten noemen, maar waar ik kon, heb ik een recept de titel gegeven die de laatste culinaire bewerker voorstelde.

Wie niet bekend is met het Dukan Dieet, moet weten dat mijn methode integraal berust op twee grote groepen levensmiddelen:

- producten rijk aan dierlijke proteïnen
- groenten

Deze twee categorieën vormen voor mij het natuurlijke fundament voor de voeding van de mens. Het bewijs daarvan is voor mij dat ze aan de wieg van de mensheid stonden, zo'n 50.000 jaar geleden.

Aan de geboorte van een ras gaat een lang proces vooraf waarin de omgeving het verwekte kind beïnvloedt en omgekeerd: een ontmoeting tussen een genetische code op zoek naar zichzelf en een omgeving bereid om die op te nemen.

Een soort kan niet binnen een bepaald gebied ontstaan en overleven als die ruimte niet precies biedt wat die soort nodig heeft. Als er één moment bepalend was in onze geschiedenis waarop onze spijsvertering en het beschikbare voedsel perfect op elkaar afgestemd waren, was het toen wij op aarde verschenen.

Dat feit is alles behalve een detail, het staat centraal in mijn benadering van het onderzoek naar handvatten op het gebied van onze voeding. Tot nu toe overheerst op dit front het geloof in ons grenzeloze aanpassingsvermogen en onze status als omnivoor.

Dat geloof is echter niet terecht. Als ik zeg dat bepaalde voedingsstoffen geschikter voor de mens, basaler zijn dan andere, zeg ik dat niet vanuit de wens om terug te keren naar een eerder tijdperk of bestaan, maar vanuit een pragmatisme dat de aanleg van onze soort erkent.

Bij het ontstaan van zijn soort was de mens qua bouw en instinctieve voorkeuren toegerust voor de jacht en visvangst, dus het achtervolgen van wild op het land en in het water. Vrouwen specialiseerden zich in het verzamelen van vooral plantaardig voedsel.

Vanuit deze beginsituatie kregen vlees, vis en planten weldra een fundamentele status, te weten het meest specifieke, menselijke, edele, compacte en voor ons geschikte eten in termen van voedingswaarde, maar ook, en dat is veel interessanter voor het beheersen van het gewicht, in termen van de positieve en emotionele ervaring die we hebben als we het in onze mond stoppen.

Bovendien ontwikkelen de mens en deze levensmiddelen zich sinds 50.000 jaar zij aan zij en zijn hun paden steeds nauwer met elkaar verweven geraakt.

De mens is duidelijk niet meer wat hij toen was. Hij is geen jager-verzamelaar meer, is sedentair geworden, is gewassen gaan telen, dieren gaan fokken, heeft beschavingen opgebouwd en heeft zijn omgeving aan zich onderworpen, de levensmiddelen incluis, waarvan de genotswaarde intussen zwaarder telt dan de voedingswaarde.

Omwille van dat genot heeft de mens een nieuw soort voeding gecreëerd, het tegendeel van waarvoor hij gebouwd is. Het is een verleidelijke, rijke, luxueuze, zintuiglijke, belonende, affectieve en emotionele voeding, waaraan hij verslaafd is geraakt maar waarbij hij echter moeilijk slank blijft. En dat is het probleem waarmee veel mensen tegenwoordig kampen.

In ons huidige voedsel hebben twee voedingsstoffen – vetten en suikers: bestanddelen van producten die van oudsher gelden als zeldzame luxe – de laatste vijftig jaar een overweldigende opmars gemaakt. Producten met een hoog vet- of suikergehalte, waarvan de supermarkten tegenwoordig uitpuilen, zijn per definitie etenswaren met een hoge troostwaarde, maar bestonden niet in de tijd dat ons lichaam en vooral onze hersenen ontstonden. Niemand at vet, want de dieren die men ving, waren mager. Niemand at suiker, want sacharose bestond niet. Zelfs de zonnekoning in de ongekende luxe van Versailles proefde nooit andere zoetigheid dan honing en vruchten.

Ik pleit niet voor een terugkeer naar de sobere voeding van de holenmens, maar wil je wel doen inzien dat afslanken door middel van proteïnen en groente geen gevaar vormt voor wie zich er tijdens zijn dieet toe moet beperken.

Ik weet dat de meeste diëtisten pleiten voor de toevoeging van zetmeelproducten, granen, suikers en goede vetten in de voeding, en ben ook zelf overtuigd van het nut van deze toevoeging, maar niet tijdens de vermageringsfase. In de dertig jaar dat ik vecht aan de zijde van mijn patiënten, ben ik tot de overtuiging gekomen dat een uitgebalanceerd dieet totaal ongeschikt is om te kunnen afvallen. Wie meent dat je kunt afvallen door balans en de optimale verhoudingen van voedingsmiddelen te bewaren, ontkent de psyche en de problematiek van iedereen die problemen heeft met zijn gewicht.

Een vermageringsdieet volgen is oorlog voeren. En als je echt wilt winnen, moet die oorlog leiden tot een duurzame vrede. Je kunt geen gevecht voeren zonder inspanning of logica. Als we zouden kunnen afvallen door van alles weinig te eten, op uitgebalanceerde wijze, zou iedereen al slank zijn. We kunnen de eetgewoonten van de mens niet begrijpen op basis van thermodynamische wetten alleen. De energetische verklaring van overgewicht – van te veel eten en weinig bewegen kom je aan – klopt, maar verklaart alleen het hoe en niet het waarom.

Wie dit leest en niet tevreden is met zijn gewicht – ontevreden genoeg om zich er druk over te maken – eet waarschijnlijk met een ander doel dan om zich te voeden. Ik ken mijn lezers niet persoonlijk, maar durf te beweren dat we het deel van onze voeding waardoor we aankomen, niet eten uit honger. Het is het extraatje dat we in de mond stoppen uit behoefte aan genot en om stress aan te kunnen. En die behoefte aan genot, dat verlangen dat zeer dwingend is en dat ons problemen met ons gewicht bezorgt die we niet willen en waaronder we lijden, waarover we ons schuldig voelen, is de rode draad en de werkelijke verklaring van problemen met de slanke lijn.

De dagelijkse consulten, verhalen van patiënten, hun ervaringen die ik zorgvuldig bijhoud, hebben me in de loop der jaren van één ding overtuigd: als er zo'n grote onbewuste drang is naar genot, sterk genoeg om gezond verstand terzijde te schuiven en een schuldgevoel op de koop toe te nemen, moet er tijdelijk of langdurig gebrek zijn aan andere vormen van genot en manieren om tot bloei te komen.

Meestal komt de klik – waardoor we in actie komen en de energie vinden om ten strijde te trekken tegen extra kilo's en af te zien van de prettige compensaties die deze kilo's veroorzaakt hebben – met het begrip dat er andere bronnen van plezier te vinden zijn op andere terreinen in het leven, die op ons wachten, de belofte van iets goeds, van betere tijden.

Op die gunstige momenten, teer en onzeker, zijn we wel bereid om ervoor te gaan op voorwaarde dat het effect heeft, dat we tastbare resultaten behalen, zichtbaar en met voldoende effect om die hoop en motivatie te versterken die bij stagnatie of mislukking al heel snel zullen verdwijnen. We willen een effectief dieet, dat snel resultaat afwerpt.

Vanuit die optiek heb ik voor effectiviteit gekozen, met behoud van mijn ethiek als arts die het welzijn van mijn patiënt op de lange termijn belangrijk vindt, en voor duurzaamheid van het bereikte resultaat, de definitieve stabilisatie van het balansgewicht.

Ik ben lang van mening geweest dat de keus voor effectiviteit tijdelijk elke vorm van gastronomie en culinair genot uitsloot, maar onderschatte de vindingrijkheid en de eindeloze creativiteit van mijn patiënten en lezers. Deze bleken sterk gemotiveerd en werkten gedreven aan vernieuwing binnen mijn strak omlijnde en gestructureerde kader: dat van proteïnen en groente zonder enige beperking qua hoeveelheid. Zo heb ik in vijf jaar duizenden recepten gekregen op basis van de twee groepen levensmiddelen en de regels voor bereiding, combinatie en afwisseling. Ik was verbluft te zien hoe graag mannen en vrouwen die een recept hadden gevonden waarvan ze genoten, dat wilden delen.

Op een ochtend in 2005 belde een van mijn lezers me op. Hij wilde me laten weten dat hij per toeval mijn boek op een station had gekocht. Hij had zich aan de regels gehouden en was op eigen kracht ruim dertig kilo afgevallen in zes à zeven maanden.

'Ik zit mijn hele leven al in de horeca. Ik vind koken net zo leuk als het eten van mijn gerechten. Zo ben ik in de loop der tijd heel dik geworden. Uw plan boeide me, omdat ik erg van vlees en vis houd en vooral een grote eter ben, en uw boek begint met het woord "onbeperkt".

Ik heb al mijn talent en mijn kennis aangewend om aan uw honderd volledig toegestane producten en aan de talrijke recepten uit uw boek, de glans en de allure van de haute cuisine te geven. Ik heb zes maanden lang genoten en ben afgevallen zonder echt te lijden.

Om u te bedanken zal ik u mijn recepten sturen afkomstig uit uw repertoire, maar aangepast aan mijn smaak op basis van uw spelregels, zodat u uw patiënten of lezers die geen tijd of inspiratie hebben ervan kunt laten profiteren.'

Het toeval wilde dat dit telefoontje, van onschatbare waarde voor het loflied op de slanke lijn, ook doordrong tot mijn persoonlijke omgeving. Mijn zoon Sacha, student voedingskunde, las de recepten en zette in samenwerking met deze gerenommeerde chef-kok een kookstudio op en ontwikkelde een reeks gerechten voor de slanke lijn, bij mijn weten de enige in Europa zonder toevoeging van vet, suiker of meel.

Deze recepten vind je in dit boek tussen vele andere, minder professionele maar even creatieve van vrouwen die zich uiten op de diverse forums en samenwerken aan het gemeenschappelijke project om af te slanken met het Dukan Dieet. Ik maak van de gelegenheid gebruik om uit het diepst van mijn hart de gebruikers van deze grote forums te danken die me hebben geholpen door me hun recepten toe te sturen. Ze zijn met te veel om ze allemaal persoonlijk te noemen, maar ze zullen weten wie ik bedoel door hun forum te noemen: autrefemini, supertoinette, mesregimes, dukanons, seniorplanet, doctissino, zerocomplexe, atoute, cuisedukan, vivelesronde, commeunefleur, bouslesfemmes, club-regimes, e-sante, regimefacile, meilleurduchef, volcreole, forumliker, yabiladi, formedecine, actiforum, easyforum, dudufamily, enzovoort.

Ik heb de recepten in dit boek ingedeeld volgens de structuur van het Dukan Dieet, dat uit vier fasen bestaat. De twee eerste daarvan, de aanvalsfase en de cruisefase, dienen om af te vallen in de directe zin. De twee volgende, de stabilisatie- en de volhardingsfase, dienen om het gewenste en bereikte gewicht te behouden.

In de twee eerste fasen spelen de recepten een cruciale rol. Ze zorgen voor genot, smaak, massa, verzadiging en variatie. Daarna zijn er zo veel mogelijkheden dat ze nooit allemaal in een kookboek zouden passen. Maar ook daarover is het laatste woord nog niet gezegd en er zal een receptenboek komen voor de stabilisatiefase. Wacht maar af!

In dit boek vind je dus ten eerste recepten op basis van zogenaamd zuivere proteïnen, bereid met alleen producten met een hoog proteïnegehalte en ten tweede recepten waarin proteïnen en groente gecombineerd worden.

Ze zijn gecomponeerd op basis van de honderd producten waaruit mijn dieet bestaat, zonder beperkingen qua hoeveelheid, tijdstip en combinatie.

Deze vrijheid kan ik gerust geven, mits er geen enkel ander product wordt toegevoegd gedurende de twee eerste etappes van dit plan waarmee je je streefgewicht moet kunnen bereiken.